# Der Mythenjäger

Hermann Korte (Hrsg.)

# Der Mythenjäger

Texte von Norbert Elias,
herausgegeben
und eingeleitet
von Hermann Korte

*Herausgeber*
Prof. Dr. Hermann Korte
Münster, Deutschland

Wir danken dem Suhrkamp Verlag und Juventa für die Genehmigung des Wiederabdrucks.

ISBN 978-3-658-03864-9

Die Deutsche Nationalbibliothek verzeichnet diese Publikation in der Deutschen Nationalbibliografie; detaillierte bibliografische Daten sind im Internet über http://dnb.d-nb.de abrufbar.

Springer VS
© 2013 by Norbert Elias Stichting
Einleitung © 2013 Hermann Korte
Das Werk einschließlich aller seiner Teile ist urheberrechtlich geschützt. Jede Verwertung, die nicht ausdrücklich vom Urheberrechtsgesetz zugelassen ist, bedarf der vorherigen Zustimmung des Verlags. Das gilt insbesondere für Vervielfältigungen, Bearbeitungen, Übersetzungen, Mikroverfilmungen und die Einspeicherung und Verarbeitung in elektronischen Systemen.

Die Wiedergabe von Gebrauchsnamen, Handelsnamen, Warenbezeichnungen usw. in diesem Werk berechtigt auch ohne besondere Kennzeichnung nicht zu der Annahme, dass solche Namen im Sinne der Warenzeichen- und Markenschutz-Gesetzgebung als frei zu betrachten wären und daher von jedermann benutzt werden dürften.

*Satz:* text plus form, Dresden
*Lektorat:* Cori Mackrodt

Gedruckt auf säurefreiem und chlorfrei gebleichtem Papier

Springer VS ist eine Marke von Springer DE.
Springer DE ist Teil der Fachverlagsgruppe Springer Science+Business Media.
www.springer-vs.de

# Inhalt

Einleitung des Herausgebers | 7

I. Der Soziologe als Mythenjäger | 15

II. Prozesse der Staats- und Nationenbildung | 53

III. Zur Grundlegung einer Theorie sozialer Prozesse | 81

IV. Die Zivilisierung der Eltern | 143

V. Über Menschen und ihre Emotionen:
Ein Beitrag zur Evolution der Gesellschaft | 189

VI. Thomas Morus' Staatskritik. Mit Überlegungen
zur Bestimmung des Begriffs der Utopie | 229

Bibliographische Angaben
zu den ausgewählten Texten | 327

# Einleitung
des Herausgebers

Im Jahr 1997 fragte die International Sociological Association (ISA) alle ihre Mitglieder, welches Buch sie im 20. Jahrhundert am meisten beeinflusst hätte. Das Ergebnis war eine Rangliste von zehn Büchern, auf der sich an erster Stelle Max Webers opus magnum »Wirtschaft und Gesellschaft« fand. Das war nicht weiter erstaunlich, aber daß an siebter Stelle »Über den Prozeß der Zivilisation« von Norbert Elias stand, noch vor so illustren Autoren wie Jürgen Habermas, Talcott Parsons und Erving Goffman, war schon bemerkenswert. Vor allem deshalb, weil das Buch erst in den letzten zwei Jahrzehnten wahrgenommen worden war, obgleich schon 1935/36 in England geschrieben. Sein Autor hatte lange warten müssen, hatte aber nie die Zuversicht verloren, dass seine Art Soziologie zu betreiben, sich gegen die anderen Ansätze behaupten könnte. Deshalb hätte er sich über diesen Platz auf der Rangliste sicher gefreut. Er hat es nicht mehr erlebt. Dazu hätte er 100 Jahre alt werden müssen.

Norbert Elias wurde am 23. Juni 1897 in Breslau geboren, einer Stadt im Osten des Deutschen Reiches, die seit Ende des 2. Weltkriegs zu Polen gehört und heute Wroclaw heißt. Er war das einzige Kind seiner bürgerlich-jüdischen Eltern. Er wuchs wohlbehütet auf, besuchte das humanistische Gymnasium und machte im Sommer 1915 sein Abitur. Das war der Schlußpunkt einer harmonischen Kindheit und Jugend.

Denn im August 1914 hatte der 1. Weltkrieg begonnen und sofort nach dem Abitur meldete sich Elias wie alle seine Klassenkameraden freiwillig zum Kriegsdienst. Als er dann 1919 nach der deutschen Niederlage aus der Armee entlassen wurde, hatte er sich verändert. Der junge Mensch, bis dahin umsorgt und behütet, war durch seine Kriegserlebnisse und eine schwere Verwundung ein anderer geworden. Aber es waren nicht Gewalt und Tod, die den nachhaltigsten Eindruck hinterließen, sondern die Erfahrungen im Zusammenleben mit anderen Menschen, die am Anfang seiner lebenslangen Beschäftigung mit den Zwängen standen, die Menschen einander antun. Der Einzelne und die Gesellschaft, das war das Thema, das ihn seit den Tagen des 1. Weltkriegs beschäftigte: Warum bin ich gezwungen, in einer bestimmten Weise zu leben, unterschieden von Zeitgenossen und verschieden von meinen Eltern und Vorfahren?

Elias studierte zunächst einige Semester Medizin, wechselte dann zur Philosophie und promovierte 1924 zum Dr. phil. 1925 ging er an die Universität Heidelberg und wandte sich der Soziologie zu. Er traf dort auf den Wissenssoziologen Karl Mannheim (1893–1947), dessen Assistent er 1930 in Frankfurt wurde. Im Januar 1933 reichte er seine Habilitationsschrift »Der höfische Mensch« ein, die aber erst 1969 mit dem Titel »Die höfische Gesellschaft« erscheinen konnte.[1] Denn nach der Machtergreifung durch die Nationalsozialisten am 30. Januar 1933 floh Elias wie viele seiner intellektuellen und jüdischen Freunde vor dem Terror der Nazis ins Ausland, zunächst nach Paris und im Herbst 1935 nach England. Es war das vorläufige Ende einer hoffnungsvollen akademischen Karriere.[2]

Zunächst hatte Elias noch auf einen glücklichen Ausgang gehofft. Unterstützt von einer Flüchtlingsorganisation mit einem kleinen Stipendium, schrieb er im traditionsreichen Lesesaal der British Library – hier hatte schon Karl Marx am »Kapital« gearbeitet – sein zweibändiges Werk »Über den Prozeß der Zivilisation. Soziogenetische und Psychogenetische Untersuchungen«.[3] In dem Buch tat Elias das, was seine älteren und jüngeren Kollegen auch taten. Er versuchte zu erklären, warum in Europa bestimmte gesellschaftliche Veränderungen vor sich gegangen waren, ob diese etwas Zufälliges waren oder ob sich dahinter ein strukturierendes Prinzip finden und verallgemeinern lässt. Seit seiner Zeit in Heidelberg kannte er die Forschungsfragen der Soziologie, er kannte die Materialien und Quellen. Elias machte daraus

---

1 Norbert Elias: Die höfische Gesellschaft. Untersuchungen zur Soziologie des Königstums und der höfischen Aristokratie. Mit einer Einleitung: Soziologie und Geschichtswissenschaft. Neuwied/Berlin 1969 (Ges. Schriften Bd. 2)
2 Zur Biographie siehe ausführlich: Hermann Korte: Über Norbert Elias. Das Werden eines Menschenwissenschaftlers. 3. Auflage Wiesbaden 2013
3 Norbert Elias: Über den Prozeß der Zivilisation. Soziogenetische und Psychogenetische Untersuchungen. 2 Bände (1.Bd.: Wandlungen des Verhaltens in den westlichen Oberschichten; Bd.2: Wandlungen der Gesellschaft. Entwurf einer Theorie der Zivilisation. Basel 1939 (Bde. 3a und 3b der Ges. Schriften)

etwas Neues und begründete eine eigene Position. Dass er dabei empirisches Material wie Tischsitten und Benimmregeln benutzt, verwundert beim Lesen nur kurz. Er versteht es nämlich, die Entwicklungen verschiedener Vorschriften so aufzugreifen, dass die sozialen Gründe für die Veränderungen sichtbar und verständlich werden.

Der von ihm beschriebene Zivilisationsprozess war eng mit dem Prozess der Entstehung von Staaten verbunden. Es war ein Jahrhunderte währender Prozeß, bei dem aus Rittern Höflinge wurden: die aus Kriegern gebildete Aristokratie verwandelte sich in einen höfischen Adel, wenngleich sich dieser Prozeß weder gradlinig noch in allen Regionen gleichmäßig oder gar gleichzeitig vollzog.

Die mit diesen Prozessen verbundene, immer stärkere Abhängigkeit vieler Menschen voneinander hatte zwei Folgen: Erstens veränderten sich Triebregulierungen und Affektleben. Zweitens entstand durch die Abhängigkeit vieler von wenigen und schließlich von einem einzelnen Herrscher mit einem Gewaltmonopol ein kollektiver Zusammenhalt der Abhängigen, also der Untertanen, was bei entsprechender Ausdehnung des Territoriums dazu führte, dass auch der Zentralherr ohne die abhängigen Untertanen nicht mehr regieren konnte. Nicht nur die Entwicklung der ökonomischen Verhältnisse, sondern auch die Antriebe der Menschen sind zu berücksichtigen, die aus zwischenstaatlichen und zwischenmenschlichen Unterschieden und Spannungen entstehen.

Elias zeigt in seiner empirisch wie theoretischen Arbeit immer aufs Neue, dass die entscheidenden Bereiche des Zusammenlebens von Menschen, nämlich ihre Auseinandersetzung mit der Natur, die Herrschaft über andere Menschen, die Kontrolle der Menschen über sich selbst und die Formen der Entstehung und der Weitergabe von Wissen aufs engste miteinander verflochten sind. Alle Bereiche haben eine relative Autonomie, aber kein Teil kann herausgenommen oder dauerhaft dominant werden. Der Nachweis langfristiger Veränderungen des Verhaltens und der Affekte ist nur ein Aspekt, nur eine Linie in der Entwicklung komplexer werdender Gesellschaften. Erst die Verflechtung von Soziogenese und Psychogenese, von Monopolisierung, Staatenbildung und Zivilisierung erlaubt ein adäquateres Verständnis einzelner Aspekte und führt zu einem besseren Verständnis der Entwicklung von Menschengesellschaften.

»Über den Prozeß der Zivilisation« fand außerhalb Deutschlands zwischen 1937 und 1939 eine wohlwollende Aufnahme. Auch an der Londoner Universität und in englischen Literaturkreisen gab es Anerkennung und Hoffnung auf ein Weiterkommen. Elias fand Anschluss an Sozialwissenschaftler der London School of Economics« (LSE). So konnte er bei seinem Fleiß und den guten Kontakten, die er sich geschaffen hatte, darauf hoffen, an einer englischen Universität Fuß zu fassen. Und die Hoffnung, in nicht allzu ferner Zukunft in sein Heimatland zurückkehren zu können und an einer deutschen Universität zu lehren, hatte er auch noch nicht aufgegeben.

Doch dann begann am 1. September 1939 der 2. Weltkrieg. Und als im Frühjahr 1940 eine deutsche Invasion Englands drohte, wurde Elias, der doch vor den Deutschen ins sichere England geflohen war, wie die meisten Deutschen im kriegsdienstfähigen Alter, die sich in England aufhielten, über Nacht interniert: das war das Ende seiner Hoffnungen auf eine Universitätskarriere in Großbritannien. Seine Freunde von der LSE halfen ihm noch, nach acht Monaten aus dem Internierungslager entlassen zu werden. Danach aber war Schluss mit allem, worauf er gehofft hatte.[4]

Die Düsternis eines ärmlichen Exils verschluckte ihn. Er konnte nicht arbeiten, zu groß war der Schock der Internierung gewesen. Dass die langen Jahre des Exils nicht das Ende des Wissenschaftlers waren, ist neben der intellektuellen Lebensleistung das am meisten zu bewundernde an seiner Biographie. In England sprach lange alles gegen eine *vita gloriosa*, von der er immer noch träumte: die kärglichen Stellen in der Erwachsenenbildung in Vororten Londons, die Arbeitsstörungen als Folge einer schier hoffnungslosen Situation, die kleine Stelle an der Universität Leicester ab 1954, das Unverständnis vieler englischer Kollegen für einen abendländisch gebildeten Denker und Neuerer. Auch eine Professur im afrikanischen Ghana von 1962–1964 konnte da wenig helfen.

Aber dann, Elias war nun schon 68 Jahre alt, wurde er 1965 nach Deutschland, an die Universität Münster auf eine Gastprofessur berufen. Das war der Beginn eines langsamen Begreifens in Westdeutschland und Frankreich, ein Prozess der in den Niederlanden dank Johan Goudsblom schon in den 1950er Jahren begonnen hatte. Die sehr teure Neuauflage von »Über den Prozeß der Zivilisation« im Jahre 1969 wurde in den großen Zeitungen lobend besprochen, aber Elias und sein großes Buch blieben ein Geheimtipp unter Kennern. Den Durchbruch brachte schließlich 1976 eine Ta-

---

4 Zur Internierung siehe auch: Hermann Korte: Armer Jakob, Armer Norbert, Armer Hans. In: ders.: Biographische Skizzen zu Norbert Elias. Wiesbaden 2013

schenbuchausgabe beim Suhrkamp Verlag, die ein Bestseller wurde. Und dann erhielt Norbert Elias im Herbst 1977 den Theodor W. Adorno-Preis der Stadt Frankfurt. Dem Festakt in der Paulskirche, dieser deutschen Ruhmeshalle – hier hatte 1848 das erste deutsche Parlament getagt –, folgten viele weitere Ehrungen und Einladungen. Mit fast 40jähriger Verspätung fand Elias doch noch die angemessene Resonanz für seine Arbeit, auf die er trotz aller Schicksalsschläge stets gehofft hatte.

Der nun schon 80jährige arbeitete die nächsten 13 Jahre bis zu seinem Tod in Amsterdam am 1. August 1990 unermüdlich an der Weiterentwicklung und Verbreitung seiner Soziologie, seiner Menschenwissenschaft. Das zeigt deutlich seine Publikationsliste. Nach 1977 schrieb er nahezu die Hälfte seiner Titel, die vielen Vorträge nicht mitgerechnet. Vier der für diesen Band ausgewählten Texte stammen aus jener Zeit.

Jedem der Texte ist eine kurze, *kursiv gehaltene* Notiz vorangestellt. In ihr wird über den Entstehungszusammenhang und den Inhalt infomiert. Ausführliche bibliographische Angaben finden sich am Ende des Bandes.

# I. Der Soziologe als Mythenjäger

*Dieser Text ist das zweite Kapitel in dem 1970 erschienen Buch »Was ist Soziologie?«. In diesem 2. Kapitel erklärt Elias, dass zur Erforschung der Entwicklung, der Strukturen und der Funktionsweisen der großen und kleinen Gesellschaften, die Menschen miteinander bilden, eine eigenständige Wissenschaft notwendig sei. Die Soziologie unterscheide sich von physikalisch-chemischen, biologischen Wissenschaften ebenso wie von Ökonomie oder Geschichte. Alle diese Disziplinen seien mit Fragen der Menschen befasst, aber die Soziologie sei von ihnen unterschieden, relativ autonom, wenn es darum geht, die Mythen über das Zusammenleben der Menschen aufzudecken.*

*Dabei kommt es für Elias darauf an, die langfristigen Entwicklungen, die Prozesse in den Blick zu nehmen, die zu den heutigen gesellschaftlichen Verhältnissen und dem Stand des soziologischen Wissens geführt haben. Hierzu formuliert er am Ende des Kapitels vier langfristige Transformationsprozesse, die an ihrer Aktualität nichts verloren haben.*

Heute droht der Soziologie selbst die Gefahr, sich immer mehr in Spezialsoziologien, von der Soziologie der Familie bis zur Soziologie der industriellen Organisation, von der Wissenssoziologie bis zur Soziologie des sozialen Wandels, von der Kriminalsoziologie bis zur Literatur- und Kunstsoziologie, von der Soziologie des Sports bis zur Soziologie der Sprache, aufzulösen. Bald wird es in der Tat für jedes dieser Gebiete Spezialisten geben, die ihre eigenen Fachausdrücke, ihre eigenen Theorien und ihre eigenen Methoden ausarbeiten, die den Nichtspezialisten unzugänglich sind. Damit ist dann das Ideal eines hohen Professionalismus, die absolute Autonomie des neuen Spezialfaches, erreicht. Die Festung ist vollendet, die Zugbrücken werden hochgezogen. Dieser Vorgang hat sich immer von neuem in der Entwicklung der heutigen Menschenwissenschaften, Psychologie, Geschichte, Ethnologie, Ökonomie, Politologie und Soziologie – um nur diese zu nennen –, abgespielt.

Wenn man zu erklären sucht, was Soziologie ist, dann kann man nicht unterlassen, auf diesen Vorgang hinzuweisen. Er wird immer noch als selbstverständlich angesehen. Die zunehmende Arbeitsteilung im Gebiete der Menschenwissenschaften im allgemeinen und der Soziologie im besonderen wird kaum noch reflektiert. Man distanziert sich von ihr nicht in genügendem Maße, um auch die Probleme der zunehmenden wissenschaftlichen Spezialisierung selbst in einer Weise zu stellen, daß sie einer systematischen wissenschaftlichen Forschung zugänglich gemacht werden können.

Das war die Möglichkeit, auf welche Comte[1] hinzuwei-

---

1 Auguste Comte (1798–1857)

sen suchte. Für die Beschäftigung mit Problemen dieser Art bedarf es in der Tat wissenschaftlicher Spezialisten eines neuen Typs, die mit der Untersuchung von langfristigen gesellschaftlichen Prozessen, wie dem der zunehmenden Differenzierung der wissenschaftlichen Arbeit und deren sozialen Antrieben, vertraut sind. Offenbar gibt es eine Reihe von gesellschaftlichen Faktoren, die die Entwicklung einer wissenschaftlichen Untersuchung von Wissenschaften, wie sie sich in Comtes Bemerkungen andeutet, erschweren. Man ist heute, da die zunehmende Spezialisierung der Wissenschaften in Form eines gesellschaftlich noch unerklärbaren und unkontrollierbaren, eines gleichsam »wild« laufenden Prozesses doch erheblich weiter fortgeschritten ist als zur Zeit Comtes, besser in der Lage, den Bereich der Probleme zu sehen, die sich einer solchen Spezialwissenschaft im »zweiten Stock«, einer wissenschaftlichen Untersuchung von Wissenschaften, stellen, und zu sehen, wie diese sich von den vorwissenschaftlich philosophischen Bemühungen um eine Wissenschaftslehre unterscheidet.

Die *philosophische* Untersuchung von Wissenschaften stellt sich implicite – und manchmal auch ausdrücklich – die Aufgabe, auf Grund bestimmter vorgegebener Prinzipien zu bestimmen, wie eine Wissenschaft vorgehen solle. Diese Prinzipien hängen aufs engste mit der von der Theologie übernommenen Vorstellung zusammen, daß es die Aufgabe der wissenschaftlichen Arbeit sei, ewig gültige Urteile zu fällen oder absolute Wahrheiten zu verkünden. Dies ist, wie gesagt, ein Idealbild, das auf Grund einer langen theologisch-philosophischen Tradition als vorgefaßtes Dogma und zum Teil unausgesprochen als ein moralisches Postulat an Wissenschaften herangetragen wird, ohne daß man mit Hilfe von empirischen Untersuchungen prüft, ob diese dogmatische Hypothese auch dem entspricht, was Wissenschaftler tatsächlich tun. John Stuart Mill (1806–1873) zum Beispiel schien zu glauben, daß das induktive Vorgehen den Primat vor dem deduktiven Vorgehen habe, also das Denken vom Besonderen zum Allgemeinen den Primat vor dem Denken vom Allgemeinen zum Besonderen. In der Gegenwart scheinen Philosophen wie Karl Popper mehr geneigt, der Deduktion den Primat über die Induktion zuzuerkennen. Aber all das sind Problemstellungen, die nur so lange eine Bedeutung haben, wie man von der fiktiven Vorstellung ausgeht, es sei die Aufgabe der Wissenschaftstheorie, zu bestimmen, wie ein einzelner Mensch zu verfahren habe, damit man seinem Verfahren den Charakter der Wissenschaftlichkeit zuerkennen könne. Diese philosophische Wissenschaftstheorie beruht auf einer falschen Problemstellung.

Wenn man mit wissenschaftstheoretischer Schärfe auszudrücken sucht, was das Kriterium für die Bewertung der Leistung eines Einzelnen in einer Generationskette von Wissenschaftlern tatsächlich ist, dann kann man sagen, es sei der Fortschritt des wissenschaftlichen Wissens. Der Begriff »Fortschritt« hat, als Kernbegriff des Glaubens an die unausweichliche Zielstrebigkeit der gesamtgesellschaftlichen Entwicklung in Richtung auf eine Verbesserung des Lebens, der besonders im 18. und 19. Jahrhundert viele Anhänger unter der bürgerlichen Intelligenz Europas fand, bei den Nachfahren dieser Intelligenz heute einen schlechten Namen. Als Kriterium für die gesamtgesellschaftliche Entwicklung, als Ausdruck einer dogmatischen Überzeugung ist der Begriff in der Tat unbrauchbar. Als Ausdruck des Maßstabes, den Wissenschaftler selbst an ihre Forschungsergebnisse anlegen, trifft er den Kern der Sache. Es ist schwer zu sagen, ob die Einsteinsche Relativitätstheorie, die Entdeckung des Cholerabazillus oder die Entwicklung von dreidimensionalen Modellen der Atomfiguration in Großmolekülen »ewige Wahrheiten« sind, die Geltung oder Gültigkeit für alle Zeiten haben. Solche traditionellen Begriffe enthalten ein unausgesprochenes Ideal, das selbst der Rechtfertigung bedarf. Sie sind im Grunde erbaulicher Natur. Inmitten aller Vergänglichkeit ist es gewiß befriedigend, etwas vor sich zu haben, wovon man glauben kann, daß es unvergänglich ist. Erbauliche Vorstellungen haben ihren Platz im menschlichen Leben. Aber die Wissenschaftstheorie ist nicht der rechte Platz für sie. Wenn man unter dem Vorwand, zu sagen, was eine Wissenschaft ist, in Wirklichkeit sagt, was eine Wissenschaft – dem eigenen Ideal oder dem eigenen Wunsche entsprechend – sein oder tun soll, dann betrügt man sich selbst und andere. Es ist ein Mißbrauch, von einer Theorie der Wissenschaft zu sprechen, wenn man sich nicht um die theoretische Verarbeitung dessen bemüht, was sich bei der wissenschaftlichen Untersuchung von Wissenschaften tatsächlich beobachten und belegen läßt.

Wenn man das tut, dann findet man zunächst einmal, daß Wissenschaften sich in bestimmten Gesellschaften im Kampf einzelner Gruppen gegen ungeprüfte vorwissenschaftliche Gedankensysteme heranbilden, die von anderen, gewöhnlich weit mächtigeren Gruppen als selbstverständlich anerkannt werden. Die wissenschaftlich denkenden Gruppen sind zunächst einmal Gruppen, die in ihrer Gesellschaft herrschende Kollektivvorstellungen, selbst wenn sie sich auf anerkannte Autoritäten stützen, kritisieren oder verwerfen, weil sie im Zusammenhang mit systematischen Einzeluntersuchungen herausgefunden haben, daß diese Kollektivvorstellungen nicht mit den beobachtbaren Tatsachen übereinstimmen. *Wissenschaftler sind mit anderen Worten Mythenjäger;* sie bemühen sich, durch Tatsachenbeobachtung nicht zu belegende Bilder von Geschehenszusammenhängen, Mythen, Glaubensvorstellungen und metaphysische Spekulationen durch Theorien zu ersetzen, also durch Modelle von Zusammenhängen, die durch Tatsachenbeobachtungen überprüfbar, belegbar und korrigierbar sind. Diese Mythenjagd, die Entlarvung von zusammenfassenden Vorstellungsmythen als faktisch unfundiert, bleibt immer eine Aufgabe der Wissenschaften, denn innerhalb oder außerhalb der Gruppe von wissenschaftlichen Spezialisten verwandelt man wissenschaftliche Theorien selbst häufig genug in Glaubenssysteme. Man erweitert sie oder benutzt sie in einer Weise, die durch weitere theoriegesteuerte Tatsachenbeobachtung nicht gerechtfertigt ist.

Im Rahmen der wissenschaftlichen Arbeit aber bildet das Kriterium für den Wert von Forschungsresultaten, sei es auf der empirischen, sei es auf der theoretischen Ebene oder auf beiden zugleich, der Fortschritt, den diese Forschungsergebnisse gemessen am bestehenden gesellschaftlichen, vor allem auch wissenschaftlichen Wissensfundus darstellen. Dieser Fortschritt hat viele Facetten. Er kann darin bestehen, daß die Forschungsergebnisse den Wissensvorrat vergrößern. Er kann darin bestehen, daß einem Wissen, das noch auf verhältnismäßig unsicheren Füßen stand, größere Gewißheit gegeben wird. Er kann darin bestehen, eine theoretische Zusammenfassung von Ereignissen, deren Zusammenhang zuvor unbekannt war oder die das Modell eines im Vergleich zu vorangehenden Theorien umfassenderen

Geschehenszusammenhanges darstellt, zu ermöglichen. Er kann ganz einfach darin bestehen, Theorie und Empirie besser aufeinander abzustimmen. In allen diesen Fällen ist es entscheidend, daß die in den traditionellen philosophischen Wissenschaftstheorien maßgebenden Kriterien, wie »wahr« und »unwahr«, »richtig« und »falsch«, aus dem Zentrum an die Peripherie der Wissenschaftstheorie rücken. Natürlich gibt es immer noch die Möglichkeit, Forschungsergebnisse als absolut unrichtig nachzuweisen. Aber in den weiterentwickelten Wissenschaften dient als Hauptmaßstab das Verhältnis von jeweils neueren Forschungsergebnissen zum vorhandenen älteren Wissen, also nicht etwas, was durch statische Polaritäten wie »richtig« oder »unrichtig« ausgedrückt werden kann, sondern gerade nur durch Hinweise auf das, was zwischen ihnen liegt, durch die Dynamik der wissenschaftlichen Prozesse, in deren Ablauf das theoretisch-empirische Wissen *größer, richtiger, angemessener* wird.

Im Zentrum einer soziologischen Wissenschaftstheorie, die sich nicht auf die Postulierung von wissenschaftlichen Idealen, sondern auf die Erforschung von Wissenschaften als beobachtbaren sozialen Prozessen richtet, steht also der Charakter der Erkenntnisprozesse, in deren Verlauf erst wenige, dann immer mehr und stärker organisierte Gruppen von Menschen den Bereich des menschlichen Wissens und Denkens in immer bessere Übereinstimmung mit einem immer umfassenderen beobachtbaren Tatsachenbereich bringen.

Mit der Erkenntnis dieser Aufgabe entfernt man sich gleichermaßen vom philosophischen Absolutismus wie vom heute noch weitgehend vorherrschenden soziologischen Relativismus. Man tritt damit aus dem circulus vitiosus heraus, der Menschen immer wieder zwingt, kaum daß sie dem philosophischen *Absolutismus* entronnen sind, sich in den Schlingen eines soziologischen *Relativismus* zu verfangen und, wenn sie diesem zu entrinnen suchen, wieder der dogmatischen Scheinsicherheit des philosophischen Absolutismus zu verfallen.

Auf der einen Seite steht die philosophische Erkenntnistheorie, die die wissenschaftliche Erkenntnis als gegeben ansetzt. Sie kümmert sich nicht darum, wie und warum der Typ des wissenschaftlichen Erwerbs von Wissen aus vorwissenschaftlichen Bemühungen um Erkenntnis hervorging oder sich immer von neuem von ihnen absetzt. In einer philosophischen Problemstellung, in der es nur statische Alternativen gibt, sind die vorwissenschaftlichen oder nichtwissenschaftlichen Erkenntnisformen und -ergebnisse »falsch« oder »unwahr«, die wissenschaftlichen »richtig« oder »wahr«. Entsprechend dieser Art von Problemstellung hat die philosophische Wissenschaftslehre auch keine Werkzeuge, um die Problematik des wissenschaftlichen Prozesses ins Zentrum der wissenschaftstheoretischen Untersuchung zu stellen. Der Prozeß, in dessen Verlauf ein verhältnismäßig undifferenziertes Forschungsbemühen, wie man ihm etwa in der Antike begegnet, sich in einen immer differenzierteren und spezialisierteren Forschungsprozeß verwandelt, liegt außerhalb ihres Zugriffs. Noch heute redet man in der Wissenschaftstheorie von der Wissenschaft und der wissenschaftlichen Methode – als ob es tatsächlich nur eine Wissenschaft und eine wissenschaftliche Methode gebe, eine Vorstellung, die eine Schimäre ist, wie die frühere Vorstellung, daß es ein Heilmittel für alle Krankheiten gebe.

Auf der anderen Seite steht die soziologische Wissenstheorie, die sich ausschließlich mit der Gesellschaftsbezogenheit von vorwissenschaftlichen Gedankengebilden befaßt. Und wie die philosophische Wissenschaftstheorie für ihre Darlegungen so gut wie ausschließlich die wissenschaftliche Erkenntnis von Naturzusammenhängen als Modell nimmt, so bezieht sich die soziologische Wissenstheorie bisher so gut wie ausschließlich auf Vorstellungen über Gesellschaften, auf politische oder soziale Ideologien, ohne je die Frage zu stellen, *wie und unter welchen Bedingungen eine nicht-ideologische, eine wissenschaftliche Erkenntnis von Natur- und Gesellschaftszusammenhängen möglich sei,* also auch ohne für sich und für andere klarzustellen, ob und wie sich soziologische Theorien von gesellschaftlichen Ideologien unterscheiden. Die bisherige Wissenssoziologie unterläßt es, genau wie die philosophische Erkenntnistheorie, sich mit der Frage zu beschäftigen, unter welchen Bedingungen vorwissenschaftliche Ideologien oder Mythen sich in wissenschaftliche Theorien, sei es von der Natur, sei es von der Gesellschaft, verwandeln.

Die soziologische Wissenschaftstheorie, die sich bereits bei Comte andeutete und die nun langsam deutlicher zutage tritt, rückt gerade diese Probleme ins Zentrum. Hier findet man sich vor die Frage gestellt, unter welchen gesellschaftlichen Bedingungen und mit Hilfe welcher gesellschaftlicher Einrichtungen es möglich wurde und nun möglich ist, den Fundus menschlichen Wissens und Denkens auch in bezug auf die von Menschen gebildeten Gesellschaften kontinuierlich in bessere Übereinstimmung mit einem immer umfassenderen Tatsachenbereich zu bringen. Man kann vorwegnehmend nicht mit Sicherheit sagen, daß die gesamtgesellschaftliche Entwicklung im Falle der Gesellschaftswissenschaften, wie zuvor in dem der Naturwissenschaften, notwendigerweise zu einer fortschreitenden Emanzipation führen muß oder führen werde. Dazu ist es zu früh. Wir stehen noch mitten innerhalb dieses Emanzipationsprozesses. Nichtsdestoweniger kann man mit großer Bestimmtheit sagen, in welcher Richtung sich die Struktur des Denkens über gesellschaftliche Probleme in jener Periode wandelte, in der Menschen begannen, gesellschaftliche Probleme statt als theologische oder philosophische vielmehr als wissenschaftliche Probleme zu behandeln. Eine solche entwicklungssoziologische Untersuchung des Prozesses der Verwissenschaftlichung von Denken und Wahrnehmen ermöglicht nun in der Tat eine theoretische Klarstellung der Struktureigentümlichkeiten, durch die sich das wissenschaftliche Erkenntnisbemühen vom vorwissenschaftlichen unterscheidet. Sie bleibt dem herkömmlichen philosophischen Bemühen um die Bestimmung einer Wissenschaftstheorie verschlossen, weil dieses von der fiktiven Hypothese beherrscht wird, die wissenschaftliche Erkenntnis sei – je nachdem – die »natürliche«, die »vernünftige«, die »normale« oder jedenfalls die ewige, unveränderliche und ungewordene Form des menschlichen Erkennens. Dementsprechend verwirft es als »bloß historisch«, »unphilosophisch«, als irrelevant für eine Wissenschaftstheorie, die Untersuchung des Werdens und Wandels von Wissenschaften, des gesellschaftlichen Prozesses der Wissenschaften, verwirft also gerade das, was sich der menschlichen Beobachtung zur Untersuchung darbietet, und beraubt sich damit jeder Möglichkeit, die unterscheidenden Struktureigentümlichkeiten des wissenschaftlichen Erkenntnisbemühens in der einzigen

Weise zu bestimmen, in der man das ohne das Herantragen von willkürlichen und vorgefaßten Wertungen und Idealen zu tun vermag: nämlich mit Hilfe einer vergleichenden Methode, eines ständigen, vergleichenden Absetzens der nicht oder weniger wissenschaftlichen von der wissenschaftlicheren Wissensproduktion.

Damit entgeht man zugleich auch der Argumentationsfalle, in die man immer von neuem gerät, wenn man die Entwicklung der Wissenschaft als Gegenstand einer bloß historischen Untersuchung einem als ewig und unveränderlich gedachten Zustand der Wissenschaft als Gegenstand einer systematisch-philosophischen Untersuchung gegenüberstellt. Auf eine entwicklungssoziologische Wissenschaftstheorie paßt diese künstliche Nomenklatur nicht mehr. Sie ist – in dem herkömmlichen Sinn dieser Begriffe – weder historisch noch systematisch. Ob es sich nun um »Naturerkenntnis« oder um »Gesellschaftserkenntnis« handelt, jener Typ der Wissensgewinnung, auf den sich der Begriff »wissenschaftlich« bezieht, und seine spezifischen Struktureigentümlichkeiten eröffnen sich einer wissenschaftstheoretischen Untersuchung und Bestimmung erst dann, wenn man ihn als Übergang zu einer neuen Phase in der Entwicklung der menschlichen Wissensgewinnung überhaupt sieht. Diese Entwicklung hat vielerlei Aspekte und kann im einzelnen recht verschieden sein. Aber man kann präzise die Richtung einer solchen Entwicklung bestimmen. Man kann zum Beispiel sagen: Wann immer wir im Sprachgebrauch einer Gesellschaft Begriffe vorfinden, die den Gedanken an einen *unpersönlichen,* sich zum Teil selbst regulierenden und selbst perpetuierenden Nexus von Ereignissen einschließen, kann man sicher sein, daß diese Begriffe in einer kontinuierlichen Entwicklungslinie von anderen Begriffen abstammen, die den Gedanken an einen *persönlichen* Nexus von Ereignissen implizieren. Diese bilden in allen Fällen den Ausgangspunkt. Menschen modellieren in Gedanken zunächst einmal alle ihre Erfahrungen nach den Erfahrungen, die sie unter sich selbst in ihren Gruppen machen. Es dauerte sehr lange, es bedurfte einer kumulativen und kampfreichen Anstrengung vieler Generationen, ehe Menschen den schwierigen Gedanken zu fassen vermochten, daß die Modelle des Denkens, die sie über ihre eigenen Absichten, Pläne, Handlungen und Zwecke entwickelten, als Mittel der Erkenntnis ebenso wie als Werkzeuge der Manipulation von Ereigniszusammenhängen nicht immer recht geeignet waren. Was wir heute mit großer Selbstverständlichkeit als »Natur« bezeichnen, war ganz gewiß ein sich weitgehend selbst regulierender, selbst perpetuierender und mehr oder weniger autonomer Geschehenszusammenhang, ehe Menschen in der Lage waren, sich die unendliche Mannigfaltigkeit der einzelnen Naturgeschehnisse als einen von niemandem geplanten, von niemandem beabsichtigten, blinden oder mechanischen und gesetzmäßigen Zusammenhang vorzustellen. Die Frage, warum die Gesellschaftsentwicklung der Menschen und damit auch die Entwicklung des menschlichen Wissens und Denkens erst ganz langsam, mit vielen Rückschlägen und dann von der Renaissance ab in wachsendem Tempo, Menschen in die Lage versetzte, Naturzusammenhänge in einer Weise wahrzunehmen und gedanklich zu verarbeiten, die von der Art und Weise, in der sie spontan und unreflektiert sich selbst erlebten, verschieden war, braucht uns hier nicht zu beschäftigen.

Aber man sieht bei diesem Vergleich erheblich schärfer

und präziser die Schwierigkeiten, mit denen Menschen zu kämpfen hatten und in der Tat noch heute kämpfen, wenn sie die wachsende Einsicht zu bewältigen suchten, daß auch die Zusammenhänge, die sie selbst miteinander bilden, die Gesellschaftszusammenhänge, sich besser verstehen und erklären lassen, wenn man sie gedanklich nicht einfach als von bestimmten einzelnen, namentlich bekannten Personen geschaffene Zusammenhänge verarbeitet, sondern ebenfalls als unpersönliche, zum Teil sich selbst regulierende und selbst perpetuierende Zusammenhänge von Geschehnissen. *Damit ist nicht im mindesten gesagt, daß es sich im Falle der gesellschaftlichen Zusammenhänge um den gleichen Typ der Verknüpfung handelt wie im Falle der physikalischen Natur.* Damit ist lediglich gesagt, daß in beiden Fällen der Übergang zum wissenschaftlichen Denken damit zusammenhängt, daß man einen Ereignisbereich, den man zuvor relativ unreflektiert als Mannigfaltigkeit von Handlungen, Absichten und Zwecken einzelner Lebewesen erlebt hat, nun gleichsam aus größerer Distanz als einen relativ autonomen, relativ ungesteuerten und unpersönlichen Geschehniszusammenhang eigener Art erkennt. Man kann sagen, daß es die Bedingung für den Übergang zum wissenschaftlichen Denken ist, daß Menschen in der Lage sind, einen spezifischen Zusammenhang von Ereignissen in dieser Weise wahrzunehmen. Man kann das auch in der Weise ausdrücken, daß man sagt, es sei symptomatisch für den Übergang vom vorwissenschaftlichen zum wissenschaftlichen Wissenserwerb, daß die gedanklichen Werkzeuge, deren sich Menschen bedienen, langsam den Charakter von *Aktions*begriffen verlieren und dafür den von *Funktions*begriffen gewinnen. Die wachsende Erkenntnis von der relativen Autonomie des

Gegenstandsbereichs als eines Funktionszusammenhanges eigener Art ist die *Voraussetzung* für die beiden Operationen, die für das wissenschaftliche Verfahren charakteristisch sind: für die Herausbildung von relativ autonomen Theorien des Zusammenhangs beobachtbarer Einzelheiten und für die Benutzung systematisch durchgeführter Beobachtungen als Prüfstein dieser Theorien.

Man ist sich vielleicht nicht genügend darüber im klaren, daß die Vorstellung, man könne durch systematische Beobachtung dessen, was geschieht, irgend etwas über diese Geschehenszusammenhänge lernen, nicht so selbstverständlich ist, wie es uns heute erscheint. Solange man glaubt, daß Ereignisse das Ergebnis von mehr oder weniger willkürlichen Absichten und Plänen bestimmter Lebewesen sind, kann es nicht als besonders sinnvoll erscheinen, den Problemen durch Beobachtungen auf den Grund zu gehen. Wenn die Urheber übernatürliche Wesen oder hochgestellte menschliche Personen sind, kann man dem »Geheimnis« nur dadurch auf den Grund kommen, daß man Zugang zu Autoritäten hat, die die geheimen Absichten und Pläne kennen. Man glaubt oft, der Übergang zur Wissenschaft beruhe in erster Linie auf dem Übergang zum Gebrauch einer bestimmten Forschungsmethode. Aber der Gedanke, daß Menschen eine Methode, ein Werkzeug der Erkenntnis, unabhängig von der Vorstellung, die sie von dem zu erkennenden Gegenstandsgebiet haben, erfinden, ist ein nachträgliches Produkt der philosophischen Einbildungskraft. Man stellt es sich wohl unwillkürlich so vor, als ob das Leitbild der Natur als eines sich selbst regulierenden Funktionszusammenhanges immer vorhanden gewesen sei und daß man nur eine Methode finden mußte, um einzelne dieser gesetzmäßigen Zusammenhänge zu entdecken. In Wirklichkeit entwickelten sich hier, wie in allen anderen Fällen, das theoretische Bild eines Geschehenszusammenhanges und die Methode seiner Erforschung selbst in funktionaler Interdependenz. Die Entwicklung eines relativ autonomen Gesellschaftsbildes, das sich als Leitbild für eine wissenschaftliche Erschließung eignet, ist allein schon deswegen besonders schwierig, weil sich Menschen den Gedanken an die relative Autonomie der gesellschaftlichen Funktionszusammenhänge nicht nur in Auseinandersetzungen mit vorwissenschaftlichen Gesellschaftsbildern erkämpfen müssen, sondern auch in Auseinandersetzungen mit vorherrschenden Bildern von der Natur, also von einem Funktionszusammenhang niedrigerer Integrationsstufe. Von dieser Stufe stammen zunächst alle Vorstellungen, die man sich von unpersönlichen Funktionszusammenhängen bildet. Alle Kategorien, besonders die der Kausalität, alle Denkwerkzeuge überhaupt, die sich zur gedanklichen Erfassung von Funktionszusammenhängen verwenden lassen, alle Methoden der Erforschung solcher Funktionszusammenhänge entstammen zunächst diesem anderen Erfahrungsbereich. Überdies ist die gesellschaftliche Macht und dementsprechend auch der gesellschaftliche Status der mit der Erforschung dieser niedrigeren Integrationsstufen befaßten Berufsgruppen besonders hoch, und Gesellschaftswissenschaftler, wie alle aufsteigenden Gruppen, sind nur allzu bereit, durch Übernahme der prestigereichen Modelle von den älteren Wissenschaften sich in deren Schatten zu sonnen. Daß es so lange dauert, ehe sich die Soziologie als relativ autonomes Forschungsgebiet entwickelt, kann man nicht verstehen, wenn man diese Schwierigkeiten nicht vor Augen hat.

Aber damit läßt sich auch besser erkennen, was man bei der Untersuchung des Übergangs von der vorwissenschaftlichen zur wissenschaftlichen Erkenntnis über die Struktureigentümlichkeiten der letzteren zu lernen vermag. Die Versuche, als das entscheidende Kriterium von Wissenschaftlichkeit eine bestimmte Methode hinzustellen, treffen nicht den Kern der Sache. Es genügt auch nicht, sich auf die Beobachtung zu verlassen, daß jedes wissenschaftliche Vorgehen auf der ständigen Rückbeziehung integrierender Gedankenmodelle auf Einzelbeobachtungen und dieser Beobachtungen auf integrierende Modelle beruht. Das Ungenügende solcher Bestimmungen beruht auf ihrem formalen Charakter. Systematische Beobachtungen erhalten für Menschen überhaupt erst einen Sinn und Wert als Werkzeug der Erkenntnis, wenn sie eine Vorstellung von einem Gegenstandsgebiet entwickeln, die es sinnvoll erscheinen läßt, systematische Beobachtungen anzuwenden, um sich dieses Gebiet zu erschließen. Auch von dieser Seite her sieht man, daß die Trennung von Methode und Theorie auf einer Täuschung beruht. Gräbt man tief genug, so zeigt sich, daß die Entwicklung des theoretischen Bildes, das sich Menschen von einem zu erkennenden Gegenstandsgebiet machen, und die Entwicklung des Bildes, das sie sich von der Methode zur wissenschaftlichen Erforschung dieses Gegenstandsgebietes machen, unabtrennbar sind. Dabei kann man durchaus verstehen, daß vielen Menschen der Gedanke widerstrebt, die Gesellschaft, die sie selbst mit anderen bilden, als einen Funktionszusammenhang zu erkennen, der eine relative Autonomie gegenüber den Absichten und Zielen der sie bildenden Menschen besitzt. Man begegnet dem entsprechenden Widerstreben in der Periode, in der sich Menschen langsam und mühsam zu der Vorstellung durchringen, daß die Naturereignisse ein blinder, zweckloser Funktionszusammenhang sind. Der Übergang zu dieser Erkenntnis bedeutet für die Menschen zunächst eine Sinnentleerung. Steht denn gar keine Absicht, so fragten sie sich einst, stehen gar keine Ziele hinter dem ewigen Kreisen der Planeten? Um die Natur als einen mechanischen gesetzmäßigen Funktionszusammenhang sehen zu können, mußten sich Menschen von der weit befriedigenderen Vorstellung lösen, daß hinter jedem Naturereignis eine für sie selbst sinnvolle Absicht als die eigentlich bestimmende Kraft stünde. Die Paradoxie der Situation bestand darin, daß man erst dank der Möglichkeit, der Zweck- und Sinnlosigkeit, der blinden mechanischen Gesetzmäßigkeit der physikalischen Funktionszusammenhänge ins Auge zu sehen, in der Lage war, den ständigen Bedrohungen durch dieses Geschehen zu begegnen und ihm einen Sinn und einen Zweck für sich selbst zu geben. Bei dem Bemühen, die Einsicht durchzusetzen, daß auch gesellschaftliche Abläufe eine relative Autonomie gegenüber menschlichen Absichten und Zwecken besitzen, begegnet man den gleichen Schwierigkeiten und der gleichen Paradoxie. Vielen Menschen widerstrebt dieser Gedanke. Es ist schrecklich, sich vorzustellen, daß Menschen selbst miteinander Funktionszusammenhänge bilden, in denen sie zum guten Teil blind, ziellos und hilflos dahintreiben. Es ist viel beruhigender, wenn man sich vorstellen kann, daß die Geschichte – die ja immer die Geschichte bestimmter menschlicher Gesellschaften ist – einen Sinn und eine Bestimmung, vielleicht gar einen Zweck habe, und es gibt ja immer von neuem Menschen, die uns verkünden, was dieser Sinn ist. Die gesellschaftlichen Zusammenhänge als relativ autonome, zum Teil sich selbst regulierende Funktionszusammenhänge hinzustellen, die von niemandes Absichten und Zielen gelenkt sind, die keinen den jeweiligen Idealen entsprechenden Zielen zustreben, das bedeutet ebenfalls zunächst eine Sinnentleerung. Nur verhält es sich auch in diesem Falle so, daß Menschen erst dann hoffen können, dieser sinn- und zwecklosen gesellschaftlichen Funktionszusammenhänge Herr zu werden und ihnen einen Sinn zu geben, wenn sie sie als solche relativ autonome Funktionszusammenhänge eigener Art zu erklären und systematisch zu erforschen vermögen.

Das ist also der Kern des Übergangs zu einem wissenschaftlichen Denken von Gesellschaften. Die relative Autonomie, von der hier die Rede ist, bezieht sich auf drei verschiedene, aber völlig interdependente Aspekte der Wissenschaften. Es handelt sich *erstens* um die relative Autonomie des Gegenstandsgebietes einer Wissenschaft innerhalb des gesamten Universums der Geschehenszusammenhänge. Die Gliederung des wissenschaftlichen Universums in eine Reihe spezifischer Wissenschaftstypen, also vor allem in physikalische, biologische und soziologische Wissenschaften, würde in der Tat höchst schädlich für die berufliche Aufgabe von Wissenschaftlern sein, wenn sie nicht einer Gliederung des Universums selbst entspräche. Die erste Schicht der relativen Autonomie, die Voraussetzung aller anderen, ist also *die relative Autonomie des Gegenstandsgebietes einer Wissenschaft in seiner Beziehung zu den Gegenstandsgebieten anderer Wissenschaften. Die zweite Schicht ist die relative Autonomie der wissenschaftlichen Theorie von diesem Gegenstandsgebiet* – sowohl im Verhältnis zu vorwissenschaftlichen Gedankenbildern von diesem Gegenstandsgebiet, die mit den Begriffen Zweck, Sinn, Absicht usw. arbeiten, wie im Verhältnis zu den Theorien von anderen Gegenstandsgebieten. Die *dritte* Schicht schließlich ist *die relative Autonomie einer bestimmten Wissenschaft im Institutionsgefüge der akademischen Forschung und Lehre und die relative Autonomie der wissenschaftlichen Berufsgruppen,* der Spezialisten für ein bestimmtes Fach – sowohl im Verhältnis zu nichtwissenschaftlichen wie zu anderen wissenschaftlichen Berufsgruppen. Diese soziologisch-wissenschaftstheoretische Bestimmung der Struktureigentümlichkeiten einer Wissenschaft beschränkt sich auf die Untersuchung dessen, was ist. Sie ist aus vorangehenden Erkenntnisbemühungen hervorgewachsen und läßt sich durch weitere Untersuchungen auf der theoretischen wie auf der empirischen Ebene korrigieren. Aber diese Beschränkung der wissenschaftlichen Untersuchung von Wissenschaften erhöht die Anwendbarkeit der Resultate auf praktische Probleme. Man begegnet immer von neuem dem Bemühen wissenschaftlicher Berufsgruppen, den Besitz oder den Erwerb von relativ autonomen akademischen Institutionen dadurch zu rechtfertigen, daß sie eigene Theorien, eigene Methoden, ein eigenes Vokabular entwickeln, ohne daß diese relative Autonomie ihrer Theorie- und Begriffskonstruktionen auch durch eine relative Autonomie ihres Gegenstandsgebietes gerechtfertigt wäre. Es gibt mit anderen Worten neben der echten, durch die Gliederung der Gegenstandsgebiete selbst gerechtfertigten wissenschaftlichen Spezialisierung auch ein erhebliches Maß von *Pseudospezialisierung.*

Eine soziologische Wissenschaftstheorie ist – im Unterschied zur philosophischen – nicht die Gesetzgeberin, die auf Grund von vorgegebenen Prinzipien dekretiert, welche Methode als wissenschaftlich zu gelten hat und welche nicht. Aber sie steht ihrer ganzen Anlage nach in engerer Tuchfühlung mit den akuten praktischen Fragen der Wissenschaften. Man kann von ihrer Basis her z. B. untersuchen, wieweit das herkömmliche, das jeweils institutionalisierte Schema der wissenschaftlichen Facheinteilung mit dem jeweils erreichten Stand des Wissens von der Gliederung der Gegenstandsgebiete übereinstimmt und wieweit im Laufe der Wissenschaftsentwicklung Diskrepanzen entstanden sind. Alles in allem kann man sagen, daß die Konzentration der philosophischen Wissenschaftstheorien auf *die* ideale Wissenschaft und innerhalb ihrer wieder auf die wissenschaftliche Methode, auf herkömmlichen philosophischen Prinzipien, auf Spielregeln beruht, die sich, wie das oft in der traditionellen Philosophie der Fall ist, wie eine Art von unsichtbarer Glaswand zwischen die Denkenden und die Gegenstände ihres Denkens, also in diesem Falle die Wissenschaften, schieben. Viele akute Probleme der wissenschaftlichen Arbeit, die in der gesellschaftlichen Praxis dieser Arbeit von großer Bedeutung sind, werden im Rahmen der philosophischen Wissenschaftstheorie als philosophisch nicht relevant, als »unphilosophisch«, also im Sinne der vorgegebenen Spielregeln des philosophischen Denkens als unwesentlich bewertet. Aber es ist oft der Fall, daß das, was nach den philosophischen Spielregeln als unwesentlich erscheint, für eine sachgerechtere Theorie der Wissenschaften in höchstem Maße relevant ist.

So kann man die gemeinsamen Struktureigentümlichkeiten des wissenschaftlichen Wissenserwerbs nicht herausfinden, ohne das ganze wissenschaftliche Universum, ohne die Vielheit der Wissenschaften in Betracht zu ziehen. Den Begriff der Wissenschaft an einer einzelnen Disziplin, z. B. an der Physik, zu orientieren, entspricht ungefähr dem Verfahren, das man bei Völkern findet, wenn sie sich vorstellen, alle Menschen sollten so aussehen wie sie selbst, und wenn das nicht der Fall ist, seien sie keine richtigen Menschen. Wenn man sich von den einschränkenden Spielregeln der philosophischen Untersuchung von Wissenschaften abwendet und an Wissenschaften als Gegenstände theoretisch-empirischer Untersuchungen herantritt, läßt sich schnell entdecken, daß das Gegenstandsbild, wie es im Laufe der wissenschaftlichen Arbeit hervortritt, und das Bild der Methode, deren man sich zur Erschließung eines Gegenstandsgebietes bedient, funktionell interdependent sind. Das ist verständlich. Was würde man von jemandem sagen, der behauptet, bei der handwerklichen Bearbeitung von Materialien müsse man sich immer einer Axt bedienen, egal, ob es sich um die Bearbeitung von Holz, von Marmor oder Wachs handle. Man kann auch die gesellschaftliche Struktur der wissenschaftlichen Arbeit nicht, wie es oft geschieht, vernachlässigen, wenn man verstehen will, welche Kriterien den wissenschaftlichen Wert von Forschungsergebnissen bestimmen. Der wissenschaftliche Fortschritt hängt in jedem Wissenschaftsgebiet auch vom wissenschaftlichen Standard und von dem wissenschaftlichen Ethos der Fachvertreter ab. Deren mehr oder weniger geregelte Konkurrenz, deren Auseinandersetzungen und Übereinkunft entscheiden letzten Endes, ob und wieweit die Ergebnisse eines einzelnen Forschers als gesichert, als Gewinn, als Fortschritt des wissenschaftlichen Wissenserwerbs verbucht werden oder nicht.

Die oft erwähnte Forderung nach der Überprüfbarkeit von individuellen wissenschaftlichen Forschungsergebnissen weist auf den gesellschaftlichen Charakter der wissenschaftlichen Arbeit hin. Überprüfbarkeit heißt immer auch Überprüfbarkeit durch andere. Man kann mit hoher Bestimmtheit sagen, daß es keine wissenschaftliche Methode gibt, deren Anwendung den wissenschaftlichen Wert einer Forschungsarbeit garantiert und vor Zeitvergeudung schützt, wenn der Konsens und die Kriterien der Fachvertreter in mehr oder weniger hohem Maße von außerwissenschaftlichen, von heteronomen Gesichtspunkten, etwa von politischen, religiösen, nationalen oder vielleicht auch von beruflichen Statuserwägungen bestimmt werden, wie das gerade in den Gesellschaftswissenschaften bisher nicht selten der Fall war und ist. Der Grund dafür ist nicht schwer zu finden. Die relative Autonomie der Forschungsarbeit in den Gesellschaftswissenschaften und nicht zuletzt auch in der Soziologie ist noch verhältnismäßig gering. Die Heftigkeit und Intensität der außerwissenschaftlichen innerstaatlichen und zwischenstaatlichen Auseinandersetzungen ist so groß, daß das Bemühen um eine größere Autonomie der soziologischen Theorieansätze gegenüber den außerwissenschaftlichen Glaubenssystemen bisher noch nicht besonders erfolgreich ist. Ebenfalls der Standard der Beurteilung von Forschungsarbeiten durch die jeweiligen Fachvertreter ist noch in hohem Maße durch heteronome Kriterien dieser Art mitbestimmt. Der Gedanke liegt nahe, daß man sich in manchen Gesellschaftswissenschaften gerade darum in etwas formaler Weise an eine bestimmte Methode als Ausweis der eigenen Wissenschaftlichkeit klammert, weil man das Problem der ideologischen Beeinflussung der wissenschaftlichen Arbeit auf der theoretischen wie auf der empirischen Ebene angesichts der Heftigkeit der außerwissenschaftlichen Auseinandersetzungen nicht zu bewältigen vermag.

Von solchen Erwägungen her gewinnt man ein besseres Empfinden dafür, daß der Übergang zu einem wissenschaftlicheren Denken über Gesellschaften, der sich langsam im späten 18. Jahrhundert anbahnte und schließlich im 19. und 20. Jahrhundert weitergeführt wurde, etwas Erstaunliches ist. Auf der einen Seite mag man beklagen, daß die Autonomie der soziologischen Theorien und auch der empirischen Problemstellung und Problemauslese im Verhältnis zu dem unreflektierten, außerwissenschaftlichen Denken über gesellschaftliche Probleme noch relativ gering ist. Auf der anderen Seite aber kann man nicht unterlassen zu fragen: Wie war es überhaupt möglich, daß Menschen in einer Periode so starker gesellschaftlicher Auseinandersetzungen sich von diesen Kämpfen und Kampfparolen genügend zu emanzipieren vermochten, um auch nur den Beginn zu einem wissenschaftlichen Bemühen um die Aufhellung gesellschaftlicher Zusammenhänge machen zu können?

Es trägt viel zum Verständnis der Soziologie und ihres Gegenstandes, der Gesellschaft, bei, wenn man sich daran erinnert, daß ja auch die gesellschaftlichen Kämpfe und Auseinandersetzungen selbst im 19. und 20. Jahrhundert, also in der Zeit der Industrialisierung, eine eigentümliche Entpersonalisierung erfuhren. In zunehmendem Maße führten während dieser Jahrhunderte Menschen ihre gesellschaftlichen Auseinandersetzungen nicht so sehr im Namen bestimmter Personen als im Namen bestimmter unpersönlicher Prinzipien und Glaubensartikel durch. Weil es uns selbstverständlich erscheint, sind wir uns oft nicht mehr dessen bewußt, wie eigentümlich und wie einzigartig es ist, daß Menschen sich in diesen Jahrhunderten nicht mehr im Namen bestimmter regierender Fürsten und deren Generäle oder im Namen ihrer Religionen bekämpfen, sondern vor allem auch im Namen bestimmter unpersönlicher Prinzipien und Glaubensartikel wie »Konservatismus« und »Kommunismus«, »Sozialismus« und »Kapitalismus«. Im Zentrum jedes dieser sozialen Glaubenssysteme, in deren Namen sich Menschen bekämpften, stand nun die Frage, in welcher Weise Menschen ihr eigenes gesellschaftliches Leben miteinander ordnen sollten. Nicht nur die Soziologie und die Gesellschaftswissenschaften überhaupt, sondern auch die Leitgedanken der Kämpfe, in die Menschen miteinander verwickelt waren, weisen darauf hin, daß Menschen in dieser Periode sich selbst in einem anderen Sinne als zuvor, nämlich als Gesellschaften, wahrzunehmen begannen.

Bis heute ist es für viele Menschen offenbar recht schwer, sich zu vergegenwärtigen, was Soziologen eigentlich meinen, wenn sie sagen, der Gegenstandsbereich, den sie zu erforschen suchen, sei die menschliche Gesellschaft. So hilft es vielleicht, die Aufgabe der Soziologie besser zu verstehen, wenn man sich die Umstände vergegenwärtigt, unter denen Menschen nicht nur in Form der Soziologie, sondern auch in ihren nichtwissenschaftlichen Auseinandersetzungen dazu kamen, sich selbst als Gesellschaften wahrzunehmen.

Man kann den Strukturwandel der menschlichen Selbsterfahrung, der darin zum Ausdruck kam, daß Menschen sich nun mehr und mehr im Namen der großen »-ismen« bekämpften, nicht verstehen, solange man sich nicht darüber klar ist, welche Veränderungen des gesellschaftlichen Zusammenlebens der Menschen selbst sich in dieser Veränderung der menschlichen Selbsterfahrung widerspiegeln.

Die Wandlungen, um die es sich handelt, sind allbekannt; aber sie werden nicht immer klar und deutlich als gesellschaftliche Strukturwandlungen wahrgenommen. Sie werden gegenwärtig vor allem in dem Sinne wahrgenommen, auf den sich der Begriff »historische Ereignisse« bezieht. Man nimmt mit anderen Worten eine Fülle von Einzelheiten wahr, die sich in den verschiedenen industrialisierenden Ländern während des 19. und 20. Jahrhunderts abspielten. In Frankreich fand eine Revolution statt. Könige und Kaiser kamen und gingen. Schließlich entstand eine von Bürger- und Arbeiterparteien umkämpfte Republik. In England gab es Reformgesetze, die Bürgern und Arbeitern das Wahlrecht gaben und deren Vertretern den Zutritt zu den Regierungsstellen ermöglichten. Das »House of Lords« verlor, das »House of Commons« gewann an Macht. Schließlich wurde England ein durch Vertreter von industriebürgerlichen und Industriearbeitergruppen regiertes Land. In Deutschland trugen verlorene Kriege zur Entmachtung der alten dynastisch-agrarisch-militärischen Herrenschichten, zum Aufstieg von Menschen aus den ehemals »unteren« Schichten des Bürgertums und der Arbeiterschaft bei, bis schließlich auch hier nach vielen Pendelschwingungen an die Stelle der ehemaligen Ständeversammlungen Versammlungen von Parteivertretern, die Parlamente, traten. Man könnte die Aufzählung fortsetzen. Die Einzelheiten sind, wie gesagt, bekannt genug. Aber die wissenschaftliche Wahrnehmung ist gegenwärtig noch nicht so organisiert, daß in der Fülle von Details die Einheitlichkeit der Entwicklungsrichtung sichtbar wird, die darin zum Ausdruck kommt. Man sieht den Wald vor lauter Bäumen nicht, man dringt beim Nachdenken noch nicht zu dem Problem vor, aus welchen

Gründen hier in der Entwicklung dieser und anderer Länder im Zusammenhang mit der zunehmenden Verwissenschaftlichung der Naturkontrollen, mit der Zunahme der beruflichen Differenzierung und anderen Trends ganz offenbar eine Transformation des ganzen Menschengefüges in ein und derselben Richtung vor sich ging. Eben dies ist das soziologische Problem. Es ist schwer zu begreifen, was Soziologen unter »Gesellschaft« verstehen, wenn man dieses Problem nicht sieht. Wenn man es sieht, zeigt sich hinter all den vielen Verschiedenheiten der sich auf Einzelheiten beziehenden Geschichte jedes dieser differenzierteren Länder die strukturelle Parallelität in der Richtung ihrer gesamtgesellschaftlichen Entwicklung.

Die Entstehung von Wissenschaften, die sich die Spezialaufgabe stellen, Gesellschaften zu erforschen, ist selbst ein Aspekt der spezifischen Entwicklung von Staatsgesellschaften in dieser Phase, die unter anderem durch zunehmende Verwissenschaftlichung der Naturkontrollen, etwa in der Form der von Menschen geschaffenen Energiequellen und einer entsprechenden Zunahme der beruflichen Differenzierung gekennzeichnet ist. Aber man erkennt den Zusammenhang zwischen dieser beginnenden Verwissenschaftlichung des Denkens über Gesellschaften und dem Strukturwandel der Staatsgesellschaften, in denen diese Wandlungen des Denkens vor sich gehen, erst dann, wenn man sich der Parallelität, der Gemeinsamkeiten in der Richtung ihrer Gesamtentwicklung bewußt wird, von der die Rede war.

Diese Parallelität der Entwicklung aber entgeht dem Blick sehr leicht, wenn er sich allein auf eine einzelne Sphäre, etwa auf die wirtschaftliche oder die politische oder die soziale Sphäre einer solchen Entwicklung richtet. Das ist eine der Schwierigkeiten, denen man hier begegnet. Ob man nun von Industrialisierung oder Verwissenschaftlichung, von Bürokratisierung, von Demokratisierung, Nationalisierung oder Urbanisierung spricht, welche der gängigen Begriffe man auch aufgreift, um auf die Parallelität der Strukturwandlungen hinzuweisen, man hebt den einen oder den anderen Einzelaspekt heraus. Unsere begrifflichen Werkzeuge sind gegenwärtig noch nicht entwickelt genug, um klar ausdrücken zu können, worin die Gesamttransformation der Gesellschaft besteht, mit der man es hier zu tun hat, und damit auch die Beziehung zwischen den vielen Sonderaspekten.

Gerade dies aber, das Gemeinsame in der Richtung nicht nur einer Sphäre, sondern in der alle Sphären umgreifenden Transformation der menschlichen Beziehungen ins Blickfeld zu rücken, ist die soziologische Aufgabe, um die es hier geht. Man kann das – vielleicht provisorisch – am besten tun, wenn man alle die etwas entmenschlichenden Begriffe, die man zur Kennzeichnung dieser Entwicklung gebraucht, in Gedanken wieder auf Menschen zurückbezieht. Industrialisierung bedeutet ja schließlich nichts anderes, als daß mehr und mehr Menschen sich beruflich als Unternehmer, Angestellte oder Arbeiter betätigen; Verwissenschaftlichung der Naturkontrollen bedeutet, daß mehr und mehr Menschen als Physiker oder Ingenieure arbeiten; Demokratisierung heißt, daß die Machtgewichte sich in höherem Maße der früheren »Plebs« zuneigen. Das gleiche gilt von den gängigen Sphären, in die wir Gesellschaften in Gedanken zerteilen – wie die »wirtschaftliche«, die »politische« und die »soziale« Sphäre. Sie alle beziehen sich auf spezifische Zusammenhänge von Funktionen, die Menschen ebenso füreinander wie für sich selbst ausüben. Sieht man die politische, die wirtschaftliche und alle anderen »Sphären« als Funktionszusammenhänge interdependenter Menschen, dann wird es eher einsichtig, daß eine begriffliche Trennung, die sich nicht zugleich auf ein soziologisches Modell ihres Zusammenhangs beziehen läßt, die Erforschung von gesellschaftlichen Problemen in die Irre führt. Man braucht nur an ein Phänomen wie das der Steuern zu denken. Sind Steuern »wirtschaftliche«, sind sie »politische«, sind sie »soziale« Phänomene? Ist die Entscheidung darüber, wie die Steuerlasten verteilt werden sollen, eine rein »wirtschaftliche«, eine rein »politische«, eine rein »soziale« Entscheidung – oder ist sie nicht vielmehr das Ergebnis von Machtbalancen zwischen verschiedenen Menschengruppen, etwa zwischen Regierung und Regierten, zwischen reicheren und ärmeren Schichten, die sich soziologisch recht genau bestimmen lassen?

Es wird noch einige Zeit vergehen, ehe man leicht kommunizierbare Begriffe besitzt, die Untersuchungen solcher gesamtgesellschaftlicher Entwicklungen möglich machen. Hier genügt es, auf eine zentrale Veränderung der gesamtgesellschaftlichen Figuration hinzuweisen. Zu den grundlegenden Gemeinsamkeiten der Entwicklung, die sich in den meisten europäischen Ländern während des 19. und 20. Jahrhunderts vollzog, gehört eine spezifische Verlagerung der Machtgewichte. Anstelle von ganz kleinen, auf erblichen Besitz oder erbliche Privilegien gestützten Eliten werden die Regierungspositionen mehr und mehr durch Vertreter von Massenorganisationen, von politischen Parteien besetzt. Gegenwärtig gehören Parteien oder, wie man es oft ausdrückt, »Massenparteien« in solchem Maße zum selbstverständlichen Bestand unseres gesellschaftlichen Lebens, daß man sich selbst in wissenschaftlichen Untersuchungen gewöhnlich mit der Beschreibung oder Durchleuchtung der institutionellen Oberfläche begnügt. Man fragt nicht mehr nach einer Erklärung dafür, warum in allen diesen genannten Gesellschaften das oligarchische Regime kleiner dynastisch-agrarisch-militärischer Privilegiertengruppen in irgendeiner Weise bald früher, bald später einem oligarchischen Parteiregime Platz machte, ob es nun den Charakter eines Vielparteien- oder Einparteienregimes hatte. Auf welchen gesamtgesellschaftlichen Strukturwandlungen beruht es, daß in allen diesen Ländern die Herrenschichten der früheren Jahrhunderte im Verhältnis zu den gesellschaftlichen Nachfahren derer, die man in diesen Jahrhunderten oft als das gemeine Volk bezeichnete, an Macht verloren? Als Geschichte betrachtet, ist das alles hinreichend bekannt, aber über den vielen Einzelheiten sieht man noch längst nicht klar genug die gemeinsame große Linie in der Veränderung der Funktionszusammenhänge der Menschen, in der Veränderung der Figurationen, die die Menschen miteinander bilden. Dementsprechend sieht man auch die soziologischen Probleme nicht klar genug, die dieser Parallelverlauf der Entwicklungsrichtung verschiedener Staatsgesellschaften dem Nachdenken stellt. Ihre Geschichte ist in vieler Hinsicht verschieden. Wieso ist dennoch die Richtung, in der sich die Machtbalancen in diesen Ländern verlagern, die gleiche?

Es muß hier genügen, die Frage zu stellen. Die Präzisierung eines solchen entwicklungssoziologischen Problems hilft vielleicht ein wenig, verständlicher zu machen, worum es in der Soziologie geht. Man kann die Entstehung der Soziologie nicht verstehen, ohne diese Transformation der oligarchisch von erblich Privilegierten regierten Gesellschaften in die von abrufbaren Vertretern von Massenparteien regierten vor Augen zu haben und sich an einige Aspekte der gesamtgesellschaftlichen Transformation zu erinnern, die in dieser Machtverlagerung zum Ausdruck kommt. Man kann sagen, daß die Gesellschaftswissenschaften und vor allem die Soziologie und die Glaubenssysteme der großen Massenparteien, die großen sozialen Ideologien, so verschieden Wissenschaft und Ideologie auch sein mögen, Geburten der gleichen Stunde, Erscheinungsformen der gleichen gesellschaftlichen Transformationen sind. Es mag genügen, einige Aspekte dieser Zusammenhänge hier herauszugreifen.

*1. Die Verringerung der Machtdifferentiale zwischen Regierungen und Regierten.* Der augenfälligste institutionelle Ausdruck dieser Verringerung der Machtdifferentiale ist die – gewöhnlich stufenweise – Ausbreitung des Wahlrechts, zunächst meistens auf bürgerliche Schichten, dann auf alle erwachsenen Männer, schließlich auf alle Erwachsenen überhaupt. Die auf individuelle Ereignisse gerichteten historischen Darstellungen von Gesellschaftsentwicklungen vermitteln leicht den Eindruck, daß diese gesetzlichen Maßnahmen der Staaten zur Verbreitung des Wahlrechts die Ursache für die vergleichsweise größere Macht der Regierten im Verhältnis zu den Regierungen sei. Aber damit zäumt man das Pferd vom Schwanze her auf. Diese Ausbreitung des Wahlrechts ist die manifeste, institutionelle Folgeerscheinung einer latenten Verlagerung der Machtgewichte zugunsten breiterer Schichten. Während in den vorangehenden Jahrhunderten der Zugang zu den Machtchancen der zentralen Staatsmonopole, der Einfluß auf die Besetzung der Regierungsposten auf ganz kleine dynastisch-aristokratische Elitegruppen beschränkt war, veränderte sich im Zuge der Gesellschaftsentwicklung während des 19. und 20. Jahrhunderts das Geflecht der menschlichen Beziehungen in jedem der entwickelteren Länder derart, daß kein sozialer Kader lediglich ein relativ passives Objekt der Herrschaft blieb, die von anderen ausgeübt wurde, und ganz ohne Chancen des direkten oder indirekten Einflusses auf die Besetzung der Regierungsposten war. Die Organisation von Massenparteien war lediglich der Ausdruck dieser begrenzten Verringerung der Machtdifferentiale zwischen Regierung und Regierten. Die Machtunterschiede blieben groß genug. Aber nun wurden die Chancen der Regierten, die Regierung zu kontrollieren, im Verhältnis zu den Chancen der Regierungen, die Regierten zu kontrollieren, etwas größer. Die Tatsache, daß sich in allen Ländern die Regierenden nun durch relativ unpersönliche Prinzipien und Ideale, die sich auf die Ordnung der gesellschaftlichen Verhältnisse bezogen, vor den Regierten als qualifiziert ausweisen mußten, daß sie sich selbst solcher Idealprogramme für die Organisierung der Gesellschaft als Mittel für das Gewinnen von Anhängern und von Glaubensgenossen bedienen mußten, daß sie die Masse der Regierten durch Vorschläge für die Verbesserung in deren Lebensbedingungen für sich zu gewinnen suchten, alles das sind charakteristische Symptome für die relative Verlagerung der Machtgewichte im Verhältnis von Regierungen und Regierten. Schon hier sieht man, wie diese größere Reziprozität der Abhängigkeiten zu einer Transformation des Denkens über die Gesellschaft, zur Formulierung von relativ unpersönlichen Programmen für die Verbesserung der gesellschaftlichen Verhältnisse und damit auch zur Wahrnehmung von Gesellschaften als solchen, als Funktionszusammenhänge vieler interdependenter Menschen drängt.

*2. Die Verringerung der Machtdifferentiale zwischen verschiedenen Schichten.* Für sich betrachtet sind die Unterschiede in den Machtchancen verschiedener Gesellschaftsschichten in den entwickelteren Gesellschaften sehr erheblich.

Aber wenn man die Richtung der Gesellschaftsentwicklung solcher Gesellschaften während der letzten zwei- oder dreihundert Jahre ins Auge faßt, dann sieht man, daß sich nicht nur die Machtdifferentiale zwischen Regierungen und Regierten, sondern ganz ebenso auch die zwischen verschiedenen Schichten der Gesellschaften verringern. Die Abhängigkeit adliger Landbesitzer von ihren Bauern, die Abhängigkeit der Offiziere von bezahlten Söldnern in den vorangehenden Jahrhunderten war ganz erheblich geringer als die Abhängigkeit industrieller Unternehmer von ihren Arbeitern, der Berufsoffiziere von wehrpflichtigen Staatsbürgern in Uniform. Diese Vergrößerung der relativen Machtpotentiale der ehemals weit ohnmächtigeren Masse der Bevölkerung im Zuge dieser Gesellschaftsentwicklung mag fühlbar werden in diffusen Manifestationen von Unzufriedenheit und Apathie, in drohendem Aufruhr und in Gewalttaten, wenn die institutionalisierten Herrschaftsbalancen den tatsächlichen Machtpotentialen der breiteren Schichten nicht entsprechen. Sie können ihren Ausdruck finden in einem spezifischen Wahlverhalten oder in Streiks, in Demonstrationen der Massenparteien und Massenbewegungen mit ihren verschiedenen sozialen Glaubenssystemen, wenn institutionelle Regulationen der Machtproben und Methoden der ständig legalen Anpassung an die sich verändernden Machtverhältnisse entwickelt worden sind – wie immer es sei, im Zuge jener Gesamttransformation von Gesellschaften, die wir gewöhnlich durch Teilaspekte wie »Industrialisierung« bezeichnen, verringern sich langsam die Machtdifferentiale zwischen allen Gruppen und Schichten – solange sie in den sich ständig verändernden Funktionskreislauf dieser Gesellschaften miteinbezogen sind. Diese Einschränkung weist darauf hin, daß im Laufe dieser zunehmenden gesellschaftlichen Differenzierung und der entsprechenden Integrierung immer von neuem bestimmte soziale Gruppen Einschränkungen ihres Funktionsbereichs oder auch den Verlust ihrer Funktionen und eine entsprechende Einbuße ihrer Machtpotentiale erleiden. Aber die Gesamtbewegung ist eine Transformation in der Richtung auf Verringerung aller Machtdifferentiale zwischen verschiedenen Gruppen, miteingeschlossen die zwischen Männern und Frauen, Eltern und Kindern.

Es ist dieser Trend, auf den sich der Begriff der »funktionalen Demokratisierung« bezieht. Er ist nicht identisch mit dem einer Entwicklung zur »institutionellen Demokratie«. Der Begriff der funktionalen Demokratisierung bezieht sich auf eine Veränderung der gesellschaftlichen Machtverteilung, die ihren Ausdruck zeitweilig in verschiedenen Institutionsformen finden kann, also z. B. in Einparteiensystemen nicht weniger als in Mehrparteiensystemen.

*3. Transformation aller gesellschaftlichen Beziehungen in der Richtung auf in höherem Maße reziproke und multipolare Ab-*

*hängigkeiten und Kontrollen*. Im Zentrum dieser ganzen gesellschaftlichen Transformation stehen Schübe wachsender Spezialisierung oder Differenzierung aller gesellschaftlichen Betätigungen und die entsprechenden Schübe der spezialisierten Integrierung, die zeitlich oft hintereinander zurückbleiben. Auch in diesem Falle richtet sich die wissenschaftliche Aufmerksamkeit gegenwärtig häufig genug allein auf die Entwicklung der institutionellen Schale und weit weniger auf die der gesamtgesellschaftlichen Substanz. So spricht man etwa von »pluralistischen Gesellschaften« und bezieht sich dabei vor allem auf ein bestimmtes Arrangement der Institutionen, die sich gegenseitig oder die die Regierung kontrollieren können. Aber diese größere institutionelle Multipolarität und Reziprozität der Kontrolle verschiedener gesellschaftlicher Gruppen ist wiederum nur der institutionelle Ausdruck einer Verringerung der Machtdifferentiale zwischen allen Gruppen und allen einzelnen Individuen im Zuge dieser gesellschaftlichen Transformation. Jede Gruppe, jeder Einzelne wird durch die Eigentümlichkeit der eigenen Funktionen von mehr und mehr anderen funktional abhängig. Die Interdependenzketten differenzieren sich und werden länger, sie werden dementsprechend auch für jeden Einzelnen und für jede Gruppe allein undurchsichtiger und unkontrollierbarer.

*4. Gesellschaftswissenschaften und gesellschaftliche Ideale als Instrumente der Orientierung in relativ wenig durchschaubaren Gesellschaftsverbänden bei steigender Bewußtheit der Undurchschaubarkeit.* Mit alledem tritt der Zusammenhang zwischen der Entwicklung der Gesellschaftswissenschaften und der Gesamtentwicklung von Gesellschaften etwas klarer zutage. Die Undurchschaubarkeit der gesellschaftlichen Netzwerke für die Menschen, die sie kraft ihrer Angewiesenheit aufeinander, ihrer Abhängigkeit voneinander bilden, ist eine Eigentümlichkeit dieser Netzwerke auf allen Stufen ihrer Entwicklung. Aber erst in einer bestimmten Phase dieser Entwicklung sind Menschen in der Lage, sich dieser Undurchschaubarkeit und damit auch der Problematik ihrer selbst als Gesellschaften bewußt zu werden. Einige der Struktureigentümlichkeiten dieser Entwicklungsstufe, die es Menschen ermöglichen, sich ihrer selbst als Gesellschaften bewußt zu werden – als Menschen, die Funktionszusammenhänge verschiedener Art, Figurationen, die sich ständig wandeln, miteinander bilden –, sind hier dargelegt worden. Zu ihnen gehört vor allem die funktionale Demokratisierung, die Verringerung der Machtdifferentiale und die Entwicklung in der Richtung auf eine weniger ungleichmäßige Verteilung der Machtgewichte durch die ganze Länge und Breite der Gesellschaftsverbände hin samt deren Gegenschüben. Diese Entwicklung ihrerseits hängt mit der zunehmenden Differenzierung oder Spezialisierung aller gesellschaftlichen Tätigkeiten und der entsprechend zunehmenden Abhängigkeit jedes Einzelnen und jeder Gruppe von mehr und mehr anderen zusammen. Die Entwicklung der menschlichen Interdependenzketten läßt es in zunehmendem Maße offenbar werden, daß Erklärungen der gesellschaftlichen Ereignisse in der vorwissenschaftlichen Form, also durch den Hinweis auf einzelne Menschen als Urheber der Ereignisse, nicht ausreichen. Die zunehmende Undurchschaubarkeit, die wachsende Komplexität der Verflechtungen, die offensichtlich verringerte Möglichkeit irgendeines Einzelnen, selbst des nominell mächtigsten Menschen, für sich allein und unabhängig von anderen Entscheidungen zu treffen, das ständige Hervorgehen von Entscheidungen im Zuge von mehr oder weniger regulierten Machtproben und Machtkämpfen vieler Menschen und Gruppen, alle diese Erfahrungen bringen es Menschen stärker zum Bewußtsein, daß es anderer, unpersönlicherer Denkmittel bedarf, um diese wenig transparenten gesellschaftlichen Zusammenhänge zu begreifen oder gar zu kontrollieren. Eine der Folgeerscheinungen dieses erwachenden Bewußtseins der relativen Undurchsichtigkeit der gesellschaftlichen Prozesse und der Unangemessenheit von unmittelbar an einzelnen Personen orientierten Erklärungen war das Bemühen, sie analog zu den Gegenständen der älteren Wissenschaften als eigengesetzliche, sich zum guten Teil selbst regulierende und relativ autonome Funktionszusammenhänge, kurzum, mit wissenschaftlichen Methoden zu untersuchen. Eine andere Folgeerscheinung war die Tendenz, sich innerhalb der wenig durchsichtigen gesellschaftlichen Ereignisse mit Hilfe von ebenfalls relativ unpersönlichen, aber gefühlsbetonteren sozialen Glaubenssystemen und Idealen zu orientieren, die gerade darum befriedigender waren, weil sie gewöhnlich unmittelbare Hilfe für alle gesellschaftlichen Leiden und Nöte oder vielleicht gar deren völlige Heilung in der näheren Zukunft versprachen. In ihrer Entwicklung standen die zwei Orientierungstypen, die wissenschaftliche und die glaubensmäßig-ideologische, gewöhnlich in enger Verbindung miteinander. Den Unterschied zwischen den zwei Typen der gedanklichen Orientierung in dem menschlichen Universum schärfer herauszuarbeiten ist und bleibt eine Aufgabe. Früher oder später wird man bewußter erproben müssen, welcher Typ der Orientierung, der wissenschaftliche oder der auf einem vorgegebenen sozialen Glauben beruhende, wirksamer und erfolgversprechender für die Erhellung der noch relativ undurchschaubaren, für die Kontrolle der noch relativ unkontrollierten Entwicklung der menschlichen Gesellschaften ist.

# II. Prozesse der Staats- und Nationenbildung

*Im Herbst des Jahres 1970 reiste Elias zum 7. Weltkongress der Soziologie im bulgarischen Varna. Dort nahm er an der Podiumsdiskussion »Grand Theories of Social Evolution and Empirical Patterns of Development« teil. Er betonte dort die Notwendigkeit der Untersuchung langfristiger Prozesse, gerade wenn es darum geht, Staats- und Nationenbildung zu verstehen. Er handele sich dabei um langfristige Prozesse der Integration und Desintegration. Nationen seien ein spezifischer Integrationstyp im langfristigen Prozeß der Staatenbildung.*

*Die schriftliche Ausarbeitung seines Vortrags nutzte Elias, um seine Prozeßtheorie gegen die damals noch dominante Systemtheorie des Nordamerikaners Talcot Parsons (1902–1979) zu positionieren, der unangemeldet an der Podiumsdiskussion teilnahm. Es führe in die Irre, so Elias, wenn man versuche, langfristige Bewegungen auf etwas Statisches wie ein System zu reduzieren. Und gerade bei Staatsbildungsprozessen könne die Systemtheorie unterscheidbare Phasen der langfristigen Prozesse nicht erklären.*

Einer der merkwürdigsten Aspekte der Entwicklung der Soziologie während ihrer ersten ungefähr eineinhalb Jahrhunderte als einer relativ autonomen Disziplin ist der Wandel von einer langfristigen zu einer kurzfristigen Perspektive. Dieser Wandel besteht darin, daß sich das Interesse der Soziologen gewissermaßen auf die Gesellschaften der Gegenwart, so wie sie hier und jetzt bestehen – und vor allem auf ihre eigenen Gesellschaften –, verengt hat und sich ihr Interesse von dem Problem, wie und warum Gesellschaften über die Jahrhunderte zu dem geworden sind, was sie sind, abgewandt hat. Die Verengung des Blickfeldes hat ihren auffälligsten Ausdruck darin gefunden, wie sich der vorherrschende Typ der soziologischen Theorie gewandelt hat. Während des größten Teils des 19. Jahrhunderts stand die langfristige Entwicklung der Gesellschaft im Zentrum der repräsentativsten soziologischen Theorien, die Theorien der zweiten Hälfte des 20. Jahrhunderts haben – von ein paar Ausnahmen, darunter meine eigene Theorie, abgesehen – den Begriff der sozialen Entwicklung vollständig aufgegeben. Eine Zeitlang war dieser Begriff aus den soziologischen Lehrbüchern ganz verschwunden. Statt dessen ist der Begriff »soziales System« in den Mittelpunkt soziologischer Theorien gerückt und damit andere mit ihm verbundene Begriffe wie »Sozialstruktur« und »soziale Funktion«, die so verstanden werden, daß sie nur als theoretische Werkzeuge zur Untersuchung einer Gesellschaft in einem gegebenen Stadium, zu einem gegebenen Zeitpunkt taugen können, während die Wandlungen dieser Gesellschaft als unstrukturierte oder, anders gesagt, als historische Wandlungen begriffen werden. Die Verlagerung des Interesses von der langfristigen Dynamik zur kurzfristigen Statik der Gesellschaft hat viele Gründe, die hier nicht diskutiert werden müssen, zumindest nicht ausdrücklich (zum Teil habe ich diese Gründe an anderer Stelle erörtert[1]). In der Tatsache jedoch, daß auf dem 7. Weltkongreß der Soziologie auch eine Podiumsdiskussion zum Thema »Große Entwicklungstheorien« geplant ist, mag man vielleicht einen kleinen, aber nicht unbedeutenden Vorboten dafür sehen, daß wir in dieser Hinsicht vor einem Richtungswandel stehen. Manches deutet darauf hin, daß das Problem der langfristigen Entwicklung von Gesellschaften – das manchmal irrtümlich als Evolution bezeichnet wird, denn diese soziale Entwicklung hat eine Ablaufordnung sui generis und hat nicht das geringste mit dem biologischen Ablauf zu tun, der als Evolution bezeichnet wird – erneut in den Blickpunkt zu rücken beginnt.

Um jedoch auf einer neuen Ebene der Spirale die Balance zwischen statischen und dynamischen Gesellschaftstheorien so wiederherzustellen, daß die letzteren zu ihrem Recht gelangen, ist eine Umorientierung der soziologischen Vorstellungskraft erforderlich – eine Aufgabe, die alles andere als einfach sein wird. Für unsere theoretische Arbeit steht uns heute ein sehr viel größeres Tatsachenwissen über die langfristige Entwicklung von Gesellschaften zur Verfügung als jemals zuvor. Integrierende theoretische Modelle zu bilden, die mit all diesen Tatsachen genau übereinstimmen, ist alles andere als einfach. Außerdem werden viele derzeit gebräuchliche Begriffe, darunter die Begriffe »Struktur« und »Funktion«, wenn sie im Kontext einer soziologischen Ent-

---

1 Siehe die Einleitung zur zweiten Auflage in: Norbert Elias, Über den Prozeß der Zivilisation. Soziogenetische und psychogenetische Untersuchungen, Bern/München 1969, S. VII–LXX (1997, S. 9–73), GS Bd. 3a, S. 9–73

wicklungstheorie gebraucht werden, mit der Zeit eine ganz andere Bedeutung annehmen als die Bedeutung, die ihnen heute unter Strukturfunktionalisten und anderen Schulen der statischen Soziologie zukommt.

Auf der empirischen Ebene werden seit einiger Zeit vermehrt Untersuchungen zur Entwicklung von Gesellschaften durchgeführt, zumindest im Hinblick auf solche Gesellschaften, die man heute »Entwicklungsländer« oder »unterentwickelte Länder« nennt. Doch das Interesse an der Entwicklung von, wie es im Englischen heißt, »sich entwickelnden« Gesellschaften als ein empirisches soziologisches Problem ist auf der theoretischen Ebene bislang fast völlig ohne Widerhall geblieben. Man kann verstehen, warum das so ist. Ausdrücke wie »unterentwickelte« oder »Entwicklungsgesellschaften« deuten an sich schon darauf hin, daß der Blickwinkel derjenigen Vertreter der reicheren, entwickelteren Gesellschaften, die diese Begriffe für gewöhnlich verwenden, merkwürdig verzerrt ist. Denn wenn man diese Begriffe gebraucht, dann sagt man damit implizit aus, daß die höher entwickelten Industriegesellschaften selbst sich nicht entwickeln oder auch daß sie nicht »unterentwickelt« sind. In ihrem Falle wird der gegenwärtige Zustand der gesellschaftlichen Entwicklung weitgehend als ein Zustand ohne Zukunft, als ein Endzustand begriffen. Daß der Ausdruck »sich entwickelnd« für gewöhnlich nur auf die ärmeren Länder angewandt wird, suggeriert, daß typische Vertreter der reicheren Länder, die eine Entwicklung nur bei anderen erkennen, mit sich selbst zufrieden sind. Der weiteren Entwicklung ihrer eigenen Gesellschaft kommt für sie nur in einem sehr begrenzten Sinne ein Wert zu; daher ist auch das Interesse daran, wie sich diese Gesellschaft bis in ihre eigene Zeit entwickelt hat, zurückgegangen. Können sie vielleicht noch erkennen, daß im Falle der ärmeren Länder deren Entwicklung das strukturierte Rückgrat ihrer Geschichte bildet, so scheinen die reicheren Länder, die hochindustrialisierten Nationen dieser Welt nur eine Geschichte, aber keine Entwicklung zu haben, ganz gewiß keine Entwicklung, die weitergeht, und »Geschichte« scheint für einen Soziologen nur am Rande von Belang zu sein. Zu den vielen Gründen für den Wandel von langfristigen Entwicklungs- zu kurzfristigen statischen Theorien in der Soziologie gehört sicherlich der folgende: In soziologischen Theorien wird der gegenwärtige Zustand »fortgeschrittener« Gesellschaften beinahe so behandelt, als handele es sich dabei um einen sich nicht weiter verändernden Endzustand. Die kurzfristige Perspektive vieler der angesehensten soziologischen Theorien unserer Zeit findet ihren Ausdruck in gesetzesartigen Abstraktionen aus ausgewählten Aspekten gegenwärtiger »fortgeschrittener« Gesellschaften, die mit dem Anspruch präsentiert werden, auf Gesellschaften aller Epochen und Regionen anwendbar zu sein. Ein Beispiel sind soziologische Theorien, in deren Zentrum Begriffe wie »Sozialsystem« stehen. Sie reduzieren den langfristigen Prozeß strukturierter und gerichteter Wandlungen, auf den der Begriff der Entwicklung Anwendung findet und für den Prozesse der Industrialisierung, Bürokratisierung, Verwissenschaftlichung und Urbanisierung oder auch Staatsund Nationenbildungsprozesse Beispiele sind, auf einen unwandelbaren Zustand als permanente Bedingung dieses Prozesses. Dabei werden diese Wandlungen selbst bestenfalls so begriffen, als handele es sich um einen Ereignisstrom, der nur in einer Richtung strukturiert ist, eben um »Geschichte«.

Bevor wir in die Erörterungen einsteigen, könnten, so dachte ich, ein paar einleitende Bemerkungen von Nutzen sein. Denn die Teilnahme an einer Podiumsdiskussion zum Thema »Große Entwicklungstheorien« setzt voraus, daß man sich zuvor entscheiden muß, worüber man eigentlich diskutieren will: über historische Theorien à la Toynbee oder Spengler oder über soziologische Theorien der langfristigen Entwicklung. Da man heutzutage kaum davon ausgehen kann, daß der Unterschied zwischen einer Herangehensweise an Wandlungen von Gesellschaften als Geschichte und einer Herangehensweise an diese Wandlungen als Entwicklung ohne weiteres verstanden wird, hielt ich es für nützlich, explizit festzustellen, daß ich mich mit dem zuletzt genannten Ansatz beschäftige. Meines Erachtens könnte es die Diskussion voranbringen, wenn ich, als Weiterführung meiner Theorie langfristiger Staatsbildungsprozesse, ein paar der Probleme darlege, denen man begegnet, wenn man Nationenbildungsprozesse untersucht, die, zumindest in der Entwicklung europäischer Gesellschaften, die letzte Phase einer langen Reihe von Staatsbildungsprozessen darstellen.

In dem Problem selbst kommt auch der Wandel der eigenen Wahrnehmung zum Ausdruck, der mit dem Wandel von einem statischen zu einem Entwicklungsparadigma in der Soziologie einhergeht. Es erschließen sich einem zuvor vernachlässigte Probleme. Mit Ausnahme von Reinhard Bendix haben nur wenige Soziologen das Problem der Nationenbildung[2] untersucht, und soweit mir bekannt ist, hat

---

2  Reinhard Bendix, Nation-Building and Citizenship. Studies of our Changing Social Order, New York u. a. 1964.

sich bislang noch kein Soziologe mit den Problemen langfristiger Staatsbildungsprozesse und ihrer Relevanz für Soziologen sowohl auf der empirischen als auch auf der theoretischen Ebene beschäftigt. Die Belege für derartige Prozesse lassen sich überall finden. Um sie jedoch theoretisch in den Griff zu bekommen, bedarf man eines solchen theoretischen Paradigmas, das vom Fluß der Zeit nicht abstrahiert und das das, was man als eine kontinuierliche Bewegung beobachtet, nicht in der Reflexion auf etwas Statisches reduziert. Viele Soziologen, die heutzutage Theorien bilden, halten es für selbstverständlich, daß eine Form der Abstraktion, die sich am Vorbild der klassischen Physik orientiert, d.h. Abstraktionen in Form gesetzesartiger Verallgemeinerungen, die aus dem Resultat der Abstraktion alles das heraushält, was im Ablauf der Zeit passiert, genau das ist, was ein wissenschaftliches Unterfangen eigentlich ausmacht. Vielleicht ist noch nicht mit der gebotenen Deutlichkeit gesagt worden, daß die Abstraktionen, deren sich die verschiedenen Wissenschaften bedienen, sich erheblich voneinander unterscheiden können. Die Abstraktionen, denen man in den Theorien und Begriffen der Biologie begegnet, weichen zum Teil erheblich von den gesetzesartigen Verallgemeinerungen der klassischen Physik ab. Manche von ihnen enthalten räumliche Figurationen und Zeitfolgen langer Dauer. Man kann bereits sehr deutlich sehen, daß sich die Theoriebildung in der Soziologie auf ihre eigene Weise in eine ähnliche Richtung wird bewegen müssen. Die Schwierigkeit ist, daß der Theorietyp, der sich in diesem Falle herausbildet, nicht dem Idealbild einer Theorie entspricht, das die herausragendsten theoretischen Soziologen unserer Zeit offenbar, ohne es weiter zu hinterfragen, als gegeben voraussetzzen und das eine Art philosophisches Relikt aus der Zeit der klassischen Physik ist.

Man nehme eines der bekanntesten Beispiele einer im wesentlichen statischen soziologischen Theorie unserer Zeit, die Theorie nämlich, die versucht, die Probleme der Gesellschaft in den Griff zu bekommen, indem sie die Gesellschaft als ein »soziales System« darstellt. Ich freue mich, feststellen zu können, daß der führende Exponent zeitgenössischer sozialer Systemtheorien, Talcott Parsons, unter uns ist. Dem von ihm errichteten Denksystem stehe ich kritisch gegenüber. Eine Podiumsdiskussion auf einem Weltkongreß der Soziologie ist, so scheint mir, der richtige Ort, ein paar der Gründe für meine kritische Einstellung darzulegen – wirklich nur ein paar, denn meine Zeit ist eng begrenzt, und ich würde gerne meine kritischen Bemerkungen zumindest mit einigen wenigen Hinweisen über die positiven Aspekte einer soziologischen Entwicklungstheorie verbinden, denn nur so erhält Kritik ihre Berechtigung. Überdies ist mein Respekt vor der Person von Talcott Parsons nicht weniger groß als meine kritische Einstellung gegenüber seinem geistigen System. Zwar mag man anderer Auffassung sein als Parsons; was man jedoch nicht in Zweifel ziehen kann, das ist seine intellektuelle Aufrichtigkeit und Integrität. Das gilt auch für seine umfassende Fähigkeit zur Bildung von Synthesen, eine der Begabungen, die den herausragenden Theoretiker auszeichnen. Gleichwohl kann ich mich des Eindrucks nicht erwehren, daß diese Begabung nicht in den Dienst der richtigen Sache gestellt wurde. Selbst zu Zwecken der Analyse erscheint mir die Annahme, daß »Handlungen« so etwas wie die Atome menschlicher Gesellschaften bilden, als eine jener unfruchtbaren formalen Generalisierungen, die von den Aufgaben der Forschung zu weit entfernt sind, um unter Bezug auf beobachtbare Daten entweder bestätigt oder widerlegt werden zu können. Warum sollte man »Handlungen« in das Zentrum einer Theorie der Gesellschaft stellen und nicht die Menschen, die handeln? Wenn überhaupt, dann sind Gesellschaften Netzwerke von Menschen, die in all ihren Aspekten in den Blick zu nehmen sind, und keine Anhäufung körperloser Handlungen. Auch läßt sich nicht ohne weiteres erkennen, wie der Atomismus einer solchen soziologischen Handlungstheorie mit einer ganz eindeutig nicht atomistischen Systemtheorie, nach der alles in einer Gesellschaft ein abhängiger Teil eines hoch integrierten und im Normalfall reibungslos funktionierenden Ganzen ist, so zusammenwirken kann, als würden diese beiden Theorien sich optimal ergänzen. Auch dies, nämlich das Modell der Gesellschaft als ein »soziales System«, als eine normalerweise gut geölte soziale Maschinerie, in der alle Teile harmonisch aufeinander abgestimmt sind, ist von der rauhen, sozialen Alltagswirklichkeit des Lebens der Menschen, so wie man sie tatsächlich beobachten kann, ziemlich weit entfernt.

Sicherlich ist dieses Modell nur mit Schwierigkeiten auf die größeren Gesellschaften der Vergangenheit anzuwenden, die, was Regionen, soziale Schichten und selbst Einwanderer betrifft, weniger integriert waren als die meisten unserer heutigen europäischen Nationalstaaten. Offenbar beansprucht Parsons' Theorie der Gesellschaft, in der diese als ein normalerweise gut und hoch integriertes System aufgefaßt wird, den Status einer allgemeinen soziologischen Theorie, die auf alle menschlichen Gesellschaften anwendbar ist. Es drängt sich einem die Frage auf, ob es sich bei dieser Theorie nicht tatsächlich um eine überdehnte und ziemlich idealisierende Generalisierung handelt, die aus der Beobachtung moderner Nationalstaaten abstrahiert und auf die ganze Welt projiziert wird. Kann das Parsonssche Modell eines »sozialen Systems« mit seiner vermeintlich integrierenden Einheit von Werten und Kultur wirklich für die Sklavenstaaten der Antike gelten, wo soziale Distanzen, Ungleichheiten zwischen sozialen Schichten und Unterschiede in ihrer Kultur und ihren Werten oft sehr viel größer waren und die regionale Integration oft sehr viel geringer als in unseren heutigen industriellen Nationalstaaten? Gilt dieses Modell zum Beispiel für das assyrische oder das Römische Reich? Oder für die amerikanischen Südstaaten des 18. und 19. Jahrhunderts mit ihrer riesigen Sklavenbevölkerung? Oder für das dynastische Rußland mit seiner Hierarchie privilegierter Grundbesitzer und Staatsbeamter sowie der Masse seiner leibeigenen Bauern?

Schaut man sich in der soziologischen Literatur unserer Zeit um, dann kann es leicht so erscheinen, als ob die Nationalstaaten als ein spezifischer Typ sozialer Formation auf dem Forschungsfeld der Soziologen überhaupt keinen Platz hätten. Es dauert ein bißchen, bis man entdeckt, daß die Nationalstaaten als Gegenstand der heutigen Soziologie in einer charakteristischen Verkleidung auftauchen. Die Hinweise auf diese Staaten sind hinter einer eigentümlichen Abstraktion verborgen. Sie verstecken sich hinter Begriffen wie »das soziale Ganze« oder »die Gesamtgesellschaft« und vor allem »das soziale System«. Obwohl diese Begriffe sich auf andere, relativ hoch integrierte soziale Formationen, wie etwa Stämme, anwenden lassen, wird vieles von dem, was in soziologischen Theorien, wie der von Parsons, über die Gesellschaft als ein »Ganzes« oder als ein »Sozialsystem« ausgesagt wird, von den am höchsten und festesten integrierten Gesellschaften unserer eigenen Zeit ausgewählt, abgeleitet und herausdestilliert – nämlich von den Nationalstaaten. Da es in meinem Beitrag zu dieser Diskussion in erster Linie um Probleme von Nationalstaaten gehen soll, dachte ich mir, daß es sinnvoll ist, aufzuzeigen, welcher Zusammenhang zwischen diesen Problemen und der herausragendsten der gegenwärtigen Systemtheorien besteht. Diese Theorien haben einen rein deskriptiven Charakter, oft mit stark teleologischen Untertönen. In Parsons' Modell erscheint die Aufrechterhaltung eines vereinheitlichten, ausbalancierten und gut funktionierenden sozialen Systems oft als der Zweck und das Ziel, auf die alle Teilereignisse gerichtet sind. Ein Beispiel – eines von vielen – ist die Beschreibung von Macht als eine »Möglichkeit zur Ausführung von Funktionen in der und für die Gesellschaft als ein System«.[3] Sätze wie dieser zeigen sehr deutlich die Abstraktion im Dienste eines bestimmten Ideals. Wie in vielen anderen Fällen dienen solche Idealtypen, rein deskriptive gesetzesartige Abstraktionen – hier zweifellos unbeabsichtigt – als Tarnung für subjektzentrierte Werte. Teleologie dient als ein Ersatz für Erklärung. Holt man den »System«-Begriff auf den Boden der Tatsachen herunter, fragt man danach, wie und warum langfristige Integrationsprozesse, für die Staats- und Nationenbildungsprozesse Beispiele sind, tatsächlich verliefen und noch verlaufen, so bereitet man den Weg für ein erklärendes soziologisches Modell; man lenkt die Aufmerksamkeit auf das Problem, warum in diesen Fällen im Laufe der

---

3 Talcott Parsons, »The Distribution of Power in American Society«, in: ders., Structure and Process in Modern Society, New York 1960, Kap. 6, S. 220.

Zeit relativ große »Systeme« eine höhere Integration und ihre Teile eine größere Interdependenz erreichten und noch immer erreichen.

Jedoch kann eine solche Frage nur dann mit Leben gefüllt werden, sie gewinnt Substanz und Relevanz nur dann, wenn man über ein genügend breites und anschauliches langfristiges Wissen verfügt, das einen in die Lage versetzt, durch die Jahrhunderte zurückzuschauen und die Kontinuität der Entwicklung von Gesellschaften zu erkennen. Diese Entwicklung führte zum Beispiel von den zahlreichen verschiedenen, relativ kleinen, relativ lose integrierten dynastischen Staaten des 11. und 12. Jahrhunderts über zahlreiche Integrations- und Desintegrationsschübe, allmählich zu größeren, dichter bevölkerten und fester integrierten sozialen Einheiten in Form der größeren dynastischen Staaten und dann zu den – bis jetzt – am höchsten integrierten und interdependenten großen Gesellschaften, den industriellen Nationalstaaten – nur wenn man in der Lage ist, diesen langfristigen Prozeß zu erkennen, wird einem das Problem bewußt. Wie läßt es sich erklären, daß eine Entwicklung von Gesellschaften in diesem Falle jahrhundertelang durch all die Spaltungen und Verschmelzungen, all die Desintegrations- und Integrationsschübe in Richtung hin zur Bildung größerer und enger miteinander verwobener Gesellschaften ging? Wie kann man die Tatsache begründen, daß dieser Wandel über die Jahrhunderte eine spezifische Richtung hatte, obwohl er ungeplant war? Denn wer hätte diesen Wandel planen und einen solchen Plan ausführen können? Eine Teilantwort auf diese Frage habe ich anderswo gegeben.[4] Als Beitrag zu un-

---

4  Elias, Über den Prozeß der Zivilisation, a. a. O.

serem Problem soziologischer Theorien langfristiger Entwicklungen muß es hier genügen, sich auf ein paar Probleme der letzten Phase dieses Prozesses zu konzentrieren, nämlich der Nationenbildungsprozesse.

Die Soziologen haben dadurch, daß sie langfristige Integrations- und Desintegrationsprozesse als theoretischen und empirischen Gegenstand der soziologischen Forschung außer acht gelassen haben, ihre Disziplin in ein allseits bekanntes Dilemma gesteuert; die Vernachlässigung dieser Prozesse hat die Spaltung der Soziologie in zwei einander diametral entgegengesetzte Schulen zementiert, von denen die eine Kooperation, funktionale Integration und Interdependenz in das Zentrum ihres Gesellschaftsmodells stellt, die andere dagegen Spannung, Spaltung und Konflikt. Was auch immer die eher ideologischen Gründe für diese Teilung sein mögen, jede langfristige Untersuchung zu Staats- und Nationenbildungsprozessen kann zeigen, daß jeder Schub hin zu größerer Interdependenz, hin zu engerer Integration menschlicher Gruppen, die zuvor voneinander unabhängig oder weniger abhängig oder weniger reziprok abhängig waren, eine Reihe spezifischer Integrationsspannungen und -konflikte durchläuft, die nicht zufällige, sondern strukturelle Begleiterscheinungen dieser

Schübe hin zu größerer funktionaler Interdependenz von »Teilen« innerhalb eines »Ganzen« sind. Denn wenn zwei Gruppen interdependenter oder stärker reziprok interdependent werden, als sie es zuvor gewesen sind, dann hat jede von ihnen Grund zu der Befürchtung, daß sie von der anderen beherrscht oder sogar ausgelöscht werden könnte. Der Kampf mag dazu führen, daß es nach vielen Kraftproben zu einer Verschmelzung kommt. Er mag dazu führen, daß eine

Einheit entsteht, die, auch wenn sie immer noch aus beiden Gruppen besteht, von einer von ihnen dominiert wird. Er mag dazu führen, daß in der neuen Einheit, die sich aus dem Kampf der beiden Gruppen herausbildet, eine von ihnen vollständig aufgeht. Es mag noch viele weitere Möglichkeiten geben. Die Komplexität dieser Integrationsprozesse muß uns hier nicht beschäftigen. Es genügt, darauf hinzuweisen, daß jeder Schritt hin zu größerer funktionaler Interdependenz zwischen menschlichen Gruppen strukturelle Spannungen, Konflikte und Kämpfe hervorbringt, die unbeherrschbar bleiben mögen oder auch nicht.

Nationenbildungsprozesse zeigen dies sehr deutlich. In ihrem Verlauf ragen zwei Haupttypen von Integrationsprozessen heraus, jeder mit seinen spezifischen Integrationskämpfen: Prozesse der Integration von Gebieten und Regionen und Prozesse der Integration sozialer Schichten. Auch wenn man diese Prozesse voneinander unterscheiden kann, besteht zwischen ihnen ein struktureller Zusammenhang. Daher muß man, wenn man einige ihrer Aspekte erörtert, oft von dem einen zum anderen wechseln. Einer der ersten und einer der wenigen Menschen, die direkt und ohne Umschweife gefragt haben: »Was ist eine Nation?« war der große französische Gelehrte Ernest Renan. Einige der in seinem Vortrag »Qu'est-ce qu'une Nation?«[5] enthaltenen Beobachtungen und Reflexionen sind hier von Bedeutung. So erkannte Renan zum Beispiel eine Tatsache sehr klar, die heute oft verborgen bleibt oder vergessen wird; er er-

---

5 Ernest Renan, Qu'est-ce qu'une Nation?, Paris 1882 [»Qu'est-ce qu'une Nation?«, in: ders., Qu'est-ce qu'une Nation? et autres essais politiques, Paris 1992].

kannte, daß Nationen etwas recht Neues sind.[6] Nationale Ideologien stellen die Nation für gewöhnlich als etwas sehr Altes, beinahe Ewiges und Unsterbliches dar. In Wirklichkeit wandelten sich Staatsgesellschaften in Europa, grob gesprochen, erst ab der zweiten Hälfte des 18. Jahrhunderts zu Nationalstaaten. Renan wies darauf hin, daß keine der großen Mächte der Antike den Charakter einer Nation hatte. So gab es, wie er feststellte, keine chinesischen Bürger. Er hätte darauf verweisen können, daß selbst viel später noch die Menschen als Untertanen von Fürsten behandelt wurden und sich selbst im allgemeinen auch so sahen und nicht als Mitbürger einer Nation. Der Begriff »Bürger« hatte recht lange Zeit einen Beiklang von Opposition, wenn nicht sogar von Revolution. Daß Staaten die Eigenschaften von Nationalstaaten annahmen, hing, mit anderen Worten, mit einer bestimmten Wandlung in der Verteilung der Macht in einer Staatsgesellschaft zusammen. Einerseits wandelte sich die Verteilung der Macht sowohl zwischen sozialen Schichten als auch im Wesen der sozialen Schichtung selbst. Andererseits wandelte sich die Machtverteilung zwischen den Regierungen und den Regierten. Den Wandel der sozialen Schichtung stellt man sich für gewöhnlich so vor, daß eine Schichtung mit verschiedenen Ständen, für die rechtlich verankerte Privilegien und Einschränkungen galten, sich zu einer Schichtung in Form sozialer Klassen wandelte, deren Mitglieder vor dem Gesetz des Staates gleich und nur in sozialer und ökonomischer Hinsicht ungleich waren. Dieser Übergang vollzog sich, genau wie der Prozeß der Nationenbildung als solcher, viel allmählicher, als dies für gewöhnlich

---

6  Renan, Qu'est-ce qu'une Nation?, a. a. O., S. 2 [1992, S. 38].

gesehen wird. Privilegierte Gruppen adliger Grundbesitzer, die eine feste Monopolposition in den Kommandostellen der Streitkräfte, des diplomatischen Dienstes und in der Zivilverwaltung sowie in der Außenpolitik ihres Landes innehatten, bewahrten in den meisten europäischen Ländern bis zum Ersten Weltkrieg den sie kennzeichnenden Charakter als eine mächtige soziale Schicht sui generis, als die europäische Oberschicht schlechthin, und zwar trotz der wachsenden Macht von Teilen des Mittelstandes. Während des 19. Jahrhunderts wandelte sich die Machtbalance langsam zugunsten des letzteren. Aber die ersteren, die europäische Aristokratie und verwandte Gruppen, die durch eine besondere Tradition, eine eigene schichtspezifische Kultur miteinander verbunden und von anderen Gruppen abgehoben waren, hatten bis 1918 und in manchen Ländern, vor allem in England, noch sehr viel länger nicht nur ihre Position als die höchste Statusgruppe inne, sondern auch einen besonderen Zugang zu privilegierten Positionen innerhalb des Establishments des Landes, der ihnen zumindest ein geringes Maß ihres vorherigen Machtüberschusses gegenüber den Mittel- und Unterschichten sicherte.

Wenn man verstehen will, wie allmählich sich dynastische Staaten in Nationalstaaten verwandelten, dann sollte man im Kopf behalten, daß repräsentative Teile der traditionellen europäischen Oberschichten noch mindestens bis zum Ersten Weltkrieg in den Angelegenheiten europäischer Gesellschaften weiterhin eine führende Rolle spielten. Heute haben viele Menschen, indem sie Marx folgen und sein Modell der Entwicklung europäischer Gesellschaften dabei vielleicht ein bißchen fehlinterpretieren, ein allzu simples Bild des Wandels in der Schichtung europäischer

Gesellschaften, der eine so große Rolle in dem Wandel von den dynastischen zu den Nationalstaaten spielt. Nach diesem Bild stellt die Französische Revolution eine absolute Zäsur dar zwischen einer Ordnung, in der das, was Marx eine »Feudalklasse« aus Fürsten, grundbesitzenden Aristokraten und mit ihnen verwandten Gruppen nannte, die »herrschende Klasse«[7] der Gesellschaft bildete, und einer Ordnung, in der das Bürgertum die Macht der »Feudalklasse« brach und deren Platz als die herrschende Klasse der Gesellschaft einnahm. In Wirklichkeit spielten in den meisten europäischen Gesellschaften Fürsten und aristokratische agrarische Gruppen der einen oder anderen Art nach der Französischen Revolution weiterhin eine sehr entscheidende Rolle als Gruppen, bei denen sich die Macht in spezifischer Weise bündelte. Während des größten Teils des 19. Jahrhunderts war die Hauptachse der sozialen Spannungen und des sozialen Konflikts europäischer Gesellschaften nicht die Achse zwischen Arbeitern und Kapitalisten. Das 19. Jahrhundert war und blieb eine Periode dreipoliger Kämpfe zwischen grundbesitzenden aristokratischen und höfischen Eliten, Gruppen des aufsteigenden industriellen Mittelstands und, hinter ihnen, der aufsteigenden Klasse der

---

7 Marx unterscheidet noch nicht deutlich zwischen frühmittelalterlichen Typen von Adligen, die entweder über gar kein oder nur über ein geringes Einkommen in Form von Geld verfügten, und dem vorherrschenden Typus des 18. Jahrhunderts, der höfischen Aristokratie, die größtenteils von einem Geldeinkommen lebte. Beide Typen als »feudal« zu bezeichnen ist etwas irreführend. Ich habe einige der Unterschiede und einige der Gründe dafür, warum sich ein spätfeudaler Adel in eine Aristokratie wandelte, die ihren Daseinsmittelpunkt am Hof hatte, aufgezeigt: Norbert Elias, Die höfische Gesellschaft, Untersuchungen zur Soziologie des Königtums und der höfischen Aristokratie, Darmstadt/Neuwied 1969 (2002).

Industriearbeiter. Der Ausdruck »Mittelstand« als ein heute kaum noch angemessener Begriff zur Klassifizierung der aus Unternehmern und Gewerbetreibenden bestehenden Schichten bezieht sich auf deren Position in diesem dreipoligen Kampf. Da die industriellen Arbeiterklassen zu Beginn des 19. Jahrhunderts und oft noch viel länger nach wie vor sehr ineffektiv organisiert waren, oft kaum lesen konnten und sehr arm waren, war der Kampf der städtischen Unternehmerklassen um stärkere Teilhabe an den Angelegenheiten des Staates und gegen die Dominanz der traditionellen Oberschichten auf der Ebene des Staates eine Zeitlang heftiger als der Kampf zwischen Gruppen von Arbeitern und Unternehmern, der oft latent blieb, der, wenn er offen ausbrach, größtenteils sporadisch, diffus und auf Episoden beschränkt blieb und vor der zweiten Hälfte des 19. Jahrhunderts oberhalb der lokalen Ebene in einer Weise ausgefochten wurde, daß er kaum je zu nennenswerten Resultaten führte. Die langsam wachsende Macht der Klasse der organisierten Industriearbeiter trug wesentlich dazu bei, daß Grundbesitzer und Industriebürgertum sich einander annäherten. Der Rückgang der Spannungen zwischen diesen beiden Gruppen, der oft dazu führte, daß man in einem gemeinsamen Kampf gegen die Vertreter der Arbeiterklassen Kompromisse schloß und Allianzen miteinander schmiedete, nahm zwar in verschiedenen Gesellschaften unterschiedliche Formen an; für gewöhnlich war dieser Rückgang aber das Vorspiel dazu, daß Menschen, die die Traditionen der städtischen industriellen Mittelschichten repräsentierten, zu den Schaltstellen des Staates aufstiegen und Mitglieder der alten Oberschichten, die sich ihre Tradition und Ideale ein kleines Stück weit bewahrten, sich von diesen Positionen nach und nach zurückzogen. Einerlei, ob es sich bei den ersteren um einen Gladstone, einen Thiers oder einen Stresemann handelte, daß sie auf führende Positionen gelangten, wies darauf hin, daß Teile der vormaligen Mittelschichten, der städtischen industriellen Klassen, auf die Position der zentralen Gruppe des Staates vorgerückt waren. Die Mittelschichten, so könnte man sagen, waren in den Staat integriert oder, wie Parsons es genannt hat, »einbezogen« worden. Doch diese Formulierung wird der tatsächlichen Entwicklung nicht ganz gerecht. Sie erweckt den Eindruck, daß eine neue Schicht in ein »soziales System« »einbezogen« wurde, das als solches unverändert bleibt.[8] In Wirklichkeit war der Aufstieg von Vertretern

8 Parsons erkennt sehr deutlich, daß ein »System« sich in obere und untere Schichten unterteilen läßt. Daraus kann man ersehen, daß »System« eine theoretisch anspruchsvolle Kurzformel für ein Land wie Frankreich, England oder die USA ist. Parsons erwähnt ausdrücklich Fälle, in denen eine Oberschicht den Status echter Mitgliedschaft monopolisiert und damit eine untere Schicht als Bürger zweiter Klasse behandelt. Aber offenbar schreckt er vor der Unerbittlichkeit der Kämpfe und Konflikte zurück, die einen wesentlichen Teil des Aufstiegs der Bürger »zweiter Klasse« bilden, für die der Kampf zwischen den aufsteigenden industriellen Mittelschichten gegen die aristokratischen Oberschichten ein gutes Beispiel ist. So formuliert Parsons seine Bedenken (in: *Societies, evolutionary and comparative perspectives,* Englewood Cliffs 1966, S. 22 [dt.: *Gesellschaften, evolutionäre und komparative Perspektiven,* Frankfurt am Main 1975, S. 40 f.]: »Aus diesen Gründen können die Differenzierungs- und Steigerungsprozesse die Einbeziehung von vorher ausgeschlossenen Gruppen in das relevante allgemeine Gemeinschaftssystem *erfordern,* sobald diese Gruppen legitime Fähigkeiten entwickelt haben, die zum Funktionieren des Systems ›beitragen‹.« (Hervorhebung N. E.)
 Einmal mehr kommt Parsons' teleologische Perspektive zum Tragen. Das »Funktionieren des Systems« ist das Ziel. Wenn zuvor ausgeschlossene Gruppen »legitime Kapazitäten« entwickelt haben, die sie in die Lage versetzen, zu dem funktionierenden System Beiträge zu leisten, sollten sie nicht länger ausgeschlossen sein. Wie man sehen kann,

der Unternehmerklassen auf eine Position größerer Macht innerhalb der Staatsgesellschaft ein Anzeichen dafür, daß das »System« selbst sich gewandelt hatte. Dieser Aufstieg kennzeichnete den Punkt, von dem aus es keine Rückkehr gab, an dem die Überreste der dynastisch-aristokratischen Gesellschaftsordnung sich langsam auflösten und an dem der Staat unumkehrbar in seine erste Phase eines voll entwickelten Nationalstaates trat – die erste Phase, weil die breitesten Schichten der Nation immer noch größtenteils Ausgeschlossene oder Außenseiter blieben. Disraeli fand dafür, indem er von den »zwei Nationen« sprach, eine passende Bezeichnung. Es ist vielleicht nicht uncharakteristisch für die dreipolige Spannungsfiguration von Gesellschaften in der zweiten Hälfte des 19. Jahrhunderts, daß in Deutschland wie in England die Führer konservativer Gruppen, Bismarck und Disraeli, jeder auf seine eigene Weise, versuchten, die Lebensbedingungen der Arbeiterklassen zu verbessern. Sie taten dies zum Teil in der Hoffnung, die Industriearbeiter als Verbündete in ihrem Kampf mit Parteien zu gewinnen, die eher die Repräsentanten städtischer gewerbetreibender und liberaler Gruppen waren, und zum Teil, um dem Erstarken von Parteien der Arbeiterklasse entgegenzutreten.

Somit kann man sagen, daß Industrialisierung und Nationenbildung zwei Facetten ein und desselben Wandels von Gesellschaften sind. Aber man kann den Zusammen-

---

ändert sich das »System« nicht. Es passen sich lediglich neu zugelassene Gruppen in das System ein. Wer die Menschen sind, die beurteilen, ob eine ausgeschlossene Gruppe »legitime Kapazitäten« entwickelt hat, um in das bestehende System zu passen, wird nicht erklärt. Man weiß nicht, was man mehr bewundern soll, die offensichtliche Aufrichtigkeit und den guten Willen oder die entwaffnende Naivität und Verständnislosigkeit, denen man hier begegnet.

hang nur dann verdeutlichen, wenn man diese beiden Prozesse damit in Verbindung setzt, wie die Verteilung der Machtchancen in der Gesellschaft insgesamt sich wandelten. Dieser Wandel kann auf eine einfache Weise gezeigt werden, auch wenn es viel umfassenderer Erläuterungen bedürfte, um dies überzeugender zu tun. Dynastische Staaten sind charakteristisch für eine Stufe in der Entwicklung von Gesellschaften, auf der die Machtressourcen sehr ungleich zwischen herrschenden Eliten und der Masse der Bevölkerung verteilt sind. In vielen Fällen verfügen 90 Prozent oder mehr der Bevölkerung eines Landes über keinerlei institutionelle Mittel, keinerlei reguläre Kommunikationskanäle, um auf Entscheidungen Einfluß zu nehmen, die ihr Leben betreffen und die von Gruppen getroffen werden, die Zugang zu den Schaltstellen des Staates haben. Selbst der Zugang zu Ständeversammlungen steht, von sehr wenigen Ausnahmen abgesehen, in der Regel nur kleinen Elitegruppen offen. Nicht selten sind Fürsten und Regierungen in der Lage, über lange Zeiträume hinweg die Herrschaft auszuüben, ohne zuzulassen, daß Ständeversammlungen zusammentreten können. Nichts kennzeichnet den Wandel in der Machtverteilung, der durch die Transformation von dynastischen in Nationalstaaten angezeigt wird, deutlicher als die Herausbildung von Massenparteien als eine reguläre Institution von Nationalstaaten. Die weitverbreitete Unzufriedenheit mit den Massenparteien, die keine echte Partizipation derjenigen Gruppen gewährleisten, die diese Parteien ihrem eigenen Anspruch nach repräsentieren, läßt das zugrundeliegende soziologische Problem in den Hintergrund treten, mit dem man dadurch konfrontiert wird, daß Massenparteien in allen fortgeschritteneren und selbst in vielen weniger fortgeschrittenen Gesellschaften unserer Zeit mit großer Regelmäßigkeit als feststehende Institutionen gebildet werden. Gewöhnlich versäumt man es, die Frage zu stellen: Welche Entwicklungen, welche Strukturen von Gesellschaften liegen der Entstehung landesweiter politischer Parteien und Parteiregierungen als reguläre Institutionen im 19. und 20. Jahrhundert zugrunde? Ob sie ihre Aufgabe erfüllen oder nicht, landesweite Parteien und Parteiregierungen kennzeichnen eine Stufe in der Entwicklung von Gesellschaften, auf der die Integration einer Staatsbevölkerung enger geworden ist, auf der es nicht länger möglich ist, Entscheidungen zu treffen, die das Leben der Bevölkerung eines Landes betreffen, völlig ohne reguläre Kommunikationskanäle zwischen den Entscheidungsträgern und denen, die von ihren Entscheidungen betroffen sind. Die Machtbalance zwischen Gruppen mit Zugang zu Positionen, die es ihnen möglich machen, Entscheidungen über das Leben anderer zu fällen, und Gruppen mit geringem oder keinem Zugang zu diesen Entscheidungen ist nicht länger ganz so ungleich, wie sie es in den frühen Stadien der gesellschaftlichen Entwicklung war. Die Reziprozität der Abhängigkeit der Regierungen von den Regierten und der Regierten von den Regierungen ist, obwohl immer noch ungleich genug, weniger ungleich geworden als früher. Die Beschaffenheit von Parteien in verschiedenen Ländern ist ein recht genauer Indikator dieser Machtbalance und ihrer Fluktuationen.

Es läßt sich erkennen, welcher Zusammenhang zwischen Parteien als sozialen Institutionen und den Eigenschaften von Nationalstaaten besteht. Gesellschaften nehmen die Charakteristika von Nationen an, wenn sowohl die funktionale Interdependenz zwischen den Regionen dieser

Gesellschaften und ihren sozialen Schichten als auch ihre hierarchischen Ebenen von Autorität und Unterordnung genügend groß und genügend reziprok werden, daß keine von ihnen mehr in der Lage ist, vollständig das zu mißachten, was die anderen denken, fühlen oder wollen. Daß diese Gesellschaften durch die Führer von Parteien regiert werden und daß Regierungen wie auch Parteien sich eine Ideologie zu eigen machen, die darauf ausgerichtet ist, die Masse der Bevölkerung davon zu überzeugen, daß sie es für ihre wichtigste Aufgabe halten, die Lebensbedingungen der Bevölkerung zu verbessern und die Wohlfahrt der Nation voranzutreiben, künden von dem sehr ausgeprägten Wandel in der Machtbalance zwischen Regierungen und Regierten, von dem ich gesprochen habe. Ohne Zweifel befinden sich selbst die fortgeschrittensten unserer heutigen industriellen Nationalstaaten immer noch in den frühen Stadien dieser Prozesse der Nationenbildung. Warum diese Prozesse in Gang gekommen sind, konnte ich hier nicht erläutern. Auch würde ich nicht der Zukunft vorgreifen und sagen, daß sie in diese Richtung weitergehen müssen und werden. Aber vielleicht habe ich deutlich gemacht, welche Zusammenhänge zum Teil zwischen Ereignissen bestehen, die von den Theoretikern oft in verschiedene Rubriken eingeordnet werden. Politische Parteien und selbst Nationen mögen scheinbar nicht in das Interessengebiet eines Soziologen gehören und soziale Schichten nicht in das eines Politologen, während die Industrialisierung als das Betätigungsfeld des Ökonomen gelten mag und dynastische Staaten als das des Historikers. Und doch liegen die Zusammenhänge für jeden deutlich sichtbar zutage, vorausgesetzt, man betrachtet die Dinge aus einer langfristigen Perspektive und nimmt die sich wandelnden Machtbeziehungen zwischen verschiedenen sozialen Gruppen ins Blickfeld.

Fürs erste habe ich einfach nur versucht, die Probleme der Nationenbildung in die richtige Perspektive zu rücken. Aus Gründen, über die ich mehr zu sagen hätte, erwecken die Selbstbilder von Nationen bei deren Angehörigen für gewöhnlich den Eindruck, daß ihre Nation seit vielen Jahrhunderten, wenn nicht sogar schon seit ewigen Zeiten im wesentlichen unverändert bestanden hätte. Gewöhnlich kann das, was heute als Geschichte des eigenen Landes gelehrt wird, so hingebogen werden, daß es den Anforderungen eines nationalen Selbstbildes entspricht, das die eigene Nation in einer Weise darstellt, als sei sie sich über die Zeitalter hinweg in ihren grundlegenden Wesensmerkmalen stets gleichgeblieben – wie viele Wandlungen, die sich unter den Bewohnern dieses Landes über die Jahrhunderte vollzogen haben, diese Geschichte auch zeigen mag. Heutige Staatsgesellschaften, die sich immer noch in den frühen Stadien eines Prozesses der Staats- und Nationenbildung befinden, beginnen bereits, ein ähnliches Bild ihrer selbst zu konstruieren – ein Bild der nationalen Vergangenheit, mit dem heutige Generationen sich identifizieren können, das ihnen ein Gefühl des Stolzes auf ihre eigene nationale Identität vermittelt und das als Katalysator in einem Nationenbildungsprozeß dienen kann, zu dem in der Regel die Integration disparater regionaler Gruppen und verschiedener sozialer Schichten um bestimmte dominante Kerngruppen herum gehört.

Vieles spricht dafür, diese Prozesse auf der Grundlage der Tatsachen zu untersuchen. Doch um dies zu tun, muß man in der Lage sein zu unterscheiden zwischen Nationalideologien, die eine Nation als ein sich nicht wandelndes und gut integriertes soziales System von großem Wert erscheinen lassen, und den beobachtbaren langfristigen Prozessen der Integration und Desintegration, in deren Verlauf Spannungen und Kämpfe zwischen zentrifugalen und zentripetalen Tendenzen sowie zwischen Etablierten- und Außenseitergruppen als regelmäßiger Wesenszug der Struktur dieser Entwicklungen auftreten. Man muß in der Lage sein, Nationen als einen spezifischen Integrationstyp zu erkennen, der einer Erklärung bedarf und der nur dann erklärt werden kann, wenn man Staatsbildungsprozesse und, als eine ihrer Phasen, Nationenbildungsprozesse als langfristige Prozesse erkennt, die sich im Ablauf der Zeit vollziehen, und bedenkt, daß Nationenbildungsprozesse, weit entfernt davon, den letzten und endgültigen Schub eines Staatsbildungsprozesses darzustellen, von Integrationsprozessen auf einer höheren postnationalen Ebene gefolgt sein können, deren Anfang man zum Beispiel in West- und Osteuropa, unter Gruppen arabischer und zum Teil auch afrikanischer Staaten sehen kann. Soziologisch gesprochen, kann die wissenschaftliche Erforschung dieser gegenwärtigen Integrations- und Desintegrationsschübe vergangene Schübe dieser Art, frühere Staatsbildungsprozesse, erhellen und umgekehrt. Die Vorstellung, daß soziologische Probleme unserer eigenen Zeit und diejenigen vergangener Zeitalter sozusagen in getrennten Abteilungen von unterschiedlichen akademischen Disziplinen erörtert werden müssen oder können, ist überaus irreführend. In Wirklichkeit zeigt die Untersuchung langfristiger sozialer Prozesse und insbesondere von Integrations- und Desintegrationsprozessen sehr deutlich die Notwendigkeit eines vereinheitlichten und integrierenden Rahmens für die Sozialwissenschaften. Ihre gegenwärtigen Grenzen und ihre ständigen Statuskämpfe, haben, zusammen mit den Auswirkungen dieser Kämpfe auf Theorien und Forschungskonventionen, den Fortschritt dieser Wissenschaften hin zu größerer Gewißheit und Adäquatheit des Wissens, das sie von ihrem besonderen Feld, von der menschlichen Gesellschaft, produzieren, zunehmend erschwert. Diese Grenzen und Kämpfe verstärken die Tendenz hin zu kurzfristigen Perspektiven, die in den meisten Sozialwissenschaften vorherrschen. Früher oder später wird es notwendig sein, die traditionelle Beziehung dieser Wissenschaften zueinander einer Überprüfung zu unterziehen.

# Literatur

Bendix, Reinhard: Nation-Building and Citizenship. Studies of our Changing Social Order, New York u. a.: John Wiley & Sons 1964

Elias, Norbert: Über den Prozeß der Zivilisation. Soziogenetische und psychogenetische Untersuchungen, Bern: Francke 1969 (Gesammelte Schriften, Bde. 3a + b, Frankfurt am Main: Suhrkamp 1997)

Elias, Norbert: Die höfische Gesellschaft, Darmstadt/Neuwied: Luchterhand 1969 (Gesammelte Schriften, Bd. 2, Frankfurt am Main: Suhrkamp 2002)

Parsons, Talcott: »The Distribution of Power in American Society«, in: ders.: Structure and Process in Modern Society, New York: The Free Press 1960, Kap. 6, S. 199–225

Parsons, Talcott: Societies: evolutionary and comparative perspectives, Englewood Cliffs (New Jersey): Prentice Hall 1966 [dt.: Gesellschaften. Evolutionäre und komparative Perspektiven. Aus dem Amerikanischen von Nils Thomas Lindquist, Frankfurt am Main: Suhrkamp 1975 (stw 106)]

Renan, Ernest: Qu'est-ce qu'une Nation? conférence faite en Sorbonne le 11 mars 1882, Paris: Calmann-Lévy [1882] [»Qu'est-ce qu'une Nation?«, in: ders., Qu'est-ce qu'une Nation? et autres essais politiques, Paris: Agora 1992, S. 37–56; dt.: »Was ist eine Nation?« und andere politische Schriften, Wien: Folio Verlag 1995 (Transfer Kulturgeschichte, 2)]

# III. Zur Grundlegung einer Theorie sozialer Prozesse

*Dieser umfangreiche Aufsatz erschien 1977 in der für die deutsche Soziologie sehr wichtigen ›Zeitschrift für Soziologie‹ Elias war nun kein Unbekannter mehr, nicht länger ein Geheimtipp weniger Eingeweihter. Er wandte sich hier gegen eine rein gegenwartsbezogene soziologische Forschung, da diese gegenüber den ungeplanten Gesellschaftsentwicklungen blind sei. Erst die soziologische Untersuchung der Wandlungen von Gesellschafts- und Persönlichkeitsstrukturen erlaube eine sozial geplante Weiterentwicklung.*

*Soziogenese und Psychogenese müssen zusammen untersucht werden, denn langfristige Prozesse der Funktionsteilungs- und Staatenbildung seien komplementär zu bestimmten Entwicklungen individueller und gesellschaftlicher Persönlichkeitsstrukturen. Theoretisch-empirisch sei jede kurzfristige Planung von Menschen eingebunden in langfristige Prozesse.*

1. Die zwei ungleichen Ahnherren der Soziologie, Comte und Marx, haben sich bemüht, mit den Fabeln der klassischen europäischen Philosophie zu brechen. Jeder von ihnen tat das auf seine Art. Comte wies darauf hin, daß die klassische philosophische Vorstellung von der ewigen Vernunft, von dem unveränderlichen Verstand, den angeblich Menschen aller gesellschaftlichen Zeiten und Räume teilen, eine verdinglichende Abstraktion, also eine Fabel ist. Er versuchte zu zeigen, daß das menschliche Denken sich im Laufe der Zeiten wandelt, daß es im Zusammenleben der Menschen und ebenso wie dieses, wie die menschliche Gesellschaft, eine spezifische, empirisch nachweisbare Reihe von Etappen durchläuft. Sein »Gesetz« von den drei Stadien des Denkens vereinfacht den beobachtbaren Sachverhalt, aber es zeigt die Richtung an, in der man vorgehen muß, um den statischen Problemansatz der klassischen europäischen Philosophie zu durchbrechen. Aus der ewig gleichen Gegenüberstellung eines denkenden Subjekts der Erkenntnis und des zu erkennenden Objekts wird bei Comte ganz deutlich ein gesellschaftlicher Prozeß. Das Nacheinander der Typen des Denkens wird in das Nacheinander der Etappen der Gesellschaftsentwicklung eingebettet. Marx hatte den Gedanken einer Denkentwicklung von Hegel gelernt. Aber im Unterschied zu Comte konzipierte Hegel die intellektuellen Tätigkeiten der Menschen in der philosophischen Manier, als ob sie sich unabhängig von allen anderen menschlichen Funktionen und Bedürfnissen, also auch unabhängig von dem gesellschaftlichen Zusammenleben der Menschen, entwickelten. Er sah den Werdegang der intellektuellen Funktionen von Menschen, unter dem unkritisch übernommenen Namen des »Geistes«, als autonomen Ablauf und im Grunde als

die hegemoniale Triebkraft aller anderen Aspekte der gesellschaftlichen Veränderungen. Wie bekannt, tat Marx einen höchst entscheidenden Schritt auf dem Wege von der Philosophie zur Soziologie: Er korrigierte die Hegelsche Idee von der hegemonialen Stellung des »Geistes« als der primären Triebkraft aller Wandlungen der menschlichen Gesellschaft dadurch, daß er diese Hegemonialstellung der Produktion und Verteilung von Gütern zur Befriedigung der elementarsten Lebensbedürfnisse zuschrieb. Durch diesen Schritt sagte sich Marx von der Einseitigkeit des ganzen philosophischen Problemansatzes los. Menschen, deren Spezialität der Gebrauch des Intellekts ist, also reine Gedankenarbeit, sind nur allzu geneigt, in ihren Überlegungen das Denken an sich, den reinen Verstand, als Quelle und Ursprung aller anderen Aspekte des menschlichen Lebens anzusetzen. Für den Übergang von der Philosophie zur Soziologie war es in der Tat entscheidend, daß man mit dieser Reduktion des Menschen auf »geistige« Tätigkeiten, auf Denken und Wahrnehmen, brach und statt dessen von einem Bild nicht nur des Menschen in der Einzahl, sondern der Menschen in der Mehrzahl, also der menschlichen Gesellschaften, ausging, das deren Beziehungen zueinander und damit auch ihre Körperlichkeit, die Notwendigkeit, sich zu ernähren und für ihre Ernährung zu arbeiten, mit einschloß.

Daß Marx im Überschwang des Kampfes gegen dieses einseitige Bild eines auf Denken und Wahrnehmen reduzierten Menschen über das Ziel schoß und nun seinerseits die gesellschaftliche Befriedigung der elementaren menschlichen Bedürfnisse unter Namen wie »ökonomisch« und »materiell« als Basis aller anderen Funktionsbereiche der Gesellschaft behandelte, kann man vielleicht als Beispiel für die von ihm selbst postulierte »Dialektik der geschichtlichen Bewegung« verstehen. Es war ein entscheidender Schritt vorwärts, die wirtschaftlichen Tätigkeiten der Menschen in das theoretische Modell der Gesellschaftsentwicklung einzubeziehen. Aber es war eine einseitige Überspitzung einer berechtigten Kritik an der klassischen europäischen Philosophie, daß Marx nun seinerseits den ökonomischen Spezialfunktionen einer Gesellschaft eine beinahe absolute Autonomie gegenüber anderen gesellschaftlichen Funktionsbereichen zuschrieb, daß er die innere Dynamik dieser gesellschaftlichen Spezialfunktionen als hegemoniale Triebkraft aller gesellschaftlichen Veränderungen hinstellte und anderen gesellschaftlichen Funktionsbereichen unter dem Namen »Überbau« allenfalls eine sekundäre Rückwirkung auf die ökonomische Sphäre zuerkannte. Es ist nicht schwer zu sehen, daß Menschen nicht in der Lage sind, ihre elementaren physischen Bedürfnisse zu befriedigen, ohne sich durch Denken und Wissen in ihrer Welt zu orientieren, und daß sie sich nicht derart zu orientieren vermögen, ohne ihre elementaren Bedürfnisse zu befriedigen. Marx' dialektischer Überschwang hat mit anderen Worten ein »Henne-und-Ei-Problem« geschaffen.

Wie verschieden sich auch im Falle von Comte und Marx der Bruch mit der langen und mächtigen philosophischen Tradition und der Übergang zu einer soziologischen Tradition vollzog, ein charakteristischer Zug war ihnen gemeinsam. Beide stellten unzweideutig ins Zentrum ihres Forschungsprogramms das Problem der *Veränderung* der menschlichen Gesellschaft oder, anders ausgedrückt, die immanente Ordnung der Abfolge gesellschaftlicher Etappen. Kein Zweifel, daß die erschütternde Erfahrung einer bestimmten Veränderung, die Erfahrung der Französischen Revolution, in beiden Fällen bei der radikaleren Dynamisierung ihrer menschenwissenschaftlichen Fragestellung eine entscheidende Rolle spielte. Das Problem der weiteren, der zukünftigen gesellschaftlichen Veränderungen trat daher stärker ins Bewußtsein der Menschen als je zuvor. Aber damit verstärkte sich zugleich auch – im Falle von Comte wie von Marx – die Erkenntnis, daß die gegenwärtigen gesellschaftlichen Verhältnisse nur ein Moment in einem langfristigen Prozeß sind, der aus der Vergangenheit durch die Gegenwart über sie hinaus in die Zukunft führt. Das Problem dieses Prozesses stand dementsprechend bei beiden im Mittelpunkt ihrer Gedankenarbeit.

2. Neu war dabei nicht die Beschäftigung mit einer Stufenfolge der Menschheit als solcher. Diese Vorstellung geht weit zurück. Aber für Jahrtausende sahen Menschen die Entwicklung der Menschheit als einen Abstieg. Das Paradies lag in der Vergangenheit. Dem Goldenen Zeitalter folgte das Silberne und das Eiserne der vielen Kriege. Bestenfalls träumten die Menschen von einer Rückkehr ins verlorene Paradies, von der Wiederkunft der besseren Vergangenheit, von der Renaissance der Antike.[1]

---

1 Auch viele, obwohl vielleicht nicht alle, eschatologischen Vorstellungen erweisen sich bei näherem Zusehen als Bilder einer Zukunft, die in hohem Maß an einem Idealbild der Vergangenheit orientiert ist. Das Bild des gewünschten Endes sieht dann dem des Anfangs recht ähnlich. So mag man sich etwa als Ende die Wiederherstellung des Reiches Gottes oder die Wiederkunft eines Erlösers vorstellen. Überdies ist entscheidend neu an der Fortschrittsidee, daß es sich um einen rein diesseitigen, durch Menschen in die Wege geleiteten Aufstieg zu einer besseren Zukunft handelt.

Abgesehen von einigen Vorformen in der Antike selbst, war es etwas ganz Neues, daß Menschen die Laufbahn der Menschheit statt als Abstieg von einer besseren Vergangenheit vielmehr als Aufstieg zu einer besseren Zukunft verstanden. Der Umschlag von der traditionellen Höherbewertung der Vergangenheit und der Orientierung an deren Autorität zur Höherbewertung von Gegenwart oder Zukunft vollzog sich langsam etwa vom 16. europäischen Jahrhundert an. Die Fortschrittsbewegung erreichte – polyphon verschlungen mit der niemals fehlenden Gegenbewegung – ihren ersten Höhepunkt etwa zwischen 1750 und 1850. Dann gewann allmählich, zum mindesten in den höchstentwickelten industriellen Nationalstaaten, eine komplementäre Gegenbewegung die Oberhand. Dem oft dominanten Überschwang des Glaubens, daß die Menschheitsentwicklung mit immanenter Notwendigkeit die Richtung des Aufstiegs zu einer besseren Gegenwart oder Zukunft, also die Richtung des Fortschrittes nehmen müsse, folgte in einer Art von dialektischem Pendelschlag die nicht weniger überschwengliche Verurteilung dieses Fortschrittsglaubens als Ausdruck eines naiven Optimismus. Der bloße Gebrauch des Fortschrittsbegriffs wurde anrüchig. Besonders im 20. Jahrhundert kam es in den relativ höchstentwickelten Industrieländern zu einer weitgehenden Übereinstimmung darüber, daß der ehemals dominante Glaube an die zwangsläufige Verbesserung der menschlichen Lebensbedingungen sowohl durch die Ausdehnung des Wissens wie durch den tatsächlichen Gang der Menschheitsentwicklung widerlegt sei.

Aber dadurch, daß man den Fortschrittsglauben in Bausch und Bogen verurteilte, verstellte man sich den Zugang zu einer Reihe von soziologischen Problemen, die sowohl für das Verständnis der Periode des dominanten Fortschrittsglaubens selbst wie für das der folgenden Periode, in der die Gegenstimmen – der Chor der Pessimisten – allmählich die Oberhand gewannen, von erheblicher Bedeutung sind. Die meisten dieser Fragen gehen über den Rahmen des hier zu Sagenden hinaus. Aber man kann vielleicht im Vorübergehen darauf hinweisen, daß man sich im 20. Jahrhundert vor allem in den Industrienationen, die sich selbst als die fortgeschrittensten betrachten, mehr mit der Irrigkeit des Fortschrittsglaubens beschäftigt als mit der Frage, unter welchen gesellschaftlichen Bedingungen in den vorangehenden Jahrhunderten eine so neuartige Idee wie die des Fortschritts der Menschheit überhaupt aufkommen und eine Zeitlang dominant werden konnte. Welcher Gesellschaftsprozeß, welcher Wandel der Machtverhältnisse fand seinen Ausdruck in dieser Vorstellung? Der Glaube an die Zwangsläufigkeit des sozialen Fortschritts war eines der frühesten rein weltlichen Glaubenssysteme. Wie kann man es erklären, daß Menschen, statt die Verschlechterung oder Verbesserung der menschlichen Lebensbedingungen einer übermenschlichen Vorsehung zuzuschreiben, vielmehr an eine gleichsam natürliche Gesetzmäßigkeit der Gesellschaftsentwicklung zu glauben begannen, die notwendigerweise eine Besserung der sozialen Lebensbedingungen herbeiführen werde? Gab es belegbare Erfahrungen, die in diese Richtung wiesen? War der Gedanke eines rein innerweltlichen Fortschritts lediglich der Ausdruck eines Wunsches und Ideals bestimmter sozialer Gruppen? Oder eine Mischung von Erfahrung und Ideal? Und welchen sozialen Wandlungen, welcher Änderung der Erfahrungen und Ideale ist es dann zuzuschreiben, daß vor allem im späteren 20. Jahrhundert der Chor der Gegenstimmen gerade in den relativ höchstentwickelten industriellen Nationalstaaten die Oberhand gewann?

Wenn man von solchen Fragen her die vorherrschende Selbsteinschätzung dieses Jahrhunderts durch seine Sprecher zu bestimmen sucht, dann stößt man auf eine eigentümliche Paradoxie. Auf der einen Seite ist das 20. Jahrhundert eine Epoche größter Experimente und Innovationen. Menschen sind in diesem Zeitraum systematischer, in größerer Anzahl, auf weiteren Gebieten und im großen und ganzen auch erfolgreicher als je zuvor um Fortschritte bemüht. Vieles, wovon Menschen früherer Zeiten allenfalls träumten, ist »machbar« geworden. Das menschliche Wissen – nicht allein über außermenschliche Naturzusammenhänge, sondern auch über die Menschen selbst, auf der individuellen wie der sozialen Ebene – ist weit umfangreicher als in der Vergangenheit. Kaum je zuvor ist das bewußte, planmäßige Bemühen um die Besserung der gesellschaftlichen Ordnung und der Lebensbedingungen von Menschen – so ungenügend es auch ist – größer gewesen als in unseren Tagen.

Aber auf der anderen Seite begegnet man gleichzeitig einer sich vertiefenden Stimmung des Zweifels an dem Wert solcher Fortschritte. Man akzeptiert ihre Vorteile und fürchtet ihre Gefahren. Wenige fragen nach der Erklärung der ersteren; man nimmt sie als selbstverständlich hin. Die letzteren stehen scharf umrissen im Vordergrund der Gedanken; sie sind es, nach deren Erklärung gefragt wird. Der unablässige Strom der Innovationen verunsichert die Betroffenen; das wachsende Tempo des Wandels verstärkt ihr Verlangen nach Enklaven der Ruhe und Symbolen der Unwandelbarkeit. Vor allem aber sucht man nach Rettung vor den unablässigen Konflikten menschlicher Gruppen – sei es, daß man sich vorspiegelt, es könne alles friedlich und harmonisch sein, wenn nicht die anderen, die Störenfriede, die Agitatoren aufrührerisch das gute Leben bedrohten, sei es, daß man das Heilmittel im Umsturz der bestehenden Machtverhältnisse und in der Herstellung einer anderen Ordnung sieht, von der man sich größere Ruhe, Harmonie und Konfliktlosigkeit verspricht; und auch in diesem Fall sind es allein die anderen, die zur Erklärung der sich häufenden Konflikte dienen. Die unbeabsichtigten Beiträge der eigenen Gruppe oder der eigenen Person, die eigene Mitverantwortung für die Konflikte und dementsprechend auch die ungeplanten Prozesse, die zu ihren Triebkräften gehören, liegen jenseits des Horizontes. Es ist nicht leicht, in Rechnung zu stellen, daß gerade die relative Verringerung der Machtdifferentiale in vielen Sektoren der Menschheit – so gewaltig diese Differentiale noch immer sind – die Intensität der Spannungen und die Häufigkeit der offenen Konflikte steigert. Denn offene Gruppenspannungen und -konflikte sind nicht da am größten und häufigsten, wo die Ungleichheit der Machtmittel von interdependenten Gruppen sehr groß und unausweichlich ist, sondern gerade dort, wo sie sich etwas zugunsten der machtschwächeren Gruppen zu wandeln beginnt. Das 20. Jahrhundert ist eine Zeit, in der sich ungeplante Wandlungen in dieser Richtung häufen. Auch hier die Paradoxie: Es gibt heute eine Bewegung in Richtung auf Minderung der Ungleichheit zwischen Außenseitern und Etablierten, seien es Arbeiter und Unternehmer, Kolonisierte und Kolonialmächte, Frauen und Männer. Menschlich betrachtet ist das ein Fortschritt. Aber zugleich trägt diese Bewegung das Ihre zur Erhöhung sozialer und persönlicher Spannungen und Konflikte bei, die das Leiden der Menschen vermehren und Zweifeln am Wert ihres Bemühens um Fortschritte Nahrung geben. Das gleiche gilt für die Verlagerungen und Schwankungen der Machtdifferentiale zwischen vielen Staatsgesellschaften über die ganze Erde hin, zum Beispiel zwischen Rußland, Amerika und China. Je geringer diese Differentiale werden und je größer die ökonomisch-militärischen Interdependenzen, um so größer wird auch der Zündstoff der Spannungen, der unaufhörlichen Machtproben und des Manövrierens um die günstigsten strategischen Absprungpositionen für den Fall des nächsten Krieges. Auch hier begegnet man wieder der immanenten Widersprüchlichkeit der Entwicklungsstrukturen, von denen die Rede war: der erwünschte Fortschritt hat unerwünschte Folgen. Wie der Fortschrittsbegriff, so ist auch der Menschheitsbegriff durch seinen Gebrauch in der Epoche der Aufklärung und des rationalistischen Idealismus belastet. In dieser Epoche war der Begriff »Menschheit« Ausdruck eines hoch über den Wassern schwebenden Ideals. Der Nachklang dieses Gebrauchs liegt den Menschen noch heute im Ohr. Dementsprechend wurde der Begriff »Menschheit« in der Epoche der Reaktion gegen diese Aufklärungsideale tabuisiert. Er verschwand aus dem Vokabular von Menschen, die ernst genommen werden wollten, Gesellschaftswissenschaftler mit eingeschlossen. Inzwischen ist es aber in hohem Maße wirklichkeitsangemessen geworden, von der Menschheit zu sprechen, da menschliche Einzelgesellschaften aller Regionen der Erde immer interdependenter werden; und dieser Trend wird sich aller Wahrscheinlichkeit nach in Zukunft verstärken. Aber weil diesem

Begriff weiterhin die frühere idealisierende Vorstellung von einer harmonischen Menschheit anhaftet, ist es noch überaus schwer, das Wort »Menschheit« in dem höchst angemessenen Sinn zu gebrauchen, den es dadurch gewinnt, daß die Situation der Menschen im 20. Jahrhundert nur zu verstehen und zu erklären ist, wenn man sie aus der Perspektive aller interdependenten menschlichen Gesellschaften und nicht nur aus der einer Einzelgesellschaft sieht. In diesem Sinn hat »Menschheit« zugleich die Bedeutung eines Interdependenz- und eines Spannungsgefüges: Gerade weil die Interdependenzen größer geworden sind, ist der Zündstoff der Spannungen und Konflikte universaler geworden. Größer ist dementsprechend auch das Gefühl der Hilflosigkeit gegenüber den potentiellen Katastrophen geworden, die diese Vergrößerung der Interdependenzen und Intensivierung der Spannungen durch die ganze Menschheit hin mit sich bringt.

Auch in diesen Fällen ist es gerade darum schwierig, zu einer sachgerechteren Orientierung zu gelangen, weil man gewohnt ist, alle Spannungen und Konflikte ausschließlich aus der Perspektive einer darin verwickelten Person oder Gruppe zu sehen. Und diese Gewohnheit wird noch dadurch verstärkt, daß menschliche Gruppen von ihren Mitgliedern geradezu fordern, sie sollen einseitig, also allein von der eigenen Seite her sehen. Dementsprechend pflegt man auch die ungeplanten und unbeabsichtigten gesellschaftlichen Strukturen und Prozesse gewöhnlich aus den Fehlern und der Schuld der anderen, der Gegner, an die man gebunden ist, zu erklären. Auf der menschlich-gesellschaftlichen Ebene kommt man daher selten über voluntaristische Erklärungen in Schwarz und Weiß hinaus.

**3.** Ähnlich wie man das, was heute als »Naturereignisse« begriffen wird, also Donner und Blitz, Dürre und Überschwemmung, Krankheit und Mondfinsternisse, früher und zum Teil noch heute voluntaristisch allein aus Willensakten, Absichten und Plänen belebter Wesen, sei es menschlicher oder außermenschlicher Art, erklärte, so erklärt man heute noch oft genug menschlich-gesellschaftliche Ereignisse allein aus Willensakten, Absichten und Plänen von Menschen. Das mag auf den ersten Blick einleuchtend und vielleicht gar selbstverständlich erscheinen. Es ist naheliegend zu denken, daß auf der menschlich-gesellschaftlichen Ebene des Universums ein voluntaristischer Typ der Erklärung von Ereignissen zureichend ist, den man auf der physischen Ebene mühsam im Lauf der Jahrtausende als unangemessen anzusehen gelernt hat. Denn gesellschaftliche Ereignisse und besonders die Wandlungen der menschlichen Gesellschaften hängen ganz offenbar mit Willensakten und Plänen von Menschen zusammen. Die Unzulänglichkeit voluntaristischer Erklärungen von physikalischen Naturzusammenhängen hat ihren Grund darin, daß es sich hier überhaupt nicht um Willensakte handelt. Die Unzulänglichkeit voluntaristischer Erklärungen von Gesellschaftszusammenhängen dagegen beruht darauf, daß sich aus der Verflechtung der Willensakte und Pläne von vielen Menschen Strukturen und Prozesse ergeben, die keiner von den in sie verwickelten Menschen gewollt oder geplant hat. Solche Verflechtungsstrukturen und Prozesse zu untersuchen und zu erklären ist eine der Hauptaufgaben der Sozialwissenschaften und besonders der Soziologie. Der Prozeß der Zivilisation ist einer dieser Prozesse, der der Staatsbildung ein anderer. Man kann sie kaum als Prozesse wahrnehmen und ganz gewiß nicht untersuchen, wenn man die Einzelbelege, in denen sie sich manifestieren, allein aus der Perspektive der darin verwickelten Menschen sieht. Man vermag sie weder voluntaristisch, also allein aus Willensakten, noch nach dem Muster der physikalischen Wissenschaften, also allein durch Messungen oder aus mechanischen Ursache-Wirkung-Verknüpfungen, zu erklären. Auf dieser Wissenschaftsebene hat man es mit Arten des Zusammenhangs zu tun, für deren Erschließung man Theorie-, Begriffs- und Untersuchungstypen anderer Art zu entwickeln hat. Das ist einer der Gründe für die Schwierigkeiten, die der Rezeption solcher Untersuchungen im Wege stehen.

Aber zugleich gewinnt man mit solchen Überlegungen auch von einer anderen Seite her Zugang zum Verständnis für das, was zuvor als die Paradoxien des 20. Jahrhunderts bezeichnet wurde. Man hat bisher noch kaum eine Vorstellung von den Schwierigkeiten, mit denen Menschen zu kämpfen hatten, ehe sie in ihrem Bemühen um Verständnis und Erklärung der außermenschlichen Naturereignisse allmählich aus den vorherrschenden voluntaristischen, magisch-mythischen Sprech- und Denksymbolen andere zu entwickeln vermochten, die wir heute als »physikalisch« oder »naturwissenschaftlich« bezeichnen. Diese Herausbildung von menschengeschaffenen und dementsprechend lernbaren Symbolen, die zugleich als Orientierungs-, Steuerungs- und Kommunikationsmittel dienen, und ihre allmählich immer bessere Abstimmung auf die von ihnen symbolisierten Sachzusammenhänge ist ein Beispiel für das, was man unter Fortschritt versteht. Aber solche Fortschritte zu größerer »Objekt-Adäquatheit« vollziehen sich, wie bereits durch den Hinweis auf den früher ganz allgemein voluntaristischen Charakter der Erklärungstypen angedeutet, auf verschiedenen Wissensebenen höchst ungleichmäßig. Das Vermögen von Menschen, angemessenere Orientierungs- und Kontrollsymbole im Bereich der außermenschlichen Naturzusammenhänge zu entwickeln, ist weit schneller gewachsen als ihr Vermögen, gleichermaßen angemessene Symbole der Orientierung und Steuerung auf der von ihnen selbst gebildeten Ebene des Universums zu entwickeln. So können sie zum Beispiel Blitze und Atomspaltungen relativ angemessen erklären und steuern, aber in weit geringerem Maße Kriege und andere soziale Konflikte.

Dieser ungeplante Unterschied in der Entwicklung der menschlichen Orientierungsmittel auf der physikalischen und der sozialen Ebene hat weitreichende Konsequenzen. Er ist zum Beispiel verantwortlich für die überscharfe Unterscheidung zwischen »Natur« und »Gesellschaft«, die gegenwärtig als selbstverständlich erscheint. Schließlich und endlich ist die Eigenart menschlicher Gesellschaften ja durch die Natur der Menschen möglich gemacht worden. Daß die außerordentliche Schärfe der Unterscheidung zwischen Mensch und Natur im zeitgenössischen Denken auf die ungeplanten Unterschiede im Entwicklungsstand der Naturwissenschaften und der Menschenwissenschaften zurückgeht, wird heute oft übersehen. So lasten etwa Menschen des 20. Jahrhunderts häufig genug ihr Unbehagen an der Kultur der Entwicklung von Naturwissenschaft und Technologie an, die zur Erfindung von Atomwaffen oder zur Verschmutzung der Umwelt geführt haben, statt sie sich selber, den Gesellschaften, die sie miteinander bilden, zur Last zu legen. Ohne die zwischenstaatlichen Konflikte, die für Menschen gegenwärtig kaum besser erklärbar und steuerbar sind als Pestepidemien im Mittelalter, wäre die Entwicklung des Wissens von der Natur der Atome und der entsprechenden Technologie in andere Bahnen gelenkt worden als in die der Entwicklung von Kriegswaffen. Die Verschmutzung der Umwelt ist ebenfalls nicht ein naturwissenschaftliches, sondern ein gesellschaftliches und daher gesellschaftswissenschaftliches Problem.

Letzten Endes ist es also der ungeplante Widerspruch zwischen den ständigen Fortschritten der wissenschaftlich erworbenen Orientierungsmittel und der entsprechenden Steuerungschancen im Bereiche der außermenschlichen Natur und der relativen Rückständigkeit in der Entwicklung der Menschenwelt, der ein hohes Maß der Verantwortung für die immer stärkeren Stimmen des Zweifels am Werte aller Fortschritte und besonders der Fortschritte in Wissenschaft und Technik trägt. Auch hier trifft man wieder auf den charakteristischen Abwehrmechanismus, von dem oben schon die Rede war: Man legt anderen, in diesem Fall den Vertretern von Naturwissenschaft und Technik, das zur Last, wofür man selbst mitverantwortlich ist. Man beharrt auf rein voluntaristischen Erklärungen des gesellschaftlichen Entwicklungsgangs und bleibt daher unfähig, die ungeplanten und unbeabsichtigten gesellschaftlichen Prozesse, in die man selbst verflochten ist, zu erklären und adäquatere Orientierungs- und Steuerungsmittel für sie zu entwickeln.

4. Damit mag in diesem Zusammenhang genug gesagt sein, um das Paradox dieser Gleichzeitigkeit von einem intensiven, mehr als je zuvor institutionalisierten

Fortschrittsbemühen und einer nicht institutionalisierten, aber nicht weniger intensiven Fortschrittsfurcht ins Licht zu rücken. Die Gleichzeitigkeit von solchen gegensätzlichen Tendenzen gehört zu den Struktureigentümlichkeiten gegenwärtiger Gesellschaften. Was immer man zu ihrer Erklärung sagen mag, sicherlich steht es mit ihr in Zusammenhang, daß heute gerade in den fortgeschritteneren und entwickelteren Ländern eine stark negative Haltung gegenüber der Vorstellung eines gesellschaftlichen Fortschritts und einer langfristigen sozialen Entwicklung spürbar wird.

Dementsprechend findet man, daß auch in den Gesellschaftswissenschaften der Begriff der Gesellschaftsentwicklung in Verruf geraten ist. Wie der Begriff der »Menschheit« anrüchig geblieben ist, weil man ihn in einer früheren Periode als Symbol eines säkularen Glaubens gebrauchte, so ist der Begriff der Gesellschaftsentwicklung anrüchig geblieben, weil man ihn mit dem Glauben an einen zwangsläufigen Fortschritt assoziiert. Allenfalls gebraucht man den Entwicklungsbegriff im Zusammenhang mit den geplanten, demnach relativ kurzfristigen Veränderungen von ärmeren Gesellschaften und auch da gewöhnlich etwas einseitig allein im Sinne einer ökonomischen Entwicklung. Andere Entwicklungsprobleme wie das der entsprechenden Veränderung der Menschen, also der zivilisatorischen Veränderung der Persönlichkeitsstrukturen, oder das der Staatsbildungsprozesse, etwa der Integrierung von Stämmen in zentralisierten Staaten, sind zwar in der Praxis von denen der geplanten ökonomischen Entwicklung völlig untrennbar, aber sie bleiben bei diesem Gebrauch des Begriffs der Entwicklung gewöhnlich noch unbeachtet oder erscheinen den Planern wirtschaftlicher Entwicklungen allenfalls als Störungsfaktoren. In diesem begrenzten, voluntaristischen Sinne – in bezug auf weniger entwickelte Länder – ist der Begriff der Entwicklung noch in Gebrauch geblieben. Gesellschaften dieser Art können sich, so scheint es, in der Richtung auf wirtschaftlich höher entwickelte Länder hin entwickeln. In bezug auf die letzteren selbst spricht man gelegentlich halb verschämt von ihrer »Evolution« und verwischt damit den Unterschied zwischen der irreversiblen biologischen Evolution im Sinne Darwins und der Entwicklung menschlicher Gesellschaften, die sich im Rahmen der gleichen biologischen Gattung abspielt und die unter bestimmten erforschbaren Bedingungen teilweise oder als Ganzes rückläufig werden kann. Aber im großen und ganzen vermeidet man es, auf diese entwickelteren Gesellschaften den Begriff »Entwicklung« anzuwenden. Anstelle einer Entwicklung schreibt man ihnen gewöhnlich nur eine Geschichte zu.

Damit verdeckt man sich nicht nur zentrale Probleme des langfristigen Entwicklungsgangs dieser fortgeschritteneren Gesellschaften, sondern der Menschheit überhaupt: etwa das Problem, wie es denn eigentlich zu erklären ist, daß sich im gesellschaftlichen Zusammenleben der gleichen biologischen Gattung solche immensen Veränderungen abspielen können wie die, die von kleinen, relativ lockeren Nomadenhorden zu relativ hoch integrierten industriellen Nationalstaaten oder vom Gebrauch einfacher Steinwerkzeuge und -waffen zu dem von hoch mechanisierten Produktions- und Kriegsgeräten führen. In den Menschenwissenschaften nichtkommunistischer Gesellschaften, und besonders in deren Soziologie, stehen dementsprechend Diagnose und Erklärung solcher langfristiger Strukturwandlungen gegenwärtig kaum zur Diskussion. In kommunistischen Ländern drohen sie in Dogmatismus zu erstarren. In den ersteren verstellt man sich den Zugang zur Erklärung langfristiger Wandlungen der Gesellschafts- und Persönlichkeitsstrukturen dadurch, daß man deren Untersuchung als »historisch« einrangiert; damit stellt man sie auf die gleiche Stufe wie die in diesen Gesellschaften vorherrschende Form der Geschichtsschreibung, deren Vertreter Geschichte lediglich als ein strukturloses Kommen und Gehen von Menschen wahrnehmen. In den letzteren überlebt noch die Sicht auf die Geschichte als eine strukturierte Veränderung der Gesellschaft in einer bestimmten Richtung. Aber mit ihr überlebt zugleich auch die Vorstellung, daß diese Veränderung zwangsläufig zur Verwirklichung der eigenen Ideale führt.

Es ist eine der Aufgaben einer Zivilisationstheorie, das Problem langfristiger Wandlungen von Gesellschafts- und Persönlichkeitsstrukturen ohne vorwegnehmende Dogmatik auf einer neuen Stufe wieder ins Zentrum der menschenwissenschaftlichen Diskussion zu rücken. Ein solches Unternehmen aber stößt auf spezifische Kommunikationsschwierigkeiten. Deren Erörterung ist nicht allein von Bedeutung für das Verständnis der Schwierigkeiten, die sich bei der Rezeption der Zivilisationstheorie selbst ergaben, sondern auch für das Verständnis der Rezeptionsproblematik wissenschaftlicher Neuerungen und darüber hinaus des Problems der Wissenschaftsentwicklung überhaupt. Von den theoretischen Problemen, deren Untersuchung zum Verständnis der Rezeption wissenschaftlicher Neuerungen beitragen kann, braucht man hier nicht mehr zu sagen. Aber es ist vielleicht nützlich, auf einige ihrer Aspekte hinzuweisen und ein paar der Grundbegriffe kurz einzuführen, die man zu ihrer Aufhellung braucht.

**5.** Geschichte und Soziologie werden heute als unabhängige akademische Fächer behandelt. Ihre Vertreter suchen dementsprechend ein Höchstmaß an Unabhängigkeit für ihr Fach und dadurch für sich selbst zu erlangen und zu bewahren. Sie wachen eifersüchtig über ihre Autonomie. Jeder Fachbereich hat seine eigene Ahnengalerie, jeder hat seine eigenen Konventionen und Maßstäbe der Lehre und der Forschung. Sie sind zwar in keiner der beiden akademischen Disziplinen völlig einheitlich; besonders in der Soziologie sind sie gegenwärtig recht vielfältig und zerfahren. Aber einheitlich oder nicht, jedes der beiden Fächer hat sein eigenes Establishment oder auch zwei und mehr konkurrierende Establishments, deren Vertreter jeweils Modelle des Verfahrens und der Themenwahl in Forschung und Lehre ausarbeiten und auch erheblichen Einfluß auf die Stellenbesetzung, erhebliche Kontrolle über die Fachzeitschriften und damit über die Auslese der Beiträge haben.

Die institutionalisierte Trennung der beiden akademischen Fächer und ihrer jeweiligen Establishments überträgt sich in eigentümlicher Weise auf die gängigen Vorstellungen von den Gegenstandsbereichen ihrer Forschung und Lehre. Man gewinnt oft den Eindruck, daß Menschen sich vorstellen, die Objekte der verschiedenen akademischen Fächer, also in diesem Falle Geschichte und Gesellschaft, existierten ebenso unabhängig voneinander, wie es die Fachbereiche, Geschichtsforschung und Soziologie, für sich in Anspruch nehmen. Bei genauerer wissenschaftstheoretischer Betrachtung läßt sich leicht genug erkennen, daß es sich bei dieser fachlichen Spezialisierung von Historikern und Soziologen bestenfalls um eine Arbeitsteilung handeln kann – um eine Arbeitsteilung bei der Untersuchung von unterscheidbaren, aber untrennbaren Aspekten des gleichen Gegenstandsgebietes: der sich wandelnden Menschenverbände und der Menschen, die sie bilden. Aber die eigentümliche Struktur der Universitätsorganisation mit den eingebauten Macht- und Statuskämpfen der verschiedenen akademischen Fachgruppen läßt es in diesem Falle, wie in anderen, so erscheinen, als ob die organisatorisch getrennte Lehre und Forschung der wissenschaftlichen Spezialistengruppen in der getrennten Existenz ihrer Forschungsobjekte begründet sei. Bei näherer Betrachtung läßt sich unschwer erkennen, daß es genau umgekehrt die Wissenschaftsorganisation und besonders die sorgfältig gehütete Unabhängigkeit jedes für Forschung und Lehre eines Faches maßgebenden Establishments ist, die ihren Ausdruck in der Vorstellung von der unabhängigen Existenz des betreffenden Gegenstandsgebietes findet.

Mit anderen Worten: Die heute weitverbreitete Vorstellung von dem Verhältnis von »Geschichte« und »Gesellschaft« als zweier unabhängig existierender Gegenstandsbereiche ist eine Projektion der gesellschaftlichen Organisation des Wissenserwerbs in diesem Bereiche, also eine wissenschaftsideologische Mythe. Historiker unterstellen gewöhnlich, daß sie »Geschichte« erforschen, ohne auf der gleichen Ebene der Abstraktion Rechenschaft darüber abzulegen, wessen Geschichte es ist, die sie erforschen. Wenn sie das täten, müßten sie sagen, daß es die Geschichte bestimmter Menschenverbände oder manchmal bereits auch der Menschheit, also jedenfalls immer die Geschichte von »Gesellschaften« ist, die das Rahmenwerk ihrer Untersuchungen bildet. Soziologen ihrerseits unterstellen heute gewöhnlich als selbstverständlich, daß sie alle möglichen Aspekte menschlicher Gesellschaften erforschen. Aber die Entwicklung ihres Faches hat in Wirklichkeit dazu geführt, daß sie sich mehr und mehr auf die Erforschung gegenwärtiger Gesellschaften und besonders ihrer eigenen National-Gesellschaft beschränken. Gleichzeitig aber bemühen sich viele Soziologen, von solchen auf die Gegenwart beschränkten Belegen generelle Gesetzmäßigkeiten abzuziehen. Während ein beträchtlicher Teil der soziologischen Theoriebildner des vorigen Jahrhunderts sich um Prozeßtheorien bemühte, die Vergangenheit, Gegenwart und mögliche Zukunft gleichermaßen umfaßten, bemühen sich ihre zeitgenössischen Nachfolger um einen Typ gesetzesartiger Theorien, die wie die der klassischen Physik von allen Wandlungen im Zuge der unwiederholbaren Zeit absehen. Sie sind meistens so gefaßt, als ob sie Anspruch auf universale Geltung erhöben, also auf Geltung für Gesellschaften aller Zeiten und Räume, obgleich sie sich oft genug lediglich auf gegenwärtige Gesellschaften beziehen. Die Tatsache, daß die Art des menschlichen Zusammenlebens in gegenwärtigen Gesellschaften nahtlos aus einer kontinuierlichen Abfolge früherer Arten des Zusammenlebens hervorgegangen ist und daß diese gegenwärtigen Gesellschaften, samt den soziologischen Untersuchungen über sie, demnächst selbst der Vergangenheit und der »Geschichte« angehören werden, daß mit anderen Worten diese Gegenwart nur ein kurzer Moment eines langen Prozesses ist, erscheint dementsprechend für diesen Typ der Soziologie irrelevant.

Zusammenfassend läßt sich also sagen, daß man hier einer merkwürdigen Erscheinung in der Entwicklung der beiden Fächer begegnet. Es verhält sich nicht nur so, daß die Soziologie mehr und mehr zu einem gegenwartsbezogenen, Geschichte zu einem vergangenheitsbezogenen Forschungsbereich geworden ist; diese Art der arbeitsteiligen Trennung hat darüber hinaus auch der Tendenz Nahrung gegeben, »historisch« mit vergangenheitsbezogen, »soziologisch« mit gegenwartsbezogen gleichzusetzen und demgemäß auch »Gegenwart« und »Vergangenheit« menschlicher Gesellschaften in Gedanken so zu behandeln, als ob sie selbst eine getrennte und unabhängige Existenz hätten.

6. Der Gebrauch der Begriffe »Geschichte« und »historisch« als Ausdrücke, die sich speziell auf die Vergangenheit – sei es von Gesellschaften, sei es von Gegenständen, Ereignissen oder einzelnen Personen – beziehen und die zugleich die negative Bedeutung »nicht zur Gegenwart gehörig« mit sich tragen, ist heute recht weit verbreitet. Es erscheint beinahe als selbstverständlich, daß »Geschichte« nur diese und keine andere Bedeutung haben kann. Dementsprechend klassifiziert man häufig Untersuchungen über den Prozeß der Zivilisation und andere langfristige Prozesse als »historische Soziologie«, da die Belege für solche Untersuchungen zum guten Teil vergangenen Epochen entnommen sind, während zeitgenössische Soziologen geneigt sind, als ihr normales Arbeitsgebiet die Gegenwart zu betrachten.

Nun ist es nicht schwer zu erkennen, daß sich die derart unterstellte Trennung von vergangenheits- und gegenwartsbezogenen Untersuchungen in der Praxis nie recht durchführen läßt. Die einfache Tatsache, daß Historiker selbst auch gegenwartsbezogene, »zeitgeschichtliche« Forschungen unternehmen, die sich von ebenfalls gegenwartsbezogenen soziologischen Untersuchungen recht deutlich unterscheiden, legt den Gedanken nahe, daß der Grund für die Verschiedenheit der beiden Fachbereiche weniger in der arbeitsteiligen Spezialisierung der zwei Forschergruppen zu suchen ist, von denen sich die eine mit der Vergangenheit, die andere mit der Gegenwart befaßt, als in den zuvor erwähnten Verschiedenheiten ihrer Organisation und Forschungstradition, die zum guten Teil durch das Verlangen nach Unabhängigkeit voneinander bestimmt sind. Die Unzulänglichkeit der Trennung von gegenwarts- und vergangenheitszugewandter Forschung zeigt sich nicht weniger deutlich von der Seite der Soziologie und der Gesellschaftswissenschaften überhaupt. Das Selbstverständnis von Soziologen als Vertretern einer primär gegenwartsbezogenen Wissenschaft und die entsprechende Verengung ihres Wissenshorizontes ist recht jungen Datums. Sie erklärt sich auf der einen Seite aus der wachsenden Praxisnähe soziologischer Untersuchungen, also aus der Zunahme von behördlichen und anderen Planungsunternehmungen, für die man als Unterlagen soziologischer Untersuchungen bedarf, auf der anderen Seite aus der Ausbreitung und zeitweiligen Dominanz amerikanischer Theorien und Forschungsmethoden in der soziologischen Forschung und Lehre vieler anderer Länder etwa seit der Mitte des 20. Jahrhunderts. Vor dieser Zeit gab es zwar bereits einen Trend in dieser Richtung, der sich allmählich verstärkte, aber ihm stand ein anderer Trend gegenüber, dessen Repräsentanten »Vergangenheit« und »Gegenwart« menschlicher Gesellschaften nicht als verschiedene und als trennbare Untersuchungsobjekte betrachteten. Sie sahen mehr oder weniger klar, daß eine kontinuierliche Verflechtung der Generationen – trotz aller Umstürze, aller Revolutionen und Kriege – Vergangenheit, Gegenwart und Zukunft menschlicher Gesellschaften miteinander verknüpft und daß sich gegenwärtige und zukünftige Gesellschaftsstrukturen daher nicht ohne Rückbezug auf vergangene verstehen und erklären lassen. In diesen Fällen und in der Tat in allen anderen, in denen man Vergangenheit, Gegenwart und Zukunft als ein diachronisches Kontinuum betrachtet und sie nicht, gleichsam verdinglichend, wie getrennt existierende Gegenstände behandelt, hat auch der Begriff der »Geschichte« nicht die heute vorherrschende Bedeutung; er ist nicht primär vergangenheitsbezogen. Ebensowenig ist unter solchen Bedingungen der Begriff der »Gesellschaft« in gleichem Maße statisch und gegenwartsbezogen. Obgleich die Trends nebeneinanderher laufen, kann man in der Entwicklung der Soziologie doch ziemlich klar Perioden unterscheiden, in denen das Interesse an den Problemen der langfristigen Gesellschaftsdynamik, also an der Gesellschaftsentwicklung oder jedenfalls an den Wandlungen menschlicher Gesellschaften, recht stark oder dominant ist, und andere, in denen – wie das zur Zeit der Fall ist – das dominante Interesse sich auf die Gegenwart beschränkt. Nur im letzteren Falle wird dann »Geschichte« mit »Vergangenheit« identifiziert. Im ersteren wird »Geschichte« mit einer strukturierten Abfolge der Veränderungen im Zuge der Zeit gleichgesetzt, wie man sie etwa durch den Begriff der Gesellschaftsentwicklung kennzeichnet, und empirische Belege aus Vergangenheit und Gegenwart und Belege von mehr oder weniger entwickelten Gesellschaften aus derselben Zeit haben bei der Bildung von soziologischen Theorien gleiches Gewicht.

Als sich eine sozialwissenschaftliche, also eine auf relativ weites empirisches Wissen gestützte Spezialwissenschaft von dem breiten Strom sozialphilosophischer Überlegungen abzweigte, herrschte zunächst das Interesse an der Gesellschaftsentwicklung, also auch an der Gesellschaftsdynamik, vor. Von der Zeit des jungen Turgot bis zu der von Marx und Engels war das ausgesprochen der Fall, und noch für Durkheim und Max Weber gab es keine eigentliche Trennung von Vergangenheit und Gegenwart als Forschungsobjekten, auch wenn bei Weber das Interesse an der langfristigen Gesellschaftsentwicklung kaum noch dominant war. Soweit sich sehen läßt, erkannten er und sein Kreis recht deutlich den Gegenwartsbezug von Untersuchungen der Vergangenheit und den Vergangenheitsbezug von Untersuchungen der Gegenwart. Es scheint nicht so, als ob Webers Zeitgenossen seine Untersuchungen über die Genese des Kapitalismus und deren Zusammenhang mit dem Aufstieg protestantischer Sekten in früheren Jahrhunderten als »historische Soziologie« einrangierten. Heute dagegen hat sich das Bild gewandelt. Als Forschungsbereich sind soziale Probleme von Vergangenheit und Gegenwart in weit höherem Maße auseinandergefallen. Wer auf einer neuen Stufe diese Trennung wieder aufhebt, wird zum Außenseiter der gegenwärtigen Argumentationsgemeinschaft. Hier nähert man sich also bereits den zuvor erwähnten Kommunikationsschwierigkeiten. Die Problemstellung, die Untersuchungen langfristiger Prozesse wie dem der Zivilisation zugrunde liegt, fügt sich weder in die heute vorherrschende Form der Soziologie noch in die der Geschichtsforschung. Aber man bemüht sich verständlicherweise beinahe automatisch, Untersuchungen über solche Prozesse durch Begriffe zu kennzeichnen, die ihre Stellung innerhalb des existierenden Wissenschaftsschemas bestimmen. So erscheinen sie als eine Art von Mischlingen zweier etablierter akademischer Fächer, Geschichte und Soziologie.

Aber das ist erst der Anfang der Schwierigkeiten. Zuvor ist bereits darauf hingewiesen worden, daß die Vorstellung von der Geschichte als einer Gesellschaftsentwicklung, die Vergangenheit, Gegenwart und Zukunft gleichermaßen umfaßt, nichts Neues ist.[2] Sie spielte im 18. und 19. Jahrhundert und spielt auch noch heute in kommunistischen Ländern eine große, wenn nicht geradezu eine dominierende Rolle. In diesen Fällen wurde – und wird – das, was man heute in nichtkommunistischen Ländern unter Namen wie »Geschichte« und »Gesellschaft« als Gegenstandsgebiete

2 So schrieb zum Beispiel der junge Turgot in der Mitte des 18. Jahrhunderts: »Tous les âges sont enchaînés les uns aux autres par une suite de causes et d'effets qui lient l'état présent du monde à tous ceux qui l'ont précédé. Les signes arbitraires du langage et de l'écriture, en donnant aux hommes le moyen de s'assurer la possession de leurs idées et de les communiquer aux autres, ont formé de toutes les connaissances particulières un trésor commun qu'une génération transmet à l'autre, ainsi qu'un héritage toujours augmenté des découvertes de chaque siècle; et le genre humain, considéré depuis son origine, paraît aux yeux d'un philosophe un tout immense qui lui-même, a, comme chaque individu, son enfance et ses progrès.« [»Alle Zeitalter sind durch eine Ursache-und-Wirkungs-Kette miteinander verbunden, die den jetzigen Zustand der Welt mit all denen verbinden, die ihm vorausgegangen sind. Dadurch, daß sie uns ermöglichen, unsere Gedanken zu sichern und anderen mitzuteilen, haben die willkürlichen Zeichen der Sprache und der Schrift aus all den speziellen Kenntnissen einen gemeinsamen Schatz gemacht, den eine Generation der anderen weitergibt, sowie ein Erbe, das jedes Jahrhundert um Entdeckungen vermehrt wird; und die Menschheit, betrachtet seit ihrem Ursprung, erscheint in den Augen eines Philosophen als ein unermeßliches Ganzes, das selbst, wie jedes Individuum, seine Kindheit hat und seine Fortschritte macht.«] (Aus dem »Tableau philosophique des progrès successifs de l'esprit humain«; Turgot, Œuvres, 1. Bd., hg. von G. Schelle, Paris 1913 [unveränderter Nachdruck der Ausgabe von 1913: Glashütten im Taunus 1972], S. 215).

zweier unabhängiger Fachbereiche scharf voneinander unterscheidet, als zusammengehörig betrachtet. Beide Begriffe beziehen sich, wie etwa der Ausdruck »historischer Materialismus« zeigt, auf Vergangenheit, Gegenwart und Zukunft gleichermaßen. Gegenwart und Zukunft sind in diesem Sinne nicht weniger »geschichtlich« als die Vergangenheit, diese nicht weniger die Vergangenheit von strukturierten Gesellschaften als die Gegenwart. Die Bedeutung solcher Begriffe wie »Geschichte« und »Gesellschaft« hängt mit anderen Worten sowohl von dem Entwicklungsstand der Menschenwissenschaften wie von den in den betreffenden Gesellschaften vorherrschenden sozialen Glaubenssystemen ab.

7. Dementsprechend liegen etwa seit dem 18. und 19. Jahrhundert bis heute zwei verschiedene Vorstellungen von Geschichte und Gesellschaft im Kampfe miteinander, die zwei verschiedene Theorie- und Glaubenssysteme repräsentieren. Man kann sie kurz als deterministisch und antideterministisch, oder besser: voluntaristisch, bezeichnen. In beiden Fällen ist das Geschichts- und Gesellschaftsbild eine Mischung von wissenschaftlichen, also faktbezogenen und überprüfbaren Erkenntnissen und säkularen Mythen und Idealen, also uneingestandenen Verdeckungen von geschichtlich-gesellschaftlichen Aspekten, die mit dem vorherrschenden sozialen Glauben der tragenden Gruppe nicht übereinstimmen, und der Erfindung oder Überbetonung von anderen, die diesem Glauben entsprechen. In dem einen Falle ist zum Beispiel die Tatsache wissenschaftlich belegbar, daß die Menschheit seit der frühesten Steinzeit Fortschritte gemacht hat und in bestimmter Hinsicht ständig Fort-

schritte macht. Die Mythologisierung besteht hier in dem Glauben, daß die menschliche Gesellschaft sich gleichsam aufgrund einer Naturnotwendigkeit in der Richtung eines Fortschritts entwickeln muß, der jeweils mit den Wünschen und Idealen der gläubigen Gruppen übereinstimmt. In dem anderen Falle läßt sich zum Beispiel wissenschaftlich belegen und überprüfen, daß die großen Entwicklungssynthesen des 18. und 19. Jahrhunderts, von denen die eine oder die andere als Grundlage des gegenwärtigen Fortschrittsglaubens und des entsprechenden Bildes der determinierten Gesellschaftsentwicklung dient, mindestens zum Teil dem inzwischen enorm gewachsenen Einzelwissen nicht mehr entsprechen. Im Lichte dieses Wissens erscheinen sie, wenn nicht als irrige, so doch mindestens als vereinfachende und einseitige theoretische Synthesen; und die Solidität des Erwerbs von mehr und mehr überprüfbarem Einzelwissen dient in diesem Falle vielleicht nicht als die einzige, aber jedenfalls als eine der Hauptstützen für den Anspruch auf Wissenschaftlichkeit. Die säkulare Mythenbildung besteht in diesem Falle darin – zum mindesten in der vorherrschenden Form der Geschichtsforschung, aber zum Teil auch in der Soziologie –, daß die Verläßlichkeit der Beschaffung von Wissen über Einzelheiten, sei es in der Form des sorgfältigen Studiums historischer Dokumente, sei es in der von sorgfältigen statistischen Messungen, als zureichende Legitimierung für die Wissenschaftlichkeit des eigenen Verfahrens betrachtet wird. Ohne ständige Interdependenz der Entwicklung von Einzelwissen und zusammenfassenden Modellen, von Empirie und Theorie, Analyse und Synthese, bleibt die Beschaffung des Einzelwissens, wie sorgfältig auch die Methode der Beschaffung, ungewiß, oft genug irreführend und wissenschaftlich irrelevant. Überdies ist es gar nicht möglich, sich um die Erkenntnis von Einzelheiten zu bemühen, ohne gleichzeitig zum mindesten stillschweigend ein Bild ihres Zusammenhangs mit anderen Einzelheiten, sei es Theorie oder Glauben, vor Augen zu haben.

In der voluntaristischen Geschichtsauffassung, die als Gegenschlag jede Vorstellung einer langfristigen Gesellschaftsentwicklung ablehnt, stellt sich die Geschichte, wie schon erwähnt, als Kaleidoskop der Einmaligkeiten, als zufälliges Kommen und Gehen von einzelnen Gesellschaften und Personen oder auch bloßen Ideen auf der gleichen, scheinbar nie wechselnden Entwicklungsebene dar. Der unentbehrliche Zusammenhang zwischen den sich häufenden, sorgfältig belegten Einzelheiten wird mangels einer überprüfbaren Theorie – vor allem in der immer noch dominierenden Form der um Staatsmänner zentrierten politischen Geschichte – durch die verbindende Erzählung des Historikers hergestellt. Aber diese Art, einen Zusammenhang zwischen den dokumentarisch belegbaren, unvermeidlicherweise fragmentarischen Einzelheiten herzustellen, wird gewöhnlich in sehr hohem Maße von der Haltung des Historikers zu den Tagesfragen und vor allem von seiner Parteinahme in den Machtkämpfen der eigenen Zeit bestimmt. Da sich diese Tagesfragen von einer Generation zur anderen recht erheblich ändern können, ist es im Lager der erzählenden Historiker nichts Ungewöhnliches, daß die in der einen Generation produzierte Darstellung einer Epoche, die zu ihrer Zeit als Meisterwerk galt, in der nächsten in den Bibliotheken verstaubt, und zwar nicht nur, weil neue Quellen ans Licht gezogen wurden, sondern vor allem, weil der persönliche Gesichtswinkel, unter dem die verbindende Erzählung geschrieben wird, sich den veränderten Tagesfragen entsprechend verändert hat.

Die Gebundenheit an eine historiographische Tradition, die dem einzelnen Historiker einen sehr weiten Spielraum der persönlichen Hermeneutik bei seiner erzählenden Verbindung von sorgfältig recherchierten Quellen läßt, findet unter anderem ihren Ausdruck in einem bewußten Theorieverzicht. Man macht aus der Not eine Tugend. Der stolze Theorieverzicht dieser Art von Geschichtsschreibung öffnet Tür und Tor für historische Mythenbildungen aller Art. Dank dieses Verzichtes wird Geschichte oft zu einer verschleierten Form von Edelpropaganda für bestimmte Staaten, Klassen oder andere menschliche Gruppierungen. Auch spezifisch philosophische Mythen haben sich im Zusammenhang mit dieser Auffassung der Geschichte herausgebildet, etwa die Vorstellung von der Geschichte als einer bloßen »Beschreibung des Wandels«[3] oder die des »historischen Relativismus«, die der Vorstellung von der Geschichte als einem ordnungslosen Kommen und Gehen auf immer der gleichen Entwicklungsstufe entspricht.

In der Soziologie auf der anderen Seite gibt es zwar neben den Spezialisten für die Beschaffung von Einzelwissen, ob in der Form von statistischen Messungen oder in der von Fallstudien, auch Spezialisten für die Ausarbeitung von Theorien. Aber die Theoriebildung vollzieht sich gegenwärtig in der Regel mit Hilfe von gesetzesartigen Abstraktionen,

---

3 Siehe z. B. Karl Raimund Popper, The Poverty of Historicism, London 1957, S. 33: »History, i. e. the description of change« [dt.: Das Elend des Historizismus, Tübingen 1965, S. 26]. Dort auch die nicht weiter begründete Behauptung, daß Fragen des Ursprungs wissenschaftlich nicht besonders relevant sind.

die – allzu hoch über den Wassern des Erfahrbaren schwebend – scheinbar Ewiges an Gesellschaften hervorheben und die diachronische Struktur des gesellschaftlichen Wandels im dunkeln lassen. Es mangelt ihnen an Empiriebezug, an Tuchfühlung mit dem wachsenden Einzelwissen. Dieses seinerseits leidet darunter, daß es zum guten Teil ohne theoretischen Kompaß zutage gefördert wird. Dementsprechend bleiben soziologische Theorien häufig unüberprüfbar und haben in vielen Fällen heute den Charakter von philosophieartigen Mythen oder von Derivaten eines der sozialen Glaubenssysteme unserer Epoche.

Die Gegnerschaft zwischen den Geschichts- und Gesellschaftsauffassungen, die zuvor kurz als deterministisch und voluntaristisch bezeichnet wurden, gehört mit allen ihren Varianten und Zwischenformen zu den stehenden Polaritäten unserer Tage. Die theoretischen Modelle, die sich bei der Untersuchung von Staatsbildungs- und Zivilisationsprozessen ergaben, fügen sich ebensowenig in diese wie in viele andere Standardpolaritäten des zeitgenössischen Denkens und Sprechens. Unwillkürlich aber versucht man sie immer von neuem im Sinne dieser Polaritäten zu verstehen. Entsprechend den mächtigen Zwängen, die das Standarddenken und -sprechen jeder Epoche auf die daran gebundenen Menschen ausübt, sucht man auch hier diese Theorien entweder der einen oder der anderen Seite dieser entgegengesetzten Geschichts- und Gesellschaftsauffassungen zuzuordnen. Wenn sie sich nicht als »historische Soziologie« im Sinne der voluntaristischen Geschichtsschreibung klassifizieren lassen, dann müssen sie, so scheint es, als historische Soziologie im Sinne der deterministischen Geschichtsauffassung betrachtet werden. Und da zu deren repräsentativen begrifflichen Symbolen der Begriff einer Gesellschaftsentwicklung gehört, die notwendigerweise die Richtung des Fortschritts zu einer besseren Ordnung des menschlichen Zusammenlebens nimmt, so hat man auch die in engster Tuchfühlung mit einer Abfolge empirischer Belege entwickelte Zivilisationstheorie oder die mit ihr verbundene Theorie der zunehmenden sozialen Differenzierung und der Integrierung relativ kleiner in zunehmend größeren Staatsverbänden oft genug in diesem Sinne interpretiert. Man hat dann diesen Untersuchungen, als sei es selbstverständlich, den Gedanken unterstellt, daß langfristige Wandlungen in einer bestimmten Richtung notwendigerweise als Wandlungen zum Besseren verstanden sein wollen.

Das ist ein Mißverständnis. Obgleich es sich um Untersuchungen von langfristigen Wandlungen handelt, die man recht wohl als Gesellschaftsentwicklung bezeichnen kann, gibt es keinen Satz in diesen Untersuchungen, der den Eindruck erwecken könnte, es handele sich hier um eine anachronistische Erneuerung der Entwicklungs- und Fortschrittsmetaphysik früherer Jahrtausende. Die Untersuchungen zeigen mit Hilfe von Einzelbelegen, daß sich ungeplante, aber gerichtete Wandlungen der Gesellschaft und Persönlichkeitsstrukturen de facto beobachten lassen. Die Frage ist nicht, ob es Wandlungen zum Besseren oder zum Schlechteren sind; die Frage ist zunächst einmal, welcher Art eigentlich diese Wandlungen sind, und vor allem, wie man sie erklären kann. Ihr Wie und Warum steht zuerst allein im Zentrum der Aufmerksamkeit. Erst wenn Fragen dieser Art der Lösung nähergebracht sind, ist man in der Lage zu beurteilen, ob, in welchem Sinn und für welche Menschengruppen beobachtbare Wandlungen von Gesellschafts- und

Persönlichkeitsstrukturen, auf längere Sicht hin betrachtet, mehr Vorteile oder mehr Nachteile mit sich bringen, also Wandlungen zum Besseren oder Schlechteren sind.

8. Überdies hat man erst durch die Bemühung um das Wie und Warum langfristiger Prozesse die Chance, eine genügend weit gespannte und realitätsnahe Orientierung zu erwerben, um entscheiden zu können, ob kurzfristige praktische Maßnahmen zur Behebung der Schäden und Nachteile, auf lange Sicht hin betrachtet, nicht noch größere Schäden und Nachteile mit sich bringen. Gerade wenn man an den Praxisbezug gesellschaftswissenschaftlicher Untersuchungen denkt, erkennt man, wie irreführend eine ausschließlich auf die scheinbar statische »Gegenwart«, auf das seiner Dynamik entleerte hic et nunc bezogene Sozialwissenschaft sein muß. Der zeitgenössische Typ des rapide wachsenden institutionalisierten und technisierten gesellschaftlichen Planens ist – in den ärmeren, weniger entwickelten wie in den reicheren, entwickelteren Ländern – auf eine zukünftige Weiterentwicklung ausgerichtet. Diese bewußtere, in höherem Maße sozial geplante Weiterentwicklung aber, die in manchen Gesellschaften mehr und mehr Sektoren und in vielen bereits alle Sektoren der gesellschaftlichen Praxis umfaßt, ist charakteristisch für eine spezifische Phase einer umfassenderen ungeplanten Entwicklung und verflicht sich ständig in diese ungeplante Weiterentwicklung der menschlichen Gesellschaften.

Die kurzfristigen, rein gegenwartsbezogenen Forschungsprogramme der zeitgenössischen Soziologie – und in der Tat der meisten Sozialwissenschaften –, von denen man sich eine bessere Orientierung bei der gesellschaftlichen Praxis, also auch bei der gesellschaftlichen Planung der Weiterentwicklung, verspricht, verraten eine völlige Blindheit gegenüber der langfristigen ungeplanten Gesellschaftsentwicklung, die die Bedingungen für ein höheres Maß an bewußter gesellschaftlicher Planung geschaffen hat und innerhalb deren sich alle bürokratisch kontrollierten Planungsprojekte und deren Umsetzung in die gesellschaftliche Praxis vollziehen. Man fragt nicht, aufgrund welcher ungeplanten Strukturwandlungen menschlicher Gesellschaften gerade im 20. Jahrhundert die Zahl gesellschaftlicher Planungsprojekte, samt ihrer zeitlichen Reichweite und der Menge der betroffenen Menschen, rapide gewachsen ist, und zwar auf allen Ebenen der entwickelteren Staatsgesellschaften, einschließlich der ökonomischen. Da die Vorstellung einer ungeplanten Entwicklung noch weitgehend im Sinne des 18. und 19. Jahrhunderts verstanden wird, entfernt man die recht offensichtliche Tatsache, daß jede beabsichtigte und geplante Weiterentwicklung in eine umfassendere ungeplante Entwicklung verflochten ist, aus dem Bereich des Nachdenkens und legt sie in der Rumpelkammer des Unerforschbaren ab, wie die Pocken vor Einführung der Impfung. Ohne theoretisch-empirische Untersuchung der ungeplanten Entwicklung aber bleibt das Risiko einer gesellschaftlichen Planung, die sich lediglich auf gegenwartsbezogene und daher rein punktuelle Untersuchungen stützt, außerordentlich groß. Der weitgehende Rückzug der zeitgenössischen Soziologie auf gegenwartsbezogene Probleme, der oft genug durch deren größere Praxisnähe begründet wird, hat dementsprechend dazu geführt, daß die Erforschung der ungeplanten langfristigen Gesellschaftsentwicklung, in deren Rahmen sich die geplante gesellschaftliche Praxis unserer Tage abspielt, jenseits des Horizontes der an dieser Planung beteiligten Menschengruppen liegt. Es ist nicht unwahrscheinlich, daß sich diese Schranken des Horizontes der Planer bei näherem Hinsehen oft als Schranken der Brauchbarkeit ihrer Pläne erweisen.

Empirisch adäquatere und überprüfbarere theoretische Modelle der langen ungeplanten Entwicklung von Gesellschaften dienen also nicht allein der besseren Orientierung über diese ungeplanten Entwicklungsgänge selbst; sie haben auch eine Funktion für die Aufhellung derjenigen Sektoren und Enklaven der Gesellschaftsentwicklung, die einer vergleichsweise kurzfristigen geplanten Entwicklung bereits zugänglich geworden sind. Ohne das Bemühen um solche Modelle kann man nicht herausfinden, ob und wieweit sich in den Wandlungen menschlicher Gesellschaften, auf lange Sicht hin betrachtet, bestimmte Strukturen der Auf- und Auseinanderfolge, also zum Beispiel bestimmte langfristige und trotz aller Transformationen beharrliche Richtungen oder »Trends«, beobachten lassen, die aus der Vergangenheit durch die Gegenwart über sie hinausführen, und – wenn das der Fall ist – wie diese ungeplante und dementsprechend ziel- und zwecklose Gerichtetheit der Gesellschaftsentwicklungen zu erklären ist. Erst wenn man diese umfassenderen ungeplanten Entwicklungsstrukturen und damit auch das Spiel und Widerspiel von langfristig dominanten Trends und deren Gegentrends, die unter Umständen ihrerseits dominant werden, besser bestimmen und erklären kann, als es gegenwärtig der Fall ist, vermag man diagnostische Modelle des – immer begrenzten – Spielraums der ungeplanten Entwicklungspotentiale menschlicher Gesellschaften auszuarbeiten, die anzeigen, in welcher Richtung deren Weiterentwicklung überhaupt möglich ist. Als theoretisch-empirisches Rahmenwerk bedürfen also auch Projekte der geplanten Entwicklung solcher Modelle des Zusammenhangs der ungeplanten Entwicklungstrends. Modelle dieser Art sind theoretische Symbole der Dynamik jeder sozialen Gegenwart, die über sich hinausdrängt und dann zur Vergangenheit wird.

Es ist charakteristisch für fast alle Gesellschaftstheoretiker des 20. Jahrhunderts, daß sie kein Organ für den immanenten Antrieb zum Wandel, für den Wandlungsimpetus jeder menschlichen Gesellschaft haben (um einen unentbehrlichen terminus technicus einzuführen). Demgemäß lassen sie auch die Art und Reichweite der Entwicklungspotentiale jeder gegebenen Gesellschaftsstruktur unbeachtet, obgleich sie zu deren integralen Eigentümlichkeiten gehören. Solche Theoretiker stellen menschliche Gesellschaften symbolisch als gut ausbalancierte, im großen und ganzen harmonische und daher normalerweise unwandelbare Menschengefüge dar. Soziale Wandlungen, oft auch verdinglichend als »der soziale Wandel« bezeichnet, erscheinen bei diesem Theoriegebrauch allenfalls als etwas Zusätzliches, als Störungserscheinungen eines Gesellschaftsgefüges, das sich ohne Störungen nicht verändern würde. Man behandelt soziale Veränderungen ähnlich, wie man Krankheiten von Menschen behandelt, nämlich als eine Abnormität, für deren Untersuchung Spezialisten gebraucht werden, die Bücher allein über den »sozialen Wandel« schreiben, ohne Bezug auf andere Aspekte einer Gesellschaft. Die Eigentümlichkeit eines solchen Bildes von der menschlichen Gesellschaft als einem normalerweise stillstehenden Gebilde teilt sich überdies allen Einzelbegriffen der entsprechenden soziologischen Theorien mit, also etwa Begriffen wie »Funktion« oder »Struktur«. Sie erhalten eine andere Bedeutung, wenn man, wie es hier geschieht, den immanenten Antrieb zum Wandel als ein integrales Moment jeder Gesellschaftsstruktur erkennt und deren zeitweilige Unveränderlichkeit als Ausdruck einer Blockierung gesellschaftlicher Veränderungen.

Erst von dieser theoretischen Position her ist man in der Lage, den Spielraum der Entwicklungspotentiale einer Gesellschaft, der von deren bisherigem Entwicklungsgang und von der in seinem Verlauf erreichten Entwicklungsstufe abhängt, in den Kreis der jede Planung vorbereitenden soziologischen Untersuchungen einzubeziehen. Man denke etwa an die Fehlplanung, der man sich aussetzt, wenn man einer kapitalarmen Gesellschaft mit einer vorwiegend analphabetischen Bauernbevölkerung ohne systematische soziologische Untersuchung ihrer Entwicklungspotentiale, also auch ohne Rücksicht auf die sozialen Persönlichkeitsstrukturen der sie bildenden Menschen, rein ökonomische Modelle relativ kapitalreicher Industriegesellschaften aufoktroyiert.

Die Umstellung von soziologischen Theorien, in denen sich menschliche Gesellschaften oder auch die ganze Menschheit als normalerweise unveränderliche Menschengefüge darstellen, zu einer Theorie, in der sie als Prozesse ohne Ende erkennbar werden, ist gewiß nicht einfach. Aber erst wenn man sie zu vollziehen vermag, erhält das Problem der langfristigen ungeplanten Trends der Gesellschaftsentwicklung, das bei dem theoretischen Rückzug auf scheinbar unveränderliche Gesellschaftssysteme oder auf rein gegenwartsbezogene empirische Untersuchungen verlorengeht, seine volle Bedeutung.

**9.** An Beispielen für solche ungeplanten Trends fehlt es nicht. Zu den bekanntesten gehört der Trend der zunehmenden sozialen Funktionsteilung. In der Tradition der Gesellschaftswissenschaften wird bisher eigentlich nur einer seiner Aspekte, die zunehmende Arbeitsteilung, diskutiert und untersucht. Aber der Trend, um den es sich handelt, ist viel umfassender. Er läßt sich nicht nur in der Güterproduktion, sondern auch in der Staatsverwaltung, in Technik und Wissenschaft und in vielen anderen sozialen Funktionsbereichen beobachten. Soziologisch ist es dementsprechend angemessener, von dem Trend der zunehmenden Funktionsteilung zu sprechen oder, noch etwas allgemeiner, von der zunehmenden Differenzierung von Gesellschaften und der entsprechend zunehmenden Spezialisierung der dem Einzelnen vorgegebenen sozialen Positionen und Funktionen.

Durkheim hatte diesen Trend noch als Aspekt der durchgehenden langfristigen Gesellschaftsentwicklung vor Augen. Es ist bezeichnend für den Entwicklungsgang der Soziologie, daß er für ein solches auf lange diachronische Prozesse abgestelltes Unternehmen kaum Nachfolger und Fortsetzer fand. Sein Einfluß macht sich gelegentlich bei dem Bemühen bemerkbar, gegenwärtige Probleme der Arbeitsteilung zu untersuchen.[4] Aber wenn man es mit einem so langen und mächtigen Trend der Gesellschaftsentwicklung zu tun hat, wird besonders deutlich, daß seine gegenwärtige Phase nicht isoliert beobachtet und erklärt werden kann. Dann ist es besonders notwendig, in Betracht zu ziehen, daß es sich

---

4 Siehe z. B. Georges Friedmann, Le Travail en Miettes, Paris 1957 [dt.: Grenzen der Arbeitsteilung, Frankfurt am Main 1959].

um einen durchgehenden Trend handelt, der von der Frühzeit der Menschheit, mit vielen Rückschlägen und Gegentrends, bis in unsere Tage als dominanter Trend, als gerichteter Prozeß ohne Ende, zu beobachten ist. Erst bei dieser Sichtweise tritt die bisher noch unbeantwortete Frage ins Licht, wie es zu erklären ist, daß sich menschliche Gesellschaften ohne Planung über Jahrtausende hin in einer bestimmten Richtung, in diesem Falle in der Richtung auf zunehmende Differenzierung oder im engeren Sinn auf zunehmende Arbeitsteilung, ändern.

Dabei ist es nicht einmal besonders schwer, diesen Trend empirisch zu belegen. Um nur einen Hinweis zu geben: Man könnte zum Beispiel damit anfangen, die Gesamtzahl der namentlich bekannten, also durch ein spezialisiertes Wort gekennzeichneten Funktionsgruppen von Gesellschaften auf verschiedenen Stufen der Entwicklung miteinander zu vergleichen. Selbst bei einem ersten Überblick zeigt sich, daß es zwar in den jeweils weniger entwickelten Gesellschaften häufig bestimmte Bereiche mit einer höheren Spezialisierung, einer größeren Differenzierung in Funktionsgruppen mit Sondernamen gibt als in den jeweils entwickelteren. Aber die Gesamtzahl der durch eigene Namen gekennzeichneten Spezialistengruppen ist mit großer Regelmäßigkeit in den entwickelteren Gesellschaften größer. Man braucht nur etwa die Gesamtzahl der durch einen Spezialbegriff gekennzeichneten Funktionsgruppen der klassischen griechischen Antike mit der solcher Funktionsgruppen in spätmittelalterlichen Stadt- oder Staatsgesellschaften und diese wiederum mit der Zahl solcher namentlich unterscheidbaren Funktionsgruppen in einem hoch industrialisierten Nationalstaat der Gegenwart zu vergleichen, um den Prozeß der zunehmenden funktionalen Spezialisierung in Umrissen vor sich zu sehen.⁵

Dabei sind Gegentrends allgegenwärtig. Eine Entfunktionalisierung bestehender Spezialismen läßt sich im Zuge der Gesellschaftsentwicklung immer von neuem beobachten. Sie mag sich auf Teilbezirke des sozialen Funktionsgefüges

---

5 Zu den wenigen und bisher besten Beiträgen zum Problem der Arbeitsteilung im Sinne eines empirisch belegbaren gesellschaftlichen Prozesses gehört Karl Bücher, »Arbeitsteilung und Soziale Klassenbildung«, die Antrittsvorlesung, die Bücher nach seiner Berufung nach Leipzig auf den Lehrstuhl für Statistik und Nationalökonomie im Jahre 1892 hielt. Sie ist in erweiterter Form in seiner bekannten Aufsatzsammlung Die Entstehung der Volkswirtschaft (Karl Bücher, Die Entstehung der Volkswirtschaft. Vorträge und Aufsätze, 1. Sammlung, 14. u. 15. Aufl., Tübingen 1920) und in der ursprünglichen Form 1946 wieder abgedruckt worden (Karl Bücher, Arbeitsteilung und soziale Klassenbildung, Frankfurt 1946 (Sozialökonomische Texte, hg. v. August Skalweit, Heft 6)). Die folgenden Zitate finden sich dort auf den angegebenen Seiten. Bücher bleibt zwar noch bis zu einem gewissen Grade dem engeren Begriff der Arbeitsteilung im Sinne der nationalökonomischen Tradition verhaftet, aber er ist bereits dabei, ihn in der Richtung auf den umfassenderen soziologischen Begriff des Prozesses der zunehmenden gesellschaftlichen Funktionsteilung zu transformieren. Dementsprechend erkennt er zwar bereits recht unzweideutig die ungeplante Ordnung und Richtung der diachronischen Abfolge, auf die im Text unter anderem durch den Begriff der Infrastruktur der Geschichte hingewiesen wurde, aber er bezeichnet sie als das »Knochengerüst« der Volkswirtschaft (S. 25): »Die Wahrheit ist«, so schreibt er, »daß die wichtigsten volkswirtschaftlichen Erscheinungen in ihrer heutigen Gestalt und Wirkungsweise durch die Arbeitsteilung bestimmt werden, daß sie sozusagen das Knochengerüst liefert, das den volkswirtschaftlichen Organismus trägt.« In der gleichen Weise erkennt er bereits, daß die Zahl der Berufsbezeichnungen als einfaches Kriterium für das Ausmaß der gesellschaftlichen Differenzierung dienen kann und daß es durchaus nicht genügt, sie auf ökonomische Spezialisten zu beschränken. Aber terminologisch und begrifflich bleibt er auch hier seiner eigenen Spezialistentradition verhaftet. Dennoch illustrieren seine Belege in höchst anschaulicher Weise das, was hier über die Gesamtzahl der namentlich unterschiedenen Funktionsgruppen als Kriterium

beschränken, wie das etwa der Fall ist, wenn handwerkliche Weber durch die Fabrikarbeit an mechanisierten Webstühlen oder Ritter, die vom Pferde kämpfen, durch Fußtruppen mit Feuerwaffen entfunktionalisiert werden und mit ihrer Funktion zugleich Machtchancen und soziale Position verlieren. Sie mag das gesamte Funktionsgefüge einer Integrationseinheit erfassen, wie das etwa bei dem allmäh-

> der gesellschaftlichen Differenzierung gesagt wurde. Dies ist ein Beispiel (S. 26, Anm. 4): »Von 1882 bis 1907 hat sich die Zahl der Berufsbezeichnungen in der deutschen Berufsstatistik um 7489 vermehrt. Sie betrug
>
> | | nach der Berufszählung von | | |
> |---|---|---|---|
> | für die Berufsabteilungen: | 1882 | 1895 | 1907 |
> | A. Landwirtschaft, Gärtnerei, Tierzucht, Forstwirtschaft, Fischerei | 352 | 465 | 851 |
> | B. Bergbau und Hüttenwesen, Industrie und Bauwesen | 2661 | 5406 | 7616 |
> | [... ... | ... | ... | ...] |
> | E. Militär-, Hof-, bürgerlicher und kirchlicher Dienst, freie Berufsarten | 1876 | 2079 | 2484« |
>
> Dieser Auszug aus Büchers Tabelle mag hier als kleines Beispiel dienen, um das Problem der ungeplant gerichteten Prozesse und eine der Methoden für die Bestimmung eines solchen Prozesses zu verdeutlichen. Die soziologische Aufgabe ist es, diesen und andere langfristige Trends bis in die Gegenwart und, soweit es die Quellen erlauben, bis in die fernste Vergangenheit zu verfolgen und zu untersuchen, wie die langfristige Kontinuität der Dominanz eines solchen ungeplanten Trends, die sich trotz aller Unterbrechungen und Rückschläge, trotz der zeitweiligen Dominanz der immer vorhandenen Gegentrends, bis heute in der Menschheit erhielt, zu erklären ist. Erst wenn man ein angemesseneres theoretisches Modell des Gesamtgerüsts dieser langfristigen gesellschaftlichen Prozesse als Gewißheit gebenden Bezugsrahmen für die Untersuchung spezifischer historischer Ereignisse und Personen ebenso wie für die kurzfristige Planung zeitgenössischer Aktionen und Projekte besitzt, kann man hoffen, einen sichereren Gang der Entwicklung von Menschenwissenschaften und ihrer Anwendung in der gesellschaftlichen Praxis herbeizuführen.

lichen Rückgang der Spezialisierung in der Spätantike, zuerst im weströmischen Reich und später auch im oströmischen, von Konstantinopel regierten Reiche, der Fall war. In den Nachfolgegebieten des weströmischen Reiches erreichte dieser Trend des Differenzierungsschwundes, der Entfunktionalisierung ehemals vorhandener Spezialismen, seinen Höhepunkt in den frühen Feudalgesellschaften. Die Erklärung dafür, daß in dieser Periode der Trend des Differenzierungsschwundes dominant wurde, ist noch strittig. Aber der allmähliche Zusammenbruch der zentralisierten weströmischen Staatsapparatur, teils durch inneren Zerfall, teils durch Zerstörung von außen, spielte ohne Zweifel eine entscheidende Rolle bei der abnehmenden gesellschaftlichen Differenzierung innerhalb des früheren weströmischen Herrschaftsbereiches, in dem sich als Großorganisation, wie immer lädiert, eigentlich nur die römische Kirche erhielt. Einer präzisen Erklärung bedarf ebenfalls der dann von neuem einsetzende Prozeß der zunehmenden sozialen Differenzierung. Gewiß ist nur, daß auch in diesem Falle zunehmende Differenzierung und zunehmende Integrierung in der Form von zunächst noch locker zentralisierten Staatsorganisationen, also die erneute Monopolisierung der physischen Gewalt und die beginnende Pazifizierung innerhalb einiger Staatsbereiche, Hand in Hand gingen.

Dieser langsam im 11. und 12. Jahrhundert einsetzende Schub der zunehmenden sozialen Differenzierung und das entsprechend langsam einsetzende Wachstum der funktionalen Interdependenzketten, die Menschen aneinander binden, ist bis heute dominant geblieben. An Gegentrends fehlte es auch in diesem Falle nicht. Aber die Erklärung für die jahrhundertelange Dominanz des Prozesses der zunehmenden sozialen Spezialisierung und auch für die Zunahme des Tempos der Spezialisierung, besonders in westeuropäischen Gebieten, hat noch nicht den Grad des wissenschaftlichen Konsensus unter Soziologen erreicht, der es rechtfertigen würde, diese Sicht auf das Werden europäischer Gesellschaften durch Schulbücher bereits den Kindern zu vermitteln. Man kann erwarten – und hoffen –, daß das früher oder später der Fall sein wird; denn das Wissen von diesen langfristigen Prozessen und deren Erklärung sind für das Selbstverständnis der gegenwärtig lebenden Menschen – nicht nur in Europa – ganz unentbehrlich. Erst mit Hilfe dieser Langsicht, mit Hilfe des Wissens um die Dominanz des Trends der zunehmenden sozialen Differenzierung und um seine Erklärung, läßt es sich verstehen, warum gegenwärtig in den entwickelteren Industrieländern die Gesamtzahl der namentlich unterschiedenen Spezialistengruppen größer geworden ist als in irgendwelchen früheren Gesellschaften; und erst dann läßt sich begreifen, daß das nicht das eigene Verdienst der gegenwärtig Lebenden ist oder der Menschen, die die entwickelteren Gesellschaften bilden, sondern das vorläufige Ergebnis eines Prozesses, der sich ungeplant über viele Generationen erstreckt und dessen Gründe man nur verstehen kann, wenn man die Frage des Besser- oder Schlechterseins der betroffenen Menschen beiseite legt.

Es gibt genügend Beispiele für solche ungeplanten Trends der zunehmenden Differenzierung in unserer eigenen Zeit. Man denke etwa an die rapide zunehmende wissenschaftliche und technologische Spezialisierung in unseren Tagen. Sie stellt nur einen kleinen Ausschnitt des langen Differenzierungsschubes dar, von dem die Rede war; aber sie veranschaulicht den Charakter solcher Trends. Sie zeigt, wie Menschen durch die Verfolgung ihrer begrenzten Einzelzwecke zugleich einen unbezweckten gesellschaftlichen Prozeß in Gang halten, der dem, was sie bezwecken, in mancher Hinsicht Hindernisse in den Weg stellt. Die heutigen Menschen sind dem Fortgang solcher Prozesse beinahe ebenso hilflos ausgeliefert wie Menschen auf einer früheren Entwicklungsstufe zugleich noch den Prozessen der außermenschlichen Natur. Wie in deren Fall kann man überhaupt nur hoffen, die unwillkommenen Seiten solcher Trends im Sinne der gesellschaftlich interdependenten Menschen, die von ihnen betroffen werden, zu steuern, wenn man verläßliche Erklärungen für ihre langfristige Dynamik und nicht nur unverläßliche Eindrücke von ihrem Vorwalten gestern und heute besitzt.

Die rapide zunehmende wissenschaftliche und technische Spezialisierung in unseren Tagen, mit all ihren Vorteilen, hat zugleich offenbare Nachteile für die von ihr betroffenen Menschen. Bei genauerer Betrachtung läßt sich unschwer erkennen, daß zunehmende funktionsteilige Spezialisierung die Abhängigkeit jeder Spezialistengruppe von anderen Spezialistengruppen, und überdies von einer wachsenden Anzahl anderer Spezialistengruppen, verstärkt. Dies gilt nicht nur für Spezialistengruppen in Wissenschaft und Technik, sondern insgesamt für Gruppen aller Art. Im Zuge zunehmender gesellschaftlicher Funktionsteilung verlängern sich die Interdependenzketten, in die jede einzelne Spezialistengruppe verwoben ist. Aber in vielen Fällen, und ganz besonders im Falle von Gruppen hoch individualisierter Wissenschaftler und von Akademikergruppen überhaupt, überwiegt das Verlangen nach beruflicher Unabhängigkeit bei weitem die Einsicht in die Interdependenz mit anderen Gruppen. Die Ausbildung von Fachsprachen, deren Sonderentwicklung häufig weit über die sachlichen Erfordernisse der Spezialisierung selbst hinausgeht, ist eines der vielen Beispiele für die unsichtbare Festungsmauer, mit der sich akademische wie andere Spezialistengruppen umgeben – oft genug ohne sich bewußt zu sein, daß sie ihnen zum guten Teil dazu dient, ihre Unabhängigkeit von anderen Gruppen zu demonstrieren und zu bewahren. Die Kommunikationsschwierigkeiten, die damit entstehen, behindern die Zusammenarbeit voneinander abhängiger Spezialistengruppen aufs schwerste. Ein anderer Aspekt dieser Festungsmauer ist die Sucht vieler wissenschaftlicher Spezialistengruppen, eine eigene, von anderen unabhängige Theorie für ihr Sondergebiet zu entwickeln. Man begegnet dieser Neigung seltener in den entwickelteren und ihres Fortgangs sichereren physikalischen Wissenschaften, in denen so gut wie alle Spezialwissenschaften durch eine einheitliche Zentraltheorie in Verbindung miteinander stehen, als in den weniger entwickelten Sozialwissenschaften. Im Falle der letzteren, ganz besonders in dem der Soziologie, entwickeln sich gegenwärtig mehr und mehr Spezialismen, deren Vertreter oft genug um eine Gesamttheorie der Gesellschaft aus der Perspektive ihres Sondergebiets bemüht sind. Damit ergeben sich spezifische Kommunikationsschwierigkeiten, deren Untersuchung noch aussteht.

Der Hinweis auf die zunehmende soziale Differenzierung, die man in Gebieten wie Wissenschaft und Technik beobachten kann, vermittelt vielleicht einen Eindruck von der Dynamik solcher ungeplanten Prozesse. Das Bedürfnis nach interdisziplinärer Zusammenarbeit verschiedener wissenschaftlicher Spezialistengruppen ist gewiß auch in den Menschenwissenschaften vorhanden. Ihre Vertreter sind gewiß nicht blind gegenüber der Interdependenz ihrer eigenen Forschungs- und Lehrarbeit mit der von anderen Spezialistengruppen. Aber die Verwirklichung einer effektiven Zusammenarbeit scheitert bis heute gewöhnlich daran, daß jede der zunehmenden Spezialistengruppen unermüdlich an der Verstärkung der eigenen Festungsmauer arbeitet, etwa durch Ausbildung ihrer eigenen Forschungsmethoden, ihrer facheigenen Sondertheorien oder ihrer speziellen Fachsprache, die als Symbole der eigenen beruflichen Autonomie dienen. Dies ist ein zeitgenössisches Beispiel für den blinden Impetus solcher Prozesse. Aber eine genauere Kenntnis und eine gesicherte Erklärung auch für den Trend der zunehmenden Funktionsteilung und der Verlängerung der Interdependenzketten in der eigenen Zeit lassen sich nicht gewinnen, wenn man den Blick auf die eigene Gegenwart beschränkt. Dazu ist es nötig, den gegenwärtigen Trend in dieser Richtung als eine relativ späte Stufe eines umfassenden Trends zu sehen, der sich in der Vergangenheit der eigenen Gesellschaft abspielte und der in Gesellschaften auf einer anderen Stufe der Entwicklung zugleich auch in der Gegenwart zu beobachten ist. Die Kenntnis von anderen Stufen des Prozesses der zunehmenden Funktionsteilung wirft Licht auf die Stufe der eigenen Gesellschaft und deren Kenntnis auf jene.

**10.** Ein anderes Beispiel dieser Art ist der langfristige Trend der Integration kleinerer sozialer Einheiten – kleiner in bezug auf die Zahl der sie bildenden Menschen wie auf die Weite des von ihnen besiedelten Gebietes – zu größeren und immer größeren Integrationseinheiten. Auch dieser Trend hat seine Gegentrends: die jeder Entwicklungsstufe entsprechenden Prozesse der Desintegration sozialer Einheiten. Auch er ist in europäischen Gebieten, abgesehen von der großen Einbuchtung am Ausgang der weströmischen Antike, dominant geblieben. Warum das der Fall ist, läßt sich noch nicht sagen. Es bedürfte einer vergleichenden Untersuchung von Integrationsprozessen in verschiedenen Regionen der Erde, um eine schlüssige Antwort zu finden. Im afrikanischen Raume sind zum Beispiel Integrationseinheiten auf der Ebene von Staaten bis in unsere Tage hinein immer von neuem – sei es durch innere Kämpfe, sei es unter dem Ansturm vorstaatlicher Gruppen – in kleinere Integrationseinheiten zerfallen. In Europa gelang es im Mittelalter den Heerführern der christlichen Staaten, die durch die Zugehörigkeit zu der vom Papst regierten Kirche locker geeint waren, den Ansturm anderer Gruppen zu brechen. Daß ihnen das gelang, war eine der Bedingungen für die Bildung größerer staatlicher Integrationseinheiten auf europäischem Boden. Daß es gelang, war ebenfalls eine der Bedingungen für das, was wir als »ökonomische Entwicklung« Europas bezeichnen, und zugleich in der Rückkopplung wieder durch sie bedingt.

In allen diesen Fällen stehen Differenzierungs- und Integrationsprozesse – anders ausgedrückt: Funktionsteilungs- und Staatsbildungsprozesse – in einem Komplementärverhältnis. Der eine ist blockiert, wenn der andere nicht die gleiche Stufe erreicht. Die Rücklaufbewegung der westlichen Spätantike zeigt es. Abnahme der Funktionsteilung, also »ökonomische« Regression, und staatliche Desintegration gingen Hand in Hand.[6] Es ist ganz abwegig, theoretisch zu postulieren, daß einer dieser Prozeßaspekte den Primat vor dem anderen hat. Ein weiterer dieser ungeplanten langfristigen Trends ist die Wandlung der gesellschaftlichen Verhaltensmaßstäbe, also dessen, was sozial erlaubt, was geboten und verboten ist, und die entsprechende Wandlung der gesellschaftlichen Persönlichkeitsstrukturen in der Richtung einer zunehmenden Zivilisation des menschlichen Empfindens und Verhaltens. Zur provisorischen Erklärung dieses Begriffs kann man sagen, daß es in jeder Gesellschaft, die wir kennen, spezifische Muster und Balancen des Verhältnisses von Trieb- und Affektimpulsen, deren gesellschaftlicher Regulierung und deren individueller Selbstregulierung gibt. Zu den Struktureigentümlichkeiten einer Entwicklung in der Richtung einer fortschreitenden Zivilisierung gehört zum Beispiel eine Vergrößerung des Gewichts der Selbstregulierung im Verhältnis zur Fremdregulierung, also auch des Gewichts der selbstgeschaffenen Angst im Verhältnis zu der Furcht vor anderen als Regulierungsmittel; zu ihnen gehört ebenfalls die Veränderung in der Richtung auf eine allseitigere, gleichmäßigere und vor allem auch gemäßigtere und mildere Selbstregulierung des

---

6 Ein empirisch-theoretisches Modell des im frühen Mittelalter wieder einsetzenden Integrationsprozesses und eine Klärung der immanenten Dynamik solcher Staatsbildungsprozesse findet man in: Norbert Elias, Über den Prozeß der Zivilisation. Soziogenetische und psychogenetische Untersuchungen, Frankfurt am Main 1976 (1997), Bd. II. Bd. I enthält u. a. Belege für den zivilisatorischen Trend des Wandels der Verhaltensmaßstäbe und der Persönlichkeit. (GS Bde. 3a + 3b)

Einzelnen, mit anderen Worten auf eine Selbstregulierung, die die Mitte hält zwischen den Extremen der lockeren und der harschen Selbstzwänge.

Auch dieser langfristige Trend steht nicht für sich. Genau wie Funktionsteilungs- und Staatsbildungsprozesse nur als Komplementärprozesse verstanden werden können, so können auch zivilisatorische Prozesse nur als Komplementärprozesse dieser anderen Trends verstanden und erklärt werden. So ist zum Beispiel die Gesellschaftsentwicklung in der Richtung auf eine stabilere Monopolisierung der physischen Gewalt und eine entsprechende Monopolisierung von Steuerabgaben eine Voraussetzung für die Entwicklung der gesellschaftlichen Persönlichkeitsstrukturen in der Richtung auf eine wachsende Zivilisation des Empfindens und Verhaltens, und ohne diese kann jene nicht von Dauer sein.

Ein weiterer langfristiger Trend dieser Art ist die fortschreitend bessere Abstimmung der menschlichen Orientierungsmittel, also der Symbole, die Menschen zugleich als Kommunikations-, Orientierungs- und Kontrollmittel dienen, auf das, was sie symbolisieren. Auch die ungeplanten Kapitalbildungsprozesse und deren langfristiger Entwicklungsgang in verschiedenen Gesellschaften gehören in diesen Zusammenhang. Man könnte andere Beispiele für solche langfristigen Trends geben. Sie alle sind ineinander verwoben. Sie haben das miteinander gemein, daß sie ungeplant oft viele Jahrhunderte hindurch in eine bestimmte Richtung gehen. Aber man muß hinzufügen, daß jeder dieser Trends ständig mit Gegentrends verbunden ist. Er mag für lange Zeit dominant bleiben; dann kann wieder ein Gegentrend völlig oder teilweise die Oberhand gewinnen. Gerade in solchen Fällen des Umschlags kann man erkennen, wie sehr die verschiedenen Trends, die hier erwähnt wurden, miteinander zusammenhängen. Keinem von ihnen kommt ein absoluter Primat als Grundlage oder Antriebskraft aller anderen zu. Die Entwicklung des späten weströmischen Reichs und die Verwandlung seiner Nachfolgestaaten in Feudalgesellschaften demonstriert das recht anschaulich. Hier gingen das, was man oft als »wirtschaftlichen Niedergang« bezeichnet – allgemeiner ausgedrückt: das Schrumpfen der Gesamtzahl von Spezialistenfunktionen –, der Zerfall der staatlichen Zentralmonopole der Steuererhebung und der physischen Gewalt, die Lockerung der individuellen Selbstregulierung, die Verstärkung der Furcht vor anderen Gewalten sowohl menschlicher wie übermenschlicher Natur, der Kapitalschwund und der Verfall der zuvor erwähnten Orientierungsmittel in der Richtung auf zunehmenden Phantasiegehalt und abnehmenden Realitätsgehalt Hand in Hand. Es ist kaum möglich zu sagen, daß der eine oder der andere dieser Trends, für sich betrachtet, den Primat über alle anderen besitzt. Marx' bekannte dualistische Unterscheidung von Basis und Überbau mit ihrer einseitigen Verteilung der Wertgewichte erweist sich im Lichte dieses langfristigen empirisch-theoretischen Modellentwurfs als fragwürdig.

Der Begriff der Komplementärfunktion verschiedener ungeplanter langfristiger Gesamtveränderungen von menschlichen Gesellschaften verhilft zu einem Bezugsrahmen für empirische Einzeluntersuchungen, die zugleich die Angemessenheit dieses Rahmens selbst auf die Probe stellen können. Damit lenkt man das sozialwissenschaftliche Bemühen, das im Dogmatismus antagonistischer politischer Parteiungen und Ideale zu erstarren droht, in ein anderes Fahrwasser. Die Aufgabe, die vor uns liegt, ist, zu untersuchen, wie ungeplante, aber gerichtete Veränderungen der Gesellschafts- und Persönlichkeitsstrukturen vor sich gehen und wie sie zu erklären sind. Die Funktion einer Zivilisationstheorie ist damit kurz umschrieben. Es erwies sich als unmöglich, Verständnis für sie zu erwarten, solange man nicht auch auf andere langfristige Trends verwies, mit denen zivilisatorische Prozesse zusammenhängen.

11. In diesem Sinne kann man sagen, daß ein Geflecht langfristiger ungeplanter, aber erklärbarer Prozesse die Infrastruktur dessen bildet, was man gegenwärtig »Geschichte« nennt. Anders ausgedrückt: Das zufällige, strukturlose Nebeneinander von Personen und Ereignissen, das die erzählenden Historiker beschreiben, spielt sich im Rahmen langfristiger strukturierter sozialer Wandlungen ab. Theoretische Modelle dieser strukturierten, gerichteten, aber ungeplanten und zwecklosen Wandlungen auszuarbeiten und sie durch umfassendere Belege zu unterbauen bleibt eine wissenschaftliche Aufgabe, die zum größeren Teil noch vor uns liegt. Sie hat eine gewisse Ähnlichkeit mit der Aufgabe, zu deren Lösung im Bereich der Biologie Darwin mit seiner Evolutionstheorie Entscheidendes beitrug. Auch in diesem Falle ging es um eine Entmythologisierung. Es gelang Darwin, den Zusammenhang einer Vielfalt beobachtbarer Einzelheiten, den man zuvor entweder teleologisch zweckgerichtet oder metaphysisch als die Wirkung geheimnisvoller Vitalkräfte verstanden hatte, vielmehr als blinde, ungeplante, zwecklose und dennoch gerichtete Prozesse ohne vorgegebenes Ende wahrzunehmen; es gelang ihm darüber hinaus, die immanente Dynamik der Prozesse zu

entdecken, die ungeplante und zwecklose, aber gerichtete und strukturierte Veränderungen dieser Art herbeiführt und, wenn man sie kennt, erklären kann.

Mutatis mutandis verhält es sich mit der Umorientierung in der Wahrnehmung der gesellschaftlich-geschichtlichen Wandlungen ähnlich. Man kann das vielleicht durch ein Beispiel verdeutlichen. Es bezieht sich auf einen verhältnismäßig einfachen Sachverhalt, vereinfacht daher auch die vertrackte Frage nach der Erklärung von Prozessen, die ungeplant und dennoch gerichtet sind; aber es vermag vielleicht doch zugleich den Blick für das Problem selbst zu schärfen und zu zeigen, weshalb die Analogie mit der durch Darwin repräsentierten Umorientierung von Nutzen ist.

In den letzten 52 Jahren hat sich die Weltrekordzeit, in der die Meister des 5000-Meter-Laufs diese Strecke hinter sich brachten, kontinuierlich verringert. Der berühmte Paavo Nurmi legte 1924 diese Strecke in 14:28,2 Minuten zurück. 1965 stand der Rekord auf 13:24,2 Minuten. Die Verkürzung der Rekordzeit, also der Fortschritt, vollzog sich im 5000-Meter-Lauf ziemlich kontinuierlich, aber Schritt für Schritt. Im folgenden eine Liste der Weltrekordzeiten über 5000 m während der angegebenen Periode:

1924   14:28,2   (Nurmi, Finnland)
1932   14:17,0   (Lehtinen, Finnland)
1939   14:08,8   (Mäki, Finnland)
1942   13:58,2   (Hägg, Schweden)
1954   13:57,2   (Zatopek, Tschechoslowakei)
1954   13:56,6   (Kuz, Sowjetunion)
1954   13:51,6   (Chataway, Großbritannien)
1954   13:51,2   (Kuz, Sowjetunion)

| 1955 | 13:50,8 | (Iharos, Ungarn) |
| 1955 | 13:46,8 | (Kuz, Sowjetunion) |
| 1955 | 13:40,6 | (Iharos, Ungarn) |
| 1956 | 13:36,8 | (Pirie, Großbritannien) |
| 1957 | 13:35,0 | (Kuz, Sowjetunion) |
| 1965 | 13:34,8 | (Clarke, Australien) |
| 1965 | 13:33,6 | (Clarke, Australien) |
| 1965 | 13:25,8 | (Clarke, Australien) |
| 1965 | 13:24,2 | (Keino, Kenia) |
| 1966 | 13:16,6 | (Clarke, Australien) |
| 1972 | 13:16,4 | (Viren, Finnland) |
| 1972 | 13:13,0 | (Puttemans, Belgien) |

Ähnliche Listen könnte man für andere Sportarten aufstellen, die meßbare Verbesserungen der Weltrekorde aufzuweisen haben.

Hier hat man ein vereinfachendes Kleinmodell einer gerichteten Entwicklung. Es läßt viele Fragen offen, aber es erläutert dennoch zugleich einige Aspekte einer ungeplanten, aber strukturierten Veränderung. Man könnte zum Beispiel fragen, warum der »Fortschritt« sich hier in relativ kleinen Schritten vollzieht. Warum lief Zatopek 1954 nur eine Sekunde schneller als sein Vorgänger und versuchte sich nicht sofort an der Weltrekordzeit von 1972? Man könnte fragen – und man hat in der Tat die Frage aufgeworfen –, ob Nurmi, lebte er heute, in der Lage wäre, mit den Weltrekordsiegern von heute zu konkurrieren. Wird das bejaht, dann erhebt sich die weitere Frage, warum er nicht schon im Jahre 1924 den Weltrekord im 5000-Meter-Lauf auf den gegenwärtigen Stand brachte. Gewiß, die Trainingsmethoden haben sich verbessert. Aber auch sie haben sich unter dem

Druck der gleichen diachronischen Serienordnung gewandelt wie die Rekorde selbst. Nurmis Leistung wurde im Jahre 1924 von den Zeitgenossen als etwas ganz Außerordentliches betrachtet. In seinem Falle wie in dem aller anderen Athleten und ihrer Helfer richtete sich die Anspannung der gesamten Energien darauf, den jeweils bestehenden Weltrekord zu brechen. Das war das Problem, das sie sich stellten. Es zu lösen war zu jeder gegebenen Zeit schwer genug. Zu weit über den jeweils gegebenen sozialen Standard der eigenen Zeit hinauszustreben ist schon deshalb schwierig, weil es für die betreffenden Menschen keinen Sinn hat. Auch die größte Einzelleistung ist eine große Leistung innerhalb eines gegebenen gesellschaftlichen Bezugsrahmens. An ihm messen Menschen – nicht nur als konkurrierende Einzelne, sondern auch als konkurrierende Gruppen –, was sie als Ziel anstreben. Der Wandel der Weltrekorde selbst repräsentiert den Wandel des gesellschaftlichen Bezugsrahmens im Laufe der Generationen. Er zeigt recht deutlich, wie verfehlt es ist, den Menschen einer früheren Stufe der Entwicklung einen geringeren menschlichen Wert zuzuschreiben als denen der späteren. Nurmi war nicht weniger »wert« – nicht weniger »groß« – als Zatopek, Pirie oder Keino. Jeder dieser Männer bewegte im Wettkampf mit anderen den gesellschaftlichen Bezugsrahmen, also die von der nächsten Generation zu lösende Aufgabe, etwas weiter vorwärts. Ohne diese fortschreitende Vorwärtsbewegung wäre die der folgenden Generationen nicht möglich gewesen. Beim Sport gibt es überdies manchen Anlaß zu der Vermutung, daß jemand, der zu weit über den existierenden Weltrekord hinausschießt, der sich also aus dem Kommunikationsbereich der Rivalen allzuweit entfernt, Gefahr läuft, den Sport zu töten.

Vergleiche hinken. Die Weltrekordserie ist, wie gesagt, ein vereinfachendes Beispiel; es hat Züge, die in anderen Fällen fehlen. Aber zugleich zeigt es dennoch recht deutlich, in welcher Weise eine langfristige ungeplante Wandlung des gesellschaftlichen Bezugsrahmens in einer bestimmten Richtung aus den Spannungsverhältnissen vieler Einzelner hervorgehen kann, von denen jeder in seinem Handeln auf kurzfristige Pläne und Zwecke ausgerichtet ist. Um es zusammenfassend zu sagen: Ob sie es wissen oder nicht, Menschen, als Einzelne und als Gruppen, finden sich jeweils vor bestimmte ungelöste Probleme gestellt. Solange es ihnen nicht gelungen ist, die Probleme der einen Problemgeneration zu lösen, können sie sich nicht an die der nächsten Problemgeneration machen. Es gibt mit anderen Worten eine diachronische Abfolge bei der Stellung und Lösung von Problemen, ob es sich nun um Probleme der gesellschaftlichen Praxis oder wissenschaftstheoretische Probleme handelt. Man könnte sich denken, daß der kontinuierliche Machtkampf gesellschaftlicher Gruppen ebenso wie der von Individuen zur Lösung von Problemen der jeweils gegenwärtigen Problemgeneration antreibt und daß diese zwecklose Motorik über die Generationen hin jene langfristigen, ungeplanten, aber gerichteten Veränderungen des gesellschaftlichen Bezugsrahmens herbeiführt, auf die man durch Begriffe wie »gesellschaftliche Prozesse« oder »soziale Entwicklung« hinweist.

Aber das bedarf einer weiteren Untersuchung. Zunächst muß es genug sein, dem Begriff des sozialen Prozesses als einem unentbehrlichen Werkzeug der Soziologie wieder zu seinem Recht zu verhelfen. Im Kreuzfeuer zwischen denen, die Wandlungen des gesellschaftlichen Zusammenlebens von Menschen nur als strukturlose »Geschichte«, und denen, die sie nur teleologisch, also als durch ein spezifisches Endziel prädeterminierte Wandlungen zu sehen vermögen, verliert sich allzuleicht der Wille, die Barrieren dieser Argumentiergemeinschaft zu durchbrechen.

Die Schwierigkeiten, denen die Wahrnehmung langfristiger gesellschaftlicher Prozesse und, allgemeiner gesagt, einer Gesellschaftsentwicklung heute begegnet, haben eine gewisse Verwandtschaft mit den Schwierigkeiten, die der Wahrnehmung einer biologischen Entwicklung zur Zeit Lamarcks und Darwins im Wege standen. Sie sind in folgender Weise beschrieben worden:

»Nach 1800 war die Wissenschaft von den Lebenserscheinungen aus der Phase der Spekulation in die des Bemühens um kausalanalytisches Denken und Arbeiten eingetreten. Da jedoch die Vorstellung einer allgemeinen Entwicklung der Lebewesen den spekulativen Stufenleiterideen des 18. Jahrhunderts nahestand und auch von der romantischen Naturphilosophie […] übernommen wurde, erschien sie den damals modernen Forschern suspekt. So gibt es nur wenig Schriften in den Jahren von 1809 bis 1859, in denen Evolutionsgedanken geäußert wurden.«[7]

Mit dem Tabu, das auf der Verwendung von Begriffen wie »Fortschritt« und »Entwicklung« lastet, verhält es sich ähnlich. Sie sind in Verruf geraten durch ihre Verbindung mit den spekulativen Vorstellungen von der Gesellschaftsentwicklung und dem Automatismus des Fortschritts, die im

---

7 Hans Querner: »Die Entdeckung Darwins«, in: ders./et al. (Hg.), Vom Ursprung der Arten: Neue Erkenntnisse und Perspektiven der Abstammungslehre, Reinbek bei Hamburg 1975, S. 48.

18. Jahrhundert in den Vordergrund traten und die dann mit großer Regelmäßigkeit von den Sprechern aufsteigender Außenseitergruppen, erst von denen des aufsteigenden Bürgertums, dann von denen der aufsteigenden Arbeiterschaft und gegenwärtig auch von denen aufsteigender Außenseiternationen, immer von neuem vertreten wurden. Genau wie in Reaktion gegen die metaphysischen und romantischen Ideen über die biologische Entwicklung der ganze Gedanke einer solchen Entwicklung verworfen wurde, ehe Darwin diese Vorstellung von ihren teleologischen und metaphysischen Assoziationen befreite, so ist auch heute die Reaktion gegen den Gebrauch des Fortschritts- und Entwicklungsbegriffs in den Gesellschaftswissenschaften weit über das Ziel hinausgeschossen. Es bedarf einer erneuten Anstrengung, um sichtbar zu machen, daß es sich auch bei der Gesellschaftsentwicklung und den nachweisbaren Fortschritten der Menschheit um zwecklose, aber erklärbare Prozesse handelt.

Darwin hatte dem Begriff einer Stufenleiter der biologischen Entwicklung den gefühlsmäßig befriedigenden Beigeschmack genommen, den dieser Begriff dadurch besaß, daß man sich einen derart gerichteten Wandel unwillkürlich als eine für Menschen sinn- und zweckvolle Veränderung vorstellte. Es war für Menschen sinnvoll und schmeichelhaft, daß die ganze Stufenleiter auf sie selbst als die höchste Stufe abgestellt war. Der lange und heftige Widerstand gegen Darwins Vorstellung eines evolutionären Prozesses, insbesondere etwa gegen die der Abstammung der Menschen von affenähnlichen Vorfahren, beruhte nicht zuletzt darauf, daß seine gedankliche Innovation, ähnlich wie die von Kopernikus, Marx, Freud und anderen großen wissenschaftlichen

Neuerern, den Gefühlen und Wünschen der zeitgenössischen Menschen aufs tiefste zuwiderlief. Jede dieser Neuerungen bedeutete eine schwere narzißtische Kränkung – Darwins Neuerung nicht zuletzt auch deswegen, weil er der Vorstellung, daß der Mensch der höchste Zweck der biologischen Entwicklung sei, ein Ende machte und statt dessen das Problem der Erklärung der völlig zwecklosen Abfolge biologischer Wandlungen in den Mittelpunkt rückte. Der Verlust an Phantasiebefriedigung wurde auf diese Weise durch einen Gewinn an realistischer Orientierung wettgemacht. Im Kleinen geschieht etwas Ähnliches, wenn man anstelle des befriedigenden Glaubens an eine vorbestimmte Gesellschaftsentwicklung in der Richtung auf das, was im Sinne der eigenen Ideale als Fortschritt verbucht wird, die Frage nach der Erklärung von langfristigen gesellschaftlichen Prozessen ins Zentrum der Aufmerksamkeit rückt – von Prozessen, die blind und ungeplant in mancher Hinsicht zu belegbaren Fortschritten geführt haben. Hier muß es zunächst einmal genügen, der Vermutung Ausdruck zu geben, daß die langfristigen, ungeplanten Fortschritte, die sich im Verlauf der Gesellschaftsentwicklung sowohl auf dem Gebiete der Naturkontrolle wie auf dem der gesellschaftlichen Organisation beobachten lassen, durch die Vorteile zu erklären sind, die fortschrittliche Neuerungen, auf lange Sicht hin betrachtet, den sie verwendenden Gesellschaften in ihren Machtkämpfen und oft genug in ihren Überlebenskämpfen mit rivalisierenden Gesellschaften bieten können.[8]

8 Man denke zum Beispiel an das, was wir allzu glatt als die Ausbreitung des Ackerbaus von den alten Staatsgesellschaften des »Nahen Ostens« auf die Nomadenvölker des europäischen Kontinents bezeichnen. Diejenigen dieser Völker, die sich im Laufe der Generationen die

Damit kommt man zugleich der Lösung eines alten Problems näher, das vielleicht noch nicht einmal klar genug als Problem erkannt worden ist. Es fand einen frühen Ausdruck in Hegels Vorstellung von der »List der Vernunft«. Es fand einen weiteren Ausdruck in Marx' Vorstellung, daß die Gesellschaftsentwicklung sozusagen über das Bewußtsein der Menschen hinweg in die von ihm gewünschte und geforderte Richtung gehen müsse. In diesen beiden Fällen wurde zwar erkannt, daß sich hinter allen Plänen der Menschen eine ungeplante Entwicklung vollzieht, aber es wurde implizit unterstellt, daß es sich dabei um eine im Sinne der Menschen vernünftige, zweck- und sinnvolle Entwicklung handle. Neuerdings spricht man in diesem Zusammenhang auch häufig von den unbeabsichtigten und ungeplanten Folgeerscheinungen geplanter und beabsichtigter menschlicher

---

Ackerbautechnik zu eigen machten, gewannen damit die Möglichkeit einer regelmäßigeren Nahrungsversorgung und eines höheren Lebensstandards. Aber man bringt bei der Erinnerung an eine solche Gesellschaftsentwicklung vielleicht nicht immer deutlich genug zum Ausdruck, wie viele Kämpfe sowohl innerhalb der sich verwandelnden Jäger- und Sammlergesellschaften selbst wie zwischen ihnen und anderen konkurrierenden Gesellschaften vor sich gegangen sein müssen, ehe die Ackerbaugesellschaften vorherrschend wurden. Das Beispiel ist nützlich, weil es daran erinnert, daß der so glatt erscheinende Begriff der Gesellschaftsentwicklung oft die Macht- und Überlebenskämpfe vergessen läßt, die diese Entwicklung antreiben. Damit ist nicht etwa gesagt, daß Entwicklungen in aller Zukunft notwendigerweise in dieser Form, also im Zusammenhang mit Überlebenskämpfen vor sich gehen müssen. Diese blinde Form des menschheitlichen Fortschritts vollzieht sich mit vielen Rückschlägen, auf vielen krummen Wegen, und ist überaus lebens- und sinnvergeudend. Gerade die Erkenntnis des planlosen, blinden und kostspieligen Prozesses der Gesellschaftsentwicklung rückt das Problem in den Mittelpunkt der Aufmerksamkeit, ob Menschen in der Lage sind, weniger lebensvergeudende Wege zu Fortschritten zu finden.

Handlungen. Aber dieser und andere verwandte Hinweise darauf, daß die tatsächliche Gesellschaftsentwicklung so gut wie immer von der durch Menschen kurzfristig geplanten und beabsichtigten Entwicklung abweicht, stellen diesen Vorgang im Grunde als etwas Geheimnisvolles, nicht weiter Erklärbares hin. Das Wie und Warum der Abweichung – ihre Struktur – bleibt noch im dunkeln. Die theoretisch-empirische Einsicht, daß jede kurzfristige Planung von Menschen durch langfristige ungeplante Prozesse beeinflußt wird, lüftet das Dunkel. Sie macht deutlich, daß die ungeplante Entwicklung, die die geplanten menschlichen Aktionen immer von neuem in unbeabsichtigte Bahnen lenkt, strukturiert und demgemäß erklärbar ist. Sie läßt sich durch systematische Erforschung langfristiger ungeplanter Prozesse der menschlichen Erkenntnis zugänglicher machen. Es wird damit also möglich, sie in höherem Maße als zuvor bei der Planung selbst in Rechnung zu stellen. So braucht man sich nicht mehr mit delphischen Aperçus wie dem von der »List der Vernunft« oder von den »unbeabsichtigten Folgen beabsichtigter menschlicher Handlungen« zu begnügen.

# Literatur

Bücher, Karl: Die Entstehung der Volkswirtschaft. Vorträge und
 Aufsätze, 1. Sammlung, 14. u. 15. Aufl., Tübingen: Laupp 1920
Bücher, Karl: Arbeitsteilung und soziale Klassenbildung, Frank-
 furt am Main: Vittorio Klostermann 1946 (Sozialökonomische
 Texte, hg. von August Skalweit, Heft 6)
Elias, Norbert: Über den Prozeß der Zivilisation. Soziogene-
 tische und psychogenetische Untersuchungen, zwei Bände,
 Frankfurt am Main: Suhrkamp 1976 (Gesammelte Schriften,
 Bde. 3a + 3b, Frankfurt am Main: Suhrkamp 1997)
Friedmann, Georges: Le Travail en Miettes, spécialisation et
 loisirs, Paris: Gallimard 1956 [dt.: Grenzen der Arbeitsteilung,
 Frankfurt am Main: Europäische Verlagsanstalt 1959 (Frank-
 furter Beiträge zur Soziologie, Bd. 7)]
Popper, Karl Raimund: The Poverty of Historicism, London:
 Routledge & Kegan Paul 1957 [dt.: Das Elend des Historizis-
 mus. Vom Verfasser autorisierte Übersetzung v. Leonhard
 Walentik nach der 2. engl. Buchauflage, Tübingen: Mohr 1965]
Querner, Hans: »Die Entdeckung Darwins«, in: ders./et al. (Hg.):
 Vom Ursprung der Arten: Neue Erkenntnisse und Perspek-
 tiven der Abstammungslehre, Reinbek bei Hamburg: Rowohlt
 1975, S. 45–57
Turgot, A. R.: Œuvres, 1. Bd., hg. von G. Schelle, Paris: Libraire
 Félix Alcan 1913 [unveränderter Nachdruck der Ausgabe von
 1913: Glashütten im Taunus: Detlev Auermann 1972]

# IV. Die Zivilisierung der Eltern

*Zum Jahr des Kindes 1979 sprach Elias auf einem Symposium, das sich mit dem Wohnen von Kindern beschäftigte. Seine Teilnahme an dieser Diskussion zeigt, dass er inzwischen nicht nur in Universitäten und Hochschulen lehrte, sondern auch vor eher fachfremdem Publikum sprach.*

*Dieser Text von Elias zeigt, dass mit seinem prozesstheoretischen Ansatz nicht nur langfristige Entwicklungen von großen gesellschaftlichen Einheiten untersucht werden können, sondern auch Entwicklungen in der kleinsten gesellschaftlichen Einheit, der Familie. Die heutigen Beziehungen in der Familie, zwischen Eheleuten, zu ihren Kindern und der Kinder im Verhältnis zu ihren Eltern sind Teil eines Zivilisationsprozesses, in dem auch die Familienbeziehungen eine tiefgreifende Transformation erfahren haben.*

*Elias setzt sich hier auch mit dem von ihm sehr geschätzten französischen Mentalitätsforscher Philippe Ariès (1914– 1984) und dessen These auseinander, Kindheit sei erst im 14.–16. Jahrhundert entstanden. Hier verweist Elias auf seine Studien zu Zivilisationsprozessen und auf die sehr unter-*

*schiedlichen Stellungen der Kinder in unterschiedlichen Familienformen seit der Antike.*

1. Im Laufe des 20. Jahrhunderts hat sich eine Wandlung in der Beziehung von Eltern und Kindern beschleunigt, die sich bis ins frühe Mittelalter zurückverfolgen läßt. Philippe Ariès hat in seinem gedanken- und materialreichen Buch *Geschichte der Kindheit* ein Kapitel der Entdeckung der Kindheit gewidmet (Teil I, 2). Er bestimmt als die Zeit dieser Entdeckung die Periode zwischen dem 14. und dem 16. Jahrhundert. Wenn man es genauer betrachtet, dann erkennt man unschwer, daß es sich um einen langen Prozeß handelt – um einen Prozeß, der weitergeht: wir selbst stehen noch mittendrin – nicht nur weil Kinder individuell ihren Eltern oft genug ein Rätsel sind, weil sie gewissermaßen von ihnen entdeckt werden müssen, sondern vor allem weil der gesellschaftliche Stand des Wissens von den Problemen der Kindheit auch heute noch recht unvollständig ist, weil wir trotz der anschwellenden Literatur in vieler Hinsicht durchaus noch nicht recht wissen, wie man Kindern helfen kann beim Einleben in so komplexe und unkindliche Gesellschaften wie die unseren, die ein hohes Maß an Voraussicht und Selbstkontrolle verlangen; wie man ihnen helfen kann, den unausweichlichen individuellen Zivilisationsprozeß des Erwachsenwerdens durchzumachen, ohne ihre Chancen auf Lust und Freude verkümmern zu lassen. Aber es handelt sich bei dieser Entdeckung der Kinder ganz gewiß nicht allein um einen Fortschritt des Wissens von Kindern und des Verständnisses für Kinder, sondern noch um etwas anderes. Man könnte es vielleicht als die Notwendigkeit bezeichnen, die für Kinder besteht, ihr eigenes Leben zu leben, eine Art

des Lebens, die von der Lebensart der Erwachsenen in vieler Hinsicht verschieden, wenn auch interdependent mit ihr ist. Die Entdeckung der Kinder ist letzten Endes die Entdeckung ihrer relativen Autonomie, anders ausgedrückt, die Entdeckung, daß Kinder nicht kleine Erwachsene sind, sondern erst allmählich erwachsen werden im Laufe eines individuellen gesellschaftlichen Zivilisationsprozesses, der je nach dem Entwicklungsstande der gesellschaftlichen Zivilisationsmuster verschieden ist. Das Jahr des Kindes und das Nachdenken über die Wohnbedürfnisse von Kindern ist recht eigentlich die Anerkennung dieses Rechtes der Kinder, in ihrer Eigenheit als Kinder verstanden und geachtet zu werden. Auch das ist ein Menschenrecht. Neue Ansätze, diesem Recht Genüge zu tun, aber bringen eigentümliche Schwierigkeiten mit sich. Wenn man von Menschenrechten unterdrückter Menschengruppen spricht, dann hat man gewöhnlich klare Fronten vor Augen – die Gruppen sind verschieden. Aber bei Kindern handelt es sich um eine Gruppe anderer Art, um eine Altersgruppe – es handelt sich um Kinder von Eltern, um kleine Menschen, die ganz abhängig von den Älteren, aber auf dem Wege zur Unabhängigkeit sind. Auch das ist eine soziale Gruppe. Auch das Verhalten von Eltern und Kindern in ihren Beziehungen zueinander ist ein Gruppenverhalten, das jeweils durch einen spezifischen, gesellschaftsbedingten Kanon mitbestimmt wird und nicht einfach als ein Rollenverhalten des einzelnen verstanden werden kann. Im Falle der Kinder handelt es sich um eine Gruppe von Menschenwesen, deren Verhalten, deren Rechte und Pflichten jeweils gesellschaftlich normiert sind. Zunächst einmal sind diese Menschenwesen völlig von Erwachsenen, zumeist von ihren Eltern, abhängig. Das Jahr des Kindes und die Ausstellung »… und wie wohnst Du?« sind ein Symbol dafür, daß in den Gesellschaften unserer Tage Kindern, trotz ihrer Abhängigkeit, ein sehr hohes Maß an Eigengesetzlichkeit als einer besonderen Gruppe von Mitgliedern dieser Gesellschaft zuerkannt wird.

2. Das ist nicht nur etwas verhältnismäßig Neues in der Geschichte der Menschheit im allgemeinen und der Kinder im besonderen, das bringt auch ganz spezifische, neue Probleme für die Beziehung von Eltern und Kindern mit sich. Es verlangt von den Eltern, die ja sehr viel größere Machtchancen als die Kinder haben, ein Maß an Umsicht und Zurückhaltung, von Zivilisiertheit, wenn man sich einmal so ausdrücken darf, das das in früheren Epochen gesellschaftlich von Eltern erwartete Maß an Selbstkontrolle und Zurückhaltung – wenn Zurückhaltung überhaupt von Eltern früher erwartet wurde – bei weitem übersteigt. Da überdies beim Verhältnis von Eltern und Kindern gewöhnlich auch ein hohes Maß an emotionalem Engagement im Spiele ist, so führt die gesellschaftliche Vorschrift, Kindern ein beträchtliches Maß an Autonomie zuzuerkennen, zu einer eigentümlich paradoxen und gar nicht einfach zu bewältigenden Situation. In früheren Zeiten und vielfach auch noch heute bis in die Gegenwart hinein war die Beziehung von Eltern und Kindern ein klares Herrschaftsverhältnis; es war eine Beziehung zwischen Befehlenden und Gehorchenden. Es war als solches gesellschaftlich normiert, wurde auch von den Beteiligten selbst in hohem Maße als solches verstanden. Als Herrschaftsverhältnis mit einer entschieden ungleichen Verteilung der Machtchancen zwischen Eltern und Kindern waren die Verhaltensweisen, die dieses Ver-

hältnis zu seiner Durchführung von den beteiligten Menschen forderte, verhältnismäßig einfach und unzweideutig. Eltern fielen nicht nur tatsächlich die Entscheidungen über das Tun und Lassen der Kinder zu, sondern es war zugleich auch als gesellschaftliche Norm dekretiert, daß diese Verteilung der Machtgewichte – Befehlen der Eltern, Gehorchen der Kinder – gut, richtig und wünschenswert sei, und zwar nicht allein vom Standpunkt der Eltern, sondern, so sah man es, auch vom Standpunkt der Kinder selbst. Heute steht man der Vorstellung, daß die bedingungslose Befehlsgewalt der Eltern und der bedingungslose Gehorsam der Kinder auch vom Standpunkt der Kinder selbst her die beste, gesündeste, fruchtbarste soziale Anordnung sei, weitaus skeptischer gegenüber. Man billigt Kindern in weit höherem Maße als ehedem einen größeren Entscheidungsspielraum, ein höheres Maß an Autonomie zu, oder, anders gesagt, Entwicklungstrends in dieser Richtung machen sich stärker fühlbar als je zuvor, wenn sich auch gewiß in der Praxis die absolute Herrschaftsgewalt der Eltern vielfach erhalten hat; und das gleiche gilt von der Vorstellung, daß dies die Norm sei. Um es kurz zu sagen: wir befinden uns in einer Übergangsperiode, in der ältere, strikt autoritäre, und jüngere, mehr egalitäre Eltern-Kinder-Beziehungen nebeneinander bestehen und sich vielfach sogar innerhalb der gleichen Familie miteinander vermischen. Der Übergang von einer mehr autoritären zu einer mehr egalitären Eltern-Kinder-Beziehung bringt also für beide Gruppen eine Reihe spezifischer Probleme und, alles in allem, ein recht hohes Maß der Verunsicherung mit sich. Von diesen Problemen werde ich nachher noch etwas mehr zu sagen haben.

Aber man kann ihre Eigenart und auch ihre Einzigartigkeit nicht recht verstehen, wenn man, gleichsam mit engem intellektuellem Horizont, die Aufmerksamkeit ausschließlich auf die gegenwärtige Problematik der Eltern-Kinder-Beziehung konzentriert. Diese gegenwärtige Problematik ist etwas im Laufe der Gesellschaftsentwicklung Gewordenes. Man kann es nicht verstehen, geschweige denn erklären, wenn man nicht ein lebendiges Bild davon hat, wie verschieden von der Gestalt der gegenwärtigen Eltern-Kinder-Beziehungen in vieler Hinsicht die der vorangehenden Zeitalter war.

3. Ich will mich dementsprechend bemühen, so gut das in dem beschränkten Rahmen möglich ist, die Flugbahn des zivilisatorischen Prozesses der Eltern-Kinder-Beziehung in Umrissen zu rekonstruieren. Erst wenn man das Bild dieser Entwicklungslinie vor sich hat, gewinnt man ein lebendigeres Verständnis für die Besonderheit und für die Probleme der Eltern-Kinder-Figuration in den entwickelteren Industrienationen unserer Tage. Ich bediene mich bei der Rekonstruktion dieses Aspekts des Zivilisationsprozesses, wie ich es schon in anderen Fällen getan habe[1], einer Reihe von Stichproben. Für sich betrachtet, kann jede von ihnen als Beschreibung eines Zustands mißverstanden werden. Aber wenn man sie als »stills«[2] eines »movie« (Films), als Ausschnitte eines Prozesses wahrnimmt, dann ist es nicht schwer, mit ihrer Hilfe die große Linie der Entwicklung vor sich zu sehen.

Die Behandlung der Kinder, insbesondere der Kleinkin-

1 Norbert Elias, Über den Prozeß der Zivilisation, Frankfurt am Main 1976 (Bd. 3, 1997).
2 Standphoto (Anm. d. Bearb.).

der in früheren Zeiten ist heute in vieler Hinsicht schwer vorstellbar. Belege für sie gibt es in Hülle und Fülle. Aber die Tatsachen, die aus ihnen sprechen, sind heute nicht willkommen. Das Gefühl sträubt sich. Das Gewissen widersteht der Einsicht. Auch können die Tatsachen auf den ersten Blick als widersprüchlich erscheinen. Man erkennt keine Ordnung in ihnen; und so, als handle es sich um einen Haufen von Fakten ohne eigene Ordnung, wird auch gewöhnlich über sie geschrieben.

Dennoch gibt es eine klare Ordnung der Abfolge. Das Modell des Zivilisationsprozesses kann als Leitfaden dienen. Entscheidend ist, wie man sehen wird, welche Funktion Kinder für Eltern haben. Es gibt gesellschaftliche Verhältnisse, in denen es für Eltern von Vorteil ist, viele Kinder zu haben. Für Bauern mit genügend Grund und Boden zum Beispiel stellen Kinder häufig billige Arbeitskräfte dar. Sie helfen in solchen Fällen oft frühzeitig bei der Arbeit mit und produzieren unter Umständen mehr, als sie verzehren.

Besonders in städtischen Gesellschaften, wenn auch nicht nur in diesen, haben einfache Familien oft keine Verwendung für mehr und mehr Kinder. Überall in der Geschichte großer städtischer Gesellschaften, von der Frühzeit bis ins europäische 18. Jahrhundert hinein und vielleicht noch länger, begegnet man daher gängigen Methoden des Tötens von Kleinkindern. Sie kamen, sie schrien, sie machten Arbeit, und die Eltern hatten keine Verwendung für sie, oft genug auch keine Nahrung. Kleinkinder zu beseitigen ist einfach. Aus dem alten Griechenland, aus Rom hören wir immer wieder von Kleinkindern, die auf den Dunghaufen oder in den Fluß geworfen wurden. Das Aussetzen von Kindern war etwas Alltägliches. Man war daran gewöhnt. Es gab bis in die späte Kaiserzeit hinein keine Gesetze gegen das Töten von Kindern. Auch die öffentliche Meinung der Antike nahm das Abtöten von Kleinkindern oder den Verkauf von Kindern – wenn sie hübsch waren, in die Bordelle, sonst als Arbeitssklaven – als selbstverständlich hin. Die Sensibilitätsschwelle der antiken Menschen – wie die der europäischen Menschen im Mittelalter und noch in der frühen Neuzeit – war von der gegenwärtigen, besonders in bezug auf den Gebrauch physischer Gewalt, recht verschieden. Man war damit vertraut, daß Menschen einander Gewalt antaten, war darauf abgestimmt. Es fiel niemandem ein, daß Kinder eine besondere Behandlung verlangten. In einer neueren Untersuchung heißt es:[3]

»Der Kindesmord in der Antike wird gewöhnlich heruntergespielt, obgleich es bei antiken Autoren Hunderte von eindeutigen Hinweisen darauf gibt, daß das Umbringen von Kindern eine allgemein akzeptierte alltägliche Erscheinung war. Kinder wurden in Flüsse geworfen, in Misthaufen und Jauchegruben geschleudert, in Gefäßen ›eingemacht‹, um sie darin verhungern zu lassen, auf Bergen und an Wegrändern ausgesetzt als ›Beute für Vögel, Futter für wilde Tiere, die sie zerreißen würden‹ (Euripides, Ion). Im allgemeinen wurde ein in Gestalt und Größe nicht vollkommenes Kind oder ein Kind, das zu leise oder zu laut schrie oder irgendwie von dem abwich, was in gynäkologischen Schriften über die Frage ›Wie man erkennt, welches neugeborene Kind würdig ist, erzogen zu werden‹ als normal beschrieben wurde, getötet. Das Erstgeborene durfte allerdings in der Regel am Leben bleiben, insbeson-

---

3 Lloyd de Mause (Hg.), Hört ihr die Kinder weinen, Frankfurt am Main 1977, S. 46

dere, wenn es sich um einen Jungen handelte. Mädchen zählten natürlich wenig, und die Anweisungen, die Hilarion seiner Frau Alis (1. Jh. v. Chr.) gab, sind typisch dafür, wie offen diese Dinge diskutiert wurden: ›Wenn du, was ja gut möglich ist, ein Kind gebären solltest, und es ist ein Junge, so laß es am Leben; wenn es aber ein Mädchen ist, so setze es aus.‹ Das Resultat war ein großes zahlenmäßiges Ungleichgewicht zwischen Männern und Frauen, das für den Westen bis ins Mittelalter hinein typisch war.«

Ähnliches gilt von der Rolle des Triebverhaltens im Verkehr zwischen Eltern und Kindern. Ob es sich um Liebes- oder Haßgefühle, um Zärtlichkeit oder Angriffslust handelt, sie alle spielten im Verkehr von Eltern und Kindern früher eine weitaus größere und offenere Rolle, sie waren weit ungezähmter und spontaner, nicht nur auf der Seite der Kinder, sondern auch auf der Seite der Eltern – je nach dem betreffenden Zivilisationsstand –, als es heute der Fall ist.

Heute kann es vorkommen, daß eine Mutter eine Art von Schock – einen Babyschock – erfährt, wenn sie sich der ungezähmten Animalität ihres jungen Kindes gegenübergestellt findet. Nur durch die Kleinheit und relative Schwäche des kleinen Kindes wird Eltern die Intensität der Begierden, die Stärke des Verlangens von Kleinkindern so häufig verdeckt. Daß Kinder ganz starke Triebbedürfnisse, Vorformen der Sexualität, haben, wurde Erwachsenen erst wieder im 20. Jahrhundert auf dem Umweg über Freuds wissenschaftliche Entdeckungen zum Bewußtsein gebracht. Für viele Menschen ist das bis heute eine unwillkommene Botschaft geblieben. Der vorangehende große Schub der Rationalisierung hatte diese Tatsache für das Bewußtsein der Lebenden weitgehend verdeckt. Besonders im 18. und 19. Jahrhundert, aber auch schon zuvor, wurde unter Erwachsenen die Sexualität der Menschen zusehends hinter die Kulissen des gesellschaftlichen Lebens verlegt. Die wachsende Reserve, die sich Erwachsene im Verkehr miteinander auferlegen mußten, schlug nach innen – sie wurde zum Selbstzwang und schob sich wie eine unsichtbare Mauer auch zwischen Eltern und Kinder. Es entsprach dieser unausgesprochenen Scham der Erwachsenen über ihre eigene Geschlechtlichkeit, daß sich die Vorstellung verbreitete, Kinder seien Menschenwesen, die von der Sünde der Geschlechtlichkeit noch frei, die in dieser Hinsicht unschuldig wie die Engel seien. Da in der Wirklichkeit kein Kind solchen idealen Anforderungen entsprach, mußten sich Eltern in der Abgeschlossenheit ihres eigenen Heims immer von neuem fragen, warum gerade ihre Kinder Eigenschaften hatten, die sich mit dem allen Kindern als normal zugeschriebenen Engelscharakter nicht recht vertrugen. Vielleicht fielen gerade wegen dieser Diskrepanz zwischen einem gesellschaftlich gebilligten, aber völlig phantastischen Idealbild der Kinder und der durchaus nicht engelhaften, eher tiernahen, jedenfalls leidenschaftlichen und wilden Natur der Kinder die Strafen, die man in dieser Periode als Zuchtmittel für Kinder für nötig hielt, besonders hart aus. Diese Abfolge der Reflexionsschübe – den ersten, in dessen Verlauf Erwachsene den leidenschaftlichen und stark animalischen Charakter der Kindernatur im Zusammenhang mit der verstärkten Kontrolle der eigenen animalischen Regungen zu verdecken suchten, und den zweiten, in dessen Verlauf mit Hilfe von wissenschaftlicher Reflexion die Besonderheit der Kinder und als deren Aspekt ihre zunächst noch wenig gebändigten animalischen Triebe wiederentdeckt wurden – muß man im Auge behalten, wenn man verstehen will, warum sich in früheren Epochen das Verhältnis von Eltern und Kindern in vieler Hinsicht anders gestaltete als in der neueren Zeit.

4. Längere Zeit hindurch war die Beziehung von Eltern und Kindern in hohem Maße durch traditionelle Gepflogenheiten bestimmt, die spontanen Triebregungen von seiten der Eltern wie der Kinder einen größeren Spielraum ließen. Vorschriften, die auf einer wissenschaftlichen oder als wissenschaftlich hingestellten Reflexion beruhten, spielten bei der Gestaltung des Verhältnisses von Eltern und Kindern kaum eine Rolle. Es ist nicht ganz einfach für Menschen unserer Tage, sich in eine Situation hineinzuversetzen, in der Eltern bei ihrem Verhalten gegenüber ihren Kindern kaum durch Wissen über die Eigenart der Kinder, also über die Unterschiede zwischen der kindlichen und der erwachsenen Persönlichkeitsstruktur, beeinflußt wurden. Die griechisch-römischen, die mittelalterlichen Eltern fragten sich nicht, wie das heute immer häufiger der Fall ist: Mache ich keinen Fehler in meinem Verhalten gegenüber meinen Kindern? Schade ich ihnen nicht dadurch, daß ich dieses oder jenes tue? Sie verhielten sich in weitaus höherem Maße spontan, waren im großen und ganzen mehr beeinflußt durch das, was sie selber fühlten, als durch Versuche der Einfühlung in die Kinder, mehr beeinflußt durch das, was die Kinder für sie selbst bedeuteten, als durch den Gedanken an das, was sie und ihre Handlungen für die Kinder bedeuteten.

In dieser Situation trat ein Unterschied viel schärfer und unverhüllter zutage, der heute oft für die Wahrnehmung verdeckt ist, nämlich die Tatsache, daß die Beziehung von Eltern und Kindern ein Herrschaftsverhältnis ist, und zwar ein Herrschaftsverhältnis mit einer höchst ungleichgewichtigen Machtbalance. Kinder sind zunächst einmal so gut wie völlig in der Macht der Eltern; genauer gesagt, die Machtchancen der Eltern – verglichen mit denen der Kinder, insbesondere der Kleinkinder – sind sehr groß. Es gibt in Gesellschaften wie den unseren kaum eine andere Beziehungsform, bei der die Machtdifferentiale zwischen interdependenten Menschen so groß sind wie bei der Eltern-Kinder-Beziehung. Nichtsdestoweniger gibt es auch in diesem Falle eine Reziprozität der Machtchancen. Es verhält sich nicht nur so, daß Eltern Macht über Kinder haben – normalerweise haben Kinder, und selbst neugeborene Kinder, auch Macht über Eltern. Sie können die Eltern durch ihr Schreien zu Hilfe rufen. In vielen Fällen zwingt die Geburt eines Kindes die Eltern zu einer Umorganisierung ihrer Lebensweise. Wenn man sich fragt, wie es kommt, daß Kinder eine erhebliche Macht über Erwachsene haben, so trifft man von neuem auf einen Umstand, auf den schon zuvor gelegentlich verwiesen wurde: Kinder haben eine Funktion für Eltern. Sie stellen die Erfüllung bestimmter elterlicher Bedürfnisse und Wünsche dar. Ich will hier nicht darauf eingehen, welche elterlichen Bedürfnisse das Vorhandensein von Kindern erfüllt. Es genügt, die Frage zu stellen: Wie gestaltet sich die Eltern-Kinder-Beziehung, wenn Kinder keinerlei Bedürfnisse oder Wünsche der Eltern erfüllen? Heute sind Eltern dank einer spezifischen technologischen Entwicklung in der Lage, zu entscheiden, ob und wieviel Kinder sie zu haben wünschen. Aber in früheren Gesellschaften produzierten Eltern oft genug Kinder blindlings, ohne jeden Wunsch, ohne Bedürfnis nach einem Kind oder einem weiteren Kind. Sie bekamen Kinder, die für sie keine Funktion hatten. Diese Kinder hatten dementsprechend auch geringe Machtchancen im Verhältnis zu ihren Eltern, alle Macht lag bei den letzteren.

Frühere Gesellschaften waren im allgemeinen noch mehr als die industriellen so eingerichtet, daß die ihnen zugehörigen Menschen danach trachteten, Machtchancen, die sich ihnen boten, bis zur letzten Unze auszunutzen, relativ unbekümmert um das Geschick der machtunterlegenen Menschen. Sie waren dann auch darauf gefaßt, gleiches in Kauf zu nehmen, wenn das Schicksal sich gegen sie wandte.

Diese relativ größere Härte des gesellschaftlichen Zusammenlebens muß man vor Augen haben, wenn man die Struktur der Eltern-Kinder-Beziehung solcher Gesellschaften wie der alten griechisch-römischen oder der mittelalterlichen verstehen will. Was uns als Grausamkeit und Unmenschlichkeit im Verhältnis von Eltern und Kindern früherer Tage anmutet, schließt nicht das Vorhandensein von Liebe und Zuneigung der Eltern zu ihren Kindern aus. Aber heute hat sich eine Legende eingebürgert, die es so erscheinen läßt, als sei Liebe und Zuneigung der Eltern zu ihren Kindern gleichsam etwas Naturgegebenes und überdies noch ein immer gleichmäßiges, permanentes und lebenslängliches Gefühl. Auch in diesem Falle verwandelt sich ein gesellschaftliches Soll in die Vorstellung eines naturgegebenen Ist. Das Aussetzen und Töten von Kleinkindern in früheren Tagen war im Grunde nichts anderes als eine grausame Form von Geburtenkontrolle. Besonders für die ärmeren Schichten der antiken, der mittelalterlichen, selbst noch der frühneuzeitlichen städtischen Gesellschaften war eine hohe Kinderzahl eine große Belastung. Kein Wunder, daß man noch im

London des 18. Jahrhunderts sterbende Kleinkinder auf dem Dunghaufen fand. Auch in bezug auf ihre eigenen Triebe legten sich Erwachsene im Verhältnis zu Kindern weniger Reserve auf, als das heute der Fall ist. Daß Mütter mit den Geschlechtsteilen ihrer Kinder spielen, ist auch heute noch in manchen Ländern eine weitverbreitete Sitte. Daß Kinder den Geschlechtsakten der Eltern beiwohnten, verstand sich bei den engen Quartieren der ärmeren Bevölkerungsschichten von selbst. Daß sexuelle Spiele, sei es von Kindern miteinander – also etwa von Geschwistern, die im gleichen Bett schliefen –, sei es zwischen Kindern und Erwachsenen, häufig stattfanden, etwa in den antiken Gesellschaften, ist leicht zu verstehen, wenn man bedenkt, daß der Staat sich lange Zeit hindurch um solche Geschehnisse nicht kümmerte und daß die Beteiligten wegen solcher Akte kaum ein schlechtes Gewissen hatten. Zeitgenössische Historiker sprechen in diesem Zusammenhang häufig von dem »Mißbrauch« der Kinder in früheren Tagen. Aber auch das ist eine Projektion gegenwärtiger Maßstäbe auf Gesellschaften, die nicht die gleichen Lebensbedingungen hatten. Kinder haben ein starkes, auch durchaus physisch getöntes Liebesbedürfnis. Wieweit sie, etwa in der Antike, willige, wie weit sie unwillige Partner der Liebesspiele Erwachsener waren, läßt sich heute nicht mehr sagen. Daß sie es oft waren, ist kaum zu bezweifeln.

Von Natur sind Kinder so eingerichtet, daß sie Entzücken und Liebe in Erwachsenen wecken können. Wie rundlich, wie kokett sie sein können, wie stürmisch ihre Zärtlichkeit und ihre Liebesbezeugungen! Aber dann verwandeln sie sich oft ganz plötzlich. Sie sind unbeständig, sie schreien, sind voll Schmutz, lehnen Liebkosungen ab, strampeln und wehren sich wie kleine wilde Tierchen. Ein zeitgenössischer Dichter schrieb:[4]

ich schrie
halbtot
die nachbarn klingelten
warum
weint dies kind?
ende
der schläge

Aber ob sich in früheren Gesellschaften die Nachbarn immer darum kümmerten, wenn ein Kind schrie, ist zweifelhaft. Auch die Staatsbehörden hatten lange Zeit hindurch weder Gesetze noch Exekutivorgane, die sich zum Schutz von Kindern einsetzen ließen. Was sollte Erwachsene daran hindern, Kinder sterben zu lassen, wenn sie ihnen auf die Nerven gingen oder wenn sie sowieso schon nicht genug zu essen hatten? Ich erspare mir, alle die anderen Seiten des Kinderlebens aufzuzählen, die früher möglich und die heute nicht mehr möglich sind.

5. In fast allen Gesellschaften früherer Tage war die Herrschaftsgewalt der Eltern, wie gesagt, weit unumschränkter, als das heute der Fall ist. Die Geschichtsschreibung hat sich bis vor kurzer Zeit wenig mit der Eltern-Kinder-Beziehung früherer Gesellschaftsphasen befaßt. Gegenwärtig wächst die Zahl der Untersuchungen zu diesem Thema. Sie fördern viel neues Material zutage. Am

---

4 Gert Kalow, erdgaleere, München 1969, S. 38.

bekanntesten ist wohl Philippe Ariès, *Geschichte der Kindheit* (Hanser Verlag, München/Wien 1975). Auch die Sammlung von Aufsätzen, herausgegeben von Lloyd de Mause, *The history of childhood,* New York 1974 (deutsch: *Hört ihr die Kinder weinen*), trägt viel zur Kenntnis der Entwicklung der Eltern-Kinder-Beziehung bei. Von den vielen deutschen Büchern zu diesem Thema möchte ich vor allem Katharina Rutschky, *Schwarze Pädagogik, Quellen zur Naturgeschichte der bürgerlichen Erziehung,* Ullstein-Buch 1977, nennen. Sie läßt die deutschen Pädagogen und Philosophen vom späten 17. bis zum frühen 20. Jahrhundert für sich selbst sprechen. Vieles, was sie zu sagen haben, ist erschreckend und manchmal schauerlich für das Empfinden gegenwärtig lebender Menschen. Sie weist auch in ihrer aufschlußreichen Einleitung auf die Bedeutung einer Zivilisationstheorie zur Erklärung der Wandlungen hin, die sich in der Eltern-Kinder-Beziehung vollzogen haben.

In der Tat bleibt die Geschichtsschreibung über die Veränderung der Eltern-Kinder-Beziehung ohne Halt, sie bleibt unverständlich und unerklärbar, solange man nicht als Bezugsrahmen eine Theorie des Zivilisationsprozesses vor Augen hat. Ohne sie ist es schwer, der Versuchung zu widerstehen, statt nach einer Erklärung für die Verschiedenheit früherer und gegenwärtiger Standarde zu suchen, vielmehr seinen Gefühlen freien Lauf zu lassen. Je nach der Parteilichkeit des eigenen Empfindens gibt man dann entweder der Vergangenheit den Vorzug vor der Gegenwart oder dieser den Vorzug vor jener. Ariès und de Mause stehen in dieser Hinsicht auf verschiedenen Seiten. Ariès arbeitet, zu seinem Schaden, fast ohne ein theoretisches Rahmenwerk. De Mause beschränkt sich auf eine rein psychogenetische Theorie, die er als absolut autonom hinstellt. Aber wie sollte sich die gleichzeitige Veränderung der Persönlichkeitsstruktur vieler Menschen erklären lassen ohne Bezug auf die Gesellschaft, also auf das Beziehungsgeflecht, das viele Menschen miteinander bilden? Wie könnte man langfristige psychische Wandlungen verständlich machen und erklären ohne Rückgang auf die zugehörigen, langfristigen sozialen Wandlungen? Für die Materialien, die diese beiden Bücher uns zugänglich machen, schuldet man ihren Verfassern Dank; aber gegenüber den heteronomen Wertungen, die sich in beiden Fällen einschleichen, ist ein Wort der Warnung und der Kritik am Platz. Ariès trauert ein wenig der besseren Vergangenheit nach. De Mause wettert gegen die, die die schlimmere Vergangenheit zu verdecken suchten, und unter anderem auch gegen Ariès. Aber darum geht es im Grunde nicht.

Dennoch kann man auch von solchen Verirrungen lernen. Ariès sieht, wenn auch im Lichte seiner romantischen Voreingenommenheit, eine Seite des Problems, das der langsam im 16. und 17. Jahrhundert einsetzende Zivilisationsschub im Bereich der Eltern-Kinder-Beziehung aufwirft. Ich selbst habe es bereits in den 30er Jahren in Über den Prozeß der Zivilisation deutlich gemacht. Noch in der mittelalterlichen Gesellschaft, so gut wie in allen früheren Gesellschaften, gehörten Kinder zur Umgangswelt der Erwachsenen. Nichts wurde vor ihnen von Eltern oder Lehrern verborgen gehalten. Es gab keine Heimlichkeiten der Eltern vor den Kindern. Vielleicht nur die Allerreichsten konnten es sich leisten, Kindern eigene Betten zu geben. Oft genug schliefen Kinder im elterlichen Bett. Gelegentlich hören wir eine Klage darüber, daß Kinder das Bett der Eltern beschmutzen.

Die meisten waren wohl daran gewöhnt. Der Erwachsenenstandard in der Regulierung der natürlichen Bedürfnisse war gewiß nicht mit dem kleiner Kinder identisch. Aber das Gefälle zwischen diesem und jenem war nicht so groß, wie es heute ist. Man dachte auch nicht daran, Kinder dadurch von den Erwachsenen zu isolieren, daß man in der Wohnung eigene Zimmer für sie reservierte. Kinderzimmern begegnet man etwa vom 16. oder 17. Jahrhundert an gelegentlich in den Wohnungen der Reichsten. Daß sie zum normalen Bestand einer Familienwohnung auch der ärmeren Schichten gehören, setzt sich wohl erst allmählich im 20. Jahrhundert durch. Wie immer symbolisieren Veränderungen der Wohngebräuche in höchst anschaulicher Weise Veränderungen der menschlichen Beziehungen, in diesem Falle der Beziehungen von Eltern und Kindern. Langsam löst sich in der Neuzeit das Kind aus der Erwachsenenwelt und wird für viele Jahre seines Lebens gleichsam auf eine eigene Jugendinsel der Gesellschaft verwiesen. Kinderzimmer, Schule, Jugendbewegungen und nicht zuletzt auch noch das Studentenleben gehören zu ihren markantesten Symbolen. In *Über den Prozeß der Zivilisation* findet sich mancherlei, das zum Verständnis der wachsenden Distanzierung zwischen Kindern und Erwachsenen in der Neuzeit dienen kann.

Auch Ariès hat diese Veränderung wahrgenommen. Aber er betrachtet sie mit einem gewissen Ressentiment:[5]

»Man stellt nun fest, daß das Kind für das Leben nicht reif ist, daß man es einer speziellen Einflußnahme, einer Quarantäne unterwerfen muß, ehe man es in die Welt der Erwachsenen entläßt. Die-

---

5 Philippe Ariès, Geschichte der Kindheit, München/Wien 1975, S. 561 f.

ses neue Interesse an der Erziehung wird die Gesellschaft allmählich prägen und sie von Grund auf verwandeln. Die Familie hört auf, lediglich eine privatrechtliche Institution zum Zweck der Weitergabe von Eigentum und Namen zu sein, sie bekommt eine moralische und geistige Funktion, formt den Körper und die Seele. […] Die Eltern begnügen sich nicht mehr damit, Kinder in die Welt zu setzen, einigen von ihnen eine Aussteuer zu geben und den anderen keine Beachtung zu schenken. Die Moral der Zeit verlangt von ihnen, daß sie sämtlichen Kindern, am Ende des 17. Jahrhunderts sogar den Mädchen, und nicht nur dem Ältesten, das Rüstzeug fürs Leben verschaffen. Man ist sich darüber einig, daß dies nur durch die Schulbildung geschehen kann. Die Schule nimmt nun die Stelle der traditionellen Lehre ein, und zwar eine zum Instrument einer strengen Disziplin umgeformte Schule, die unter dem Schutz der Gerichtshöfe und der Polizei steht. […] ›Den Eltern‹, so sagt ein Text von 1602, ›die sich um die Erziehung ihrer Kinder kümmern, gebührt mehr Ehre als jenen, die sich damit begnügen, sie in die Welt zu setzen.‹ […] Die Familie und die Schule haben das Kind mit vereinten Kräften aus der Gesellschaft der Erwachsenen herausgerissen. Die Schule hat das einstmals freie Kind in den Rahmen einer zunehmend strengeren Disziplin gepreßt, die im 18. und 19. Jahrhundert in die totale Abgeschlossenheit des Internats münden wird. Die Besorgnis der Familie, der Kirche, der Moralisten und der Verwaltungsbeamten hat dem Kind die Freiheit genommen, deren es sich unter den Erwachsenen erfreute.«

Wie so oft in romantischer Sicht nimmt auch Ariès an der Vergangenheit vor allem das wahr, was sich als Gutes neben das Schlechte der eigenen Zeit setzen läßt, und vergißt den Zusammenhang dieses Guten mit dem, was einem selbst an der Vergangenheit als unerträglich schlecht erscheinen würde, wenn man es wahrnähme. Mittelalterliche Gesellschaften waren – verglichen mit unseren – recht gewalttätig. Wenn man von den Zeiten der großen Pestepidemien absieht, gab es in den mittelalterlichen Gesellschaften Kinder, wie arbeitswillige Arme, im Überfluß. Eltern überließen Kinder damals leichter sich selbst und damit ihrem Schicksal. Es waren Gesellschaften voller Widersprüche, in denen es an Akten der Güte und Barmherzigkeit gewiß nicht fehlte, aber in denen viele Menschen – nicht zuletzt auch Kinder – Hungers starben, in denen Bettler und Krüppel zur normalen Landschaft gehörten, Kranke und Alte ohne Hilfe dahinstarben.

De Mause wendet sich gegen Ariès:[6]

»Ariès' zentrale These ist der meinen genau entgegengesetzt. Er meint: Während das Kind der traditionalen Gesellschaft glücklich war, weil es die Freiheit hatte, mit vielen Klassen und Altersstufen zu verkehren, wurde zu Beginn der Neuzeit ein besonderer Zustand ›erfunden‹, nämlich der der Kindheit; das führte zu einer tyrannischen Vorstellung von der Familie, die die Zerstörung von Freundschaft und Geselligkeit zur Folge hatte und den Kindern nicht nur ihre Freiheit nahm, sondern sie zum erstenmal mit Rute und Karzer bekannt machte.«

Die eigene Theorie von de Mause ist, wie er selbst es ausdrückt, eine psychogenetische Theorie der Geschichte. Es fehlt ihr nicht an interessanten Hinweisen. Aber psychogenetische Untersuchungen allein, ohne engsten Zusammenhang mit soziogenetischen Untersuchungen, eignen sich

---

6 De Mause, a. a. O., S. 18.

kaum zur Aufdeckung der Strukturen geschichtlicher Prozesse. Das vermag im Grunde nur eine Zivilisationstheorie, die psychogenetische und soziogenetische Aspekte miteinander verbindet. Es ist nicht ganz einfach, in Kürze zusammenzufassen, was die Zivilisationstheorie zur Klärung der Veränderungen beiträgt, die sich im Laufe der Zeit in der Beziehung von Eltern und Kindern vollzogen haben. Schon die einfache Tatsache, daß in früheren Zeiten die Herrschaft der Eltern über die Kinder viel unumschränkter war, hatte zivilisatorische Implikationen.

6. Man kann einige der Veränderungen im Verhältnis von Eltern und Kindern recht gut an bestimmten Veränderungen der Wohnbedingungen ablesen. Ich beziehe mich hier auf eine der Untersuchungen in diesem Gebiet von Peter Gleichmann über »Die Verhäuslichung der körperlichen Verrichtungen«.[7]

In früheren Zeiten war es in weit höherem Maße möglich als das heute der Fall ist, den natürlichen Bedürfnissen auch in der Öffentlichkeit freies Spiel zu geben. Man schämte sich weniger, bei diesen Verrichtungen von anderen Menschen gesehen zu werden[8]. Gleichmann demonstriert das Vorrücken der Scham- und Peinlichkeitsschwelle in diesem Ge-

---

7 Peter Reinhart Gleichmann, »Die Verhäuslichung körperlicher Verrichtungen«, in: Peter Gleichmann/Johan Goudsblom/Hermann Korte (Hg.), Materialien zu Norbert Elias' Zivilisationstheorie, Frankfurt am Main 1979, S. 254–278.
8 Dazu ist anzumerken, daß sich in vielen Gesellschaften in dieser Hinsicht sowohl besondere Barrieren zwischen Männern und Frauen wie merkliche Unterschiede zwischen dem Scham und Peinlichkeitskanon der beiden Geschlechter beobachten lassen, die im engen Zusammenhang mit der ungleichen Verteilung der Machtpotentiale zwischen ihnen stehen.

biet an der Veränderung der Wohnverhältnisse. In zunehmendem Maße wurden diese Verrichtungen aus der Sicht der Mitmenschen verbannt. Ein Schritt in diese Richtung war ihre Verbannung von Hof und Straße in die Wohnungen. Mehr und mehr gehörten separate Toiletten, oft in Verbindung mit einem separaten Badezimmer, zum normalen Zubehör jeder Wohnung, selbst in Wohnungen der ärmeren Schichten.

In einem ersten Schub beschränkten sich die soziogenen Empfindungen in diesem Bereiche auf die Scham- und Peinlichkeitsgefühle, die Menschen empfanden, wenn sie bei solchen Verrichtungen im Sicht-, Hör- und Riechraum[9] von Menschen blieben, die nicht zu ihrer Familie gehörten. Allmählich wurde es Menschen dann auch peinlich, natürlichen Bedürfnissen selbst im Wahrnehmungsraum von Mitgliedern der eigenen Familie nachzugehen. Das galt möglicherweise zunächst für die größeren Kinder im Wahrnehmungsraum der Eltern: heute gilt es mehr und mehr auch für die Eltern im Wahrnehmungsraum der Kinder – es gilt in der Tat für jeden einzelnen Menschen im Wahrneh-

---

9 Die wachsende Sensibilität, die vorrückende Scham- und Peinlichkeitsschwelle gegenüber Gerüchen, besonders Körpergerüchen, im Zuge des Zivilisationsprozesses, verdiente vielleicht eine genauere Untersuchung. In unseren Tagen ist die Empfindlichkeit gegenüber dem Sehen eines anderen Menschen in seiner Nacktheit etwas zurückgegangen. Aber die Empfindlichkeit gegenüber den Körpergerüchen eines anderen Menschen ist eher gewachsen. Selbst das Sprechen davon, wie man hier erfahren mag, erregt Peinlichkeitsgefühle. Dementsprechend florieren industrielle Produkte zur Überdeckung oder Verfeinerung von Körpergerüchen. Auf der anderen Seite spielt das offensichtliche Unbehagen Erwachsener gegenüber Kindern, die ihre natürlichen Bedürfnisse zeitlich und räumlich noch nicht in der gleichen Weise zu regulieren vermögen wie die Erwachsenen, bei der Beziehung von Eltern und Kindern häufig eine nicht unbedeutende Rolle.

mungsraum jedes anderen. Auch das ist wohl das Symptom einer gesellschaftlichen Transformation in der Richtung auf eine Verringerung der Ungleichheiten, also eines Prozesses der funktionalen Demokratisierung.

Jedes kleine Kind aber rüttelt unwillkürlich an dieser hohen Scham- und Peinlichkeitsschwelle der Erwachsenen. Ohne daß es etwas davon weiß, vergeht es sich gegen Tabus der Erwachsenen. Ihm muß erst beigebracht werden, daß es sich zu schämen hat, wenn es seine natürlichen Bedürfnisse nicht ausschließlich auf die das Individuum isolierende und auf diese Funktion spezialisierte Örtlichkeit in der Wohnung beschränkt. Dieser Zivilisationsprozeß des einzelnen Kindes, die Erziehung zu einem recht hohen Maße an individueller Selbstregulierung, dauert gewöhnlich mehrere Jahre. Sie dauert in einer Gesellschaft, in der die Anforderungen an die Selbstregulierung des einzelnen in bezug auf die natürlichen Bedürfnisse – und ganz gewiß nicht allein in bezug auf diese – so hoch sind wie in den entwickelteren Industriegesellschaften unserer Tage, erheblich länger als etwa in einfachen bäuerlichen Gesellschaften, wo es keiner komplizierten Kanalanlage bedarf, um menschliche Abfallprodukte aus der Sicht- und Riechweite der Menschen zu entfernen.

7. In einfacheren Gesellschaften braucht dementsprechend auch der Prozeß der Triebumwandlung, in dessen Verlauf Kleinkinder von ihrem Triebfreilauf auf das Triebregulierungsniveau der Erwachsenengesellschaft gebracht werden, weniger Zeit – der individuelle Zivilisationsprozeß ist kürzer; er ist weniger schwierig und tiefgreifend. Je tiefer und fester die isolierende Regulierung der indivi-

duellen natürlichen Bedürfnisse – und anderer elementarer Bedürfnisse – in Erwachsenen verankert wird, um so häufiger begegnet man bei ihnen Problemen der Anpassung an die Ungehemmtheit, mit der Kleinkinder ihren Bedürfnissen freien Lauf lassen. Auch das Wachstum der Distanz zwischen dem gesellschaftlich geforderten Erwachsenenniveau der individuellen Triebregulierung und der animalischen Spontaneität der Triebäußerung von Kleinkindern bringt Wandlungen im Verhältnis von Eltern und Kindern mit sich. Die Verhäuslichung der natürlichen Bedürfnisse, die sich in den entwickelteren Industriestaaten zu einer völligen Isolierung des einzelnen Menschen bei diesen Verrichtungen ausgewachsen hat, ist gewiß nur eine Seite eines weit umfassenderen Zivilisationsschubes. Aber sie rückt recht anschaulich die Tatsache ins Licht, daß viele Probleme der heutigen Eltern-Kinder-Beziehung Zivilisationsprobleme sind.

8. Auch im Bereiche anderer, mehr animalischer Aspekte des menschlichen Lebens begegnet man im Zuge dieser Veränderung selbst innerhalb der Familie dieser Tendenz zur zunehmenden Isolierung des einzelnen. Man denke an den Wandel der sozial vorgegebenen häuslichen Anordnungen für das Schlafen der Menschen. Im Mittelalter und noch lange darüber hinaus war es für die Mehrzahl der Menschen noch ganz selbstverständlich, daß sie ihr Nachtlager mit anderen teilten, und zwar nackt, da es keine spezialisierte Nachtbekleidung gab. Auch Kinder und Eltern schliefen häufig zusammen. Man kann im einzelnen verfolgen – ich habe das in meinem Zivilisationsbuch zu zeigen versucht –, wie die Scham vor allzu engen körperlichen Kontakten der Menschen miteinander allmählich wuchs.

Die Zunahme des gesellschaftlichen Reichtums ermöglichte es zugleich, Wohnverhältnisse zu schaffen, die diesem Empfinden entsprachen. Es wurde möglich und wurde im Laufe der Zeit als normal betrachtet, daß jede Peron ihr eigenes Bett hat, zuerst in den begüterten, dann in allen Familien. Man kann an diesem Vorgang in relativ einfacher Weise den umfassenderen und ganz und gar nicht einfachen Individualisierungsschub der neueren Zeit ablesen. Die Entwicklung ging dann einen Schritt weiter in der gleichen Richtung. Es wurde dem Empfinden nach allmählich notwendig und ökonomisch für mehr und mehr Familien möglich, einen separaten Raum für Kinder als normales Zubehör einer Familienwohnung zu betrachten. Kinder wurden auf diese Weise nicht nur aus dem Bett, sondern auch aus dem Schlafraum der Eltern entfernt. In den wohlhabenderen Gesellschaften wurde es schließlich immer selbstverständlicher, daß jedes Kind nicht nur ein Bett, sondern auch ein Zimmer für sich haben solle. Die ungeplante Entwicklung in diese Richtung schuf dann spezifische Probleme. Die frühzeitige Isolierung der Kinder, das Fernhalten der Kinder von dem engeren körperlichen Kontakt mit den Eltern, mag als Vorbereitung auf den hohen Grad der Individualisierung, den man von Erwachsenen in Industriegesellschaften heute erwartet, eine gewisse Funktion haben: Aber Kleinkinder haben ein sehr starkes animalisches Bedürfnis nach körperlichem Kontakt mit anderen Menschen, das dann allmählich beim Heranwachsen einen mehr sexuell getönten Charakter annimmt. Die Scheu der Erwachsenen vor solchen Kontakten – der Erwachsenen, bei denen die sexuelle Tönung enger körperlicher Kontakte voll entwickelt ist – führt leicht dazu, das Kleinkind zu frühzeitig solcher Kontakte zu entwöhnen. Ich habe zuvor gesagt, daß es nicht ganz einfach ist, in Kürze zu zeigen, warum man ohne eine Zivilisationstheorie die Wandlungen der Eltern-Kinder-Beziehung nicht recht in den Griff zu bekommen vermag. Das Beispiel der Wohnveränderungen und der damit verbundenen Kontaktveränderungen wirft vielleicht etwas Licht auf die Bedeutung eines verbindenden theoretischen Modells in diesem Zusammenhang.

Heute ist das Verständnis dafür, daß es sich bei den Problemen heranwachsender Kinder um ein Ineinanderwirken eines biologischen Prozesses der Maturierung auf der einen Seite und eines sozialen Prozesses der Zivilisierung, der Einpassung in das jeweilige gesellschaftliche Zivilisationsniveau auf der anderen Seite handelt, noch relativ gering. Oft genug betrachtet man heute Probleme des Heranwachsens und der Eltern-Kinder-Beziehung, die in dem veränderlichen Ineinander dieses biologischen und dieses individuell-sozialen Prozesses ihren Ursprung haben, allein als biologische Probleme; man behandelt sie mit einem Wort als unabänderliche Naturgegebenheiten. Damit beraubt man sich von vornherein der Möglichkeit, nach einer Handhabe für die Bewältigung von Schwierigkeiten zu suchen, die sich für Eltern und Kinder im Zuge des langen individuellen Zivilisationsprozesses ergeben. Das Zusammenleben der Menschen in der Form von städtisch-industriellen Nationalstaaten spannt jeden einzelnen Menschen in ein kompliziertes Netzwerk langer, differenzierter Interdependenzketten ein. Um sich als Erwachsener in Gesellschaften solcher Struktur behaupten zu können, um in ihnen eine für den einzelnen wie für die Gesellschaft gleichermaßen sinnvolle Erwachsenenfunktion ausfüllen zu können, bedarf es eines sehr hohen

Maßes an Voraussicht, an Zurückhaltung momentaner Impulse um langfristiger Ziele und Befriedigungen willen. Es bedarf eines Maßes der Zurückhaltung, das der Länge und Kompliziertheit der Interdependenzketten, die man als einzelner mit anderen Menschen bildet, entspricht. Es bedarf, anders ausgedrückt, eines hohen Maßes an selbstregulierender Trieb- und Affektzurückhaltung. Von Natur aber besitzen Menschen lediglich das biologische Potential zu einer solchen Zurückhaltung. Sie besitzen eine biologische Apparatur, die eine Trieb- und Affektkontrolle dieser Art möglich macht. Muster und Ausmaß dieser Kontrolle aber sind in keiner Weise von Natur gegeben. Sie entwickeln sich beim Heranwachsen des Kindes im und durch den Verkehr mit anderen Menschen. Das biologische Potential wird im Verlauf eines individuellen Zivilisationsprozesses aktualisiert und entsprechend dem gesellschaftlich jeweils vorgegebenen Maß und Muster der Trieb- und Affektregulierung aktualisiert. So wird aus dem »unzivilisierten« Kindchen ein mehr oder weniger »zivilisierter« Erwachsener.

9. Je komplexer und differenzierter die Erwachsenengesellschaft wird, um so länger dauert, um so komplexer wird der Prozeß der zivilisatorischen Verwandlung des einzelnen. Nehmen Sie als Beispiel das Verhältnis von Eltern und Kindern in einer relativ einfachen Nomadengruppe, die hauptsächlich von der Jagd lebt, also etwa einer Eskimogruppe in der Zeit, in der Eskimos noch unberührt von dem sich ausbreitenden Einfluß der Industriegesellschaften waren. Denken Sie an die Umwandlung kleiner Eskimojungen und -mädchen, die notwendig ist, um sie auf ihre spezifische Erwachsenenexistenz vorzubereiten, um so auch den

Weiterbestand der Gruppe zu sichern. Der Eskimojunge lernt schon als kleines Kind, gleichsam im Spiel, alle die Geschicklichkeiten, die er zum Überleben als erwachsener Jäger braucht. Er bekommt einen kleinen Bogen mit Pfeilen, lernt von klein auf, beim Bau von Booten oder Schneeschuhen zu helfen und sie zu handhaben. Mädchen lernen, Felle zu bearbeiten; sie helfen frühzeitig bei der Herstellung von Kleidern und Zelten mit, von denen das Überleben der Gruppe nicht weniger abhängt als von der Jagdbeute. Hier führt also eine gerade Entwicklungslinie vom Kinderspiel zur Erwachsenenbetätigung. Die Trieb- und Affektstruktur, deren man für die Erwachsenenbetätigung bedarf, ist nicht so weit von der der Kinder entfernt, wie das in den wissenschaftlichen Industriegesellschaften der Fall ist, die individuelle zivilisatorische Transformation des einzelnen ist weniger tiefgreifend und zeitlich kürzer. Wenn unsere Kinder »Indianer und Weiße« spielen, dann hat das kaum eine direkte Bedeutung für ihre zukünftige Erwachsenenbetätigung. Es ist ein Ausdruck für die relative Autonomie des Kinderlebens in unserer Gesellschaft. Wenn Indianerkinder »Indianer und Weiße« spielen, sollte das der Fall sein, dann entspricht das in ganz hohem Maße der Erwachsenenrealität. Auf dieser Stufe der gesellschaftlichen Entwicklung ist die Struktur und das Muster der Selbstkontrolle, deren ein Mensch als Erwachsener bedarf – und ein spezifisches Muster der Selbstkontrolle verlangt ganz gewiß auch das Erwachsenenleben der einfachsten Jäger- und Sammlervölker –, von dem des Spielverhaltens der Kinder weit weniger entfernt als die Struktur der Selbstkontrolle unserer Erwachsenenberufe von dem Spielverhalten unserer Kinder.

Ähnliches gilt auch von mittelalterlichen Kriegergesellschaften. Auch die Erziehung eines Ritters im 12. oder 13. Jahrhundert führte weit direkter von den Kinderspielen zur Erwachsenenbetätigung. Nur so ist es zu verstehen, daß man gelegentlich einmal von einem zwölfjährigen Prinzen hört, der eine Armee kommandiert. Bis zu einem gewissen Grade konnte ein ganz junger Krieger durch Wendigkeit und Geschick wettmachen, was ihm an physischer Stärke fehlte. Wenn also ein Historiker wie Ariès die Tatsache beklagt, daß in unserer Gesellschaft Kinder nicht mehr, wie das früher der Fall war, als kleine Erwachsene wahrgenommen und behandelt werden, daß sie für viele Jahre ausgesondert aus der Erwachsenenwelt in ihrer eigenen Kinderund Jugendwelt leben, dann spricht er ohne Verständnis für die Veränderung der Sozialstrukturen, die sich seit dem Mittelalter vollzogen haben. Er vertritt die Ansicht, als ob es im Prinzip möglich wäre, Kinder in städtischen Industriestaaten auf die in diesen Gesellschaften vorherrschenden Erwachsenenbetätigungen in der gleichen Weise zugehen zu lassen wie in den von Kriegern und Priestern beherrschten Agrarstaaten des Mittelalters. Man kann darüber streiten, ob die heutigen Muster der Schul- und Universitätserziehung als Vorbereitung junger Menschen für die spezifische Erwachsenenexistenz und so auch für die berufliche Tätigkeit, die sie als Erwachsene in unseren Gesellschaften erwartet, gut geeignet sind oder nicht. In der Tat, sie sind es in vieler Hinsicht nicht. Aber man kann kaum daran zweifeln, daß ein sehr weiter Wissenshorizont und ein sehr differenziertes Vermögen der Selbstkontrolle, der Trieb- und Affektregulierung nötig sind, um sich als Erwachsener in Gesellschaften dieser Art selbst behaupten und für sich selbst wie für andere Funktionen erfüllen zu können. Um diesen Wissenshorizont, dieses spezialisierte Können und das entsprechende Niveau der Selbstkontrolle zu erreichen, bedarf es eines Lernprozesses von vielen Jahren, der gewiß sinn- und nutzlos wäre, wenn er nicht mit einer außerordentlichen Verlängerung des Einzellebens Hand in Hand ginge. Dabei spielt es gar keine Rolle, ob es sich um kapitalistische oder kommunistische Industriegesellschaften handelt. Was hier gesagt wurde, gilt für beide.

Natürlich ist es für eine begrenzte Anzahl von jungen Menschen möglich, aus diesen Gesellschaften auszusteigen. Sie können sich auf die Wanderschaft begeben und sich in der einen oder in der andern Weise durchschlagen. Aber das ist letzten Endes nur möglich, weil das Sozialprodukt solcher Gesellschaften so groß ist oder, mit anderen Worten, weil diese Gesellschaften – als Gesellschaften – so reich sind, daß sie direkt oder indirekt eine beträchtliche Menge von Nichtarbeitenden erhalten können, sei es auch in der Form der Arbeitslosenunterstützung. Auch die Aussteiger sind in ihrem Habitus durch die Gesellschaften geprägt, aus denen sie auszusteigen suchen, insbesondere durch die zivilisatorische Verwandlung, der die in diesen Gesellschaften heranwachsenden Menschen durch Elternhaus, Schule und Universität ausgesetzt sind. Allein schon das Erlernen von Lesen, Schreiben und Rechnen verlangt ein beträchtliches Maß an zivilisatorischer Trieb- und Affektregelung; es nimmt selbst in seiner elementarsten Form mindestens zwei bis drei Jahre der Kindheit in Anspruch und verlangt zumeist eine partielle Tätigkeit im Rahmen eines Sonderinstituts außerhalb der Familie – im Rahmen einer Schule, Symptom einer partiellen Entfunktionalisierung der Eltern.

**10.** Heute begegnet man immer von neuem einer Reihe von stereotypen Mißverständnissen, wenn man, wie es hier geschieht, von langfristigen gesellschaftlichen Prozessen spricht, für die die Einschaltung einer immer längeren Vorbereitungszeit zwischen Kindheit und Erwachsensein ein Beispiel unter vielen ist. Eines dieser Mißverständnisse ist die Vorstellung, daß die gesellschaftliche Wandlung in dieser Richtung gleichsam planmäßig und bewußt, vielleicht aufgrund der Ideen einiger großer Männer, herbeigeführt worden ist. Ich möchte dies das voluntaristische Mißverständnis nennen. Ein anderes ist die Vorstellung, daß diese Veränderung mit der Notwendigkeit eines kausalen naturgesetzlichen Nacheinanders vor sich gegangen ist, also den Charakter eines prädeterminierten Naturprozesses hat. Das ist das naturalistische Mißverständnis. Welches Prozeßmodell an die Stelle dieser Polarität voluntaristischer und naturalistischer Konzepte gesellschaftlicher Prozesse tritt, kann hier nur kurz im Vorbeigehen angedeutet werden. Das Prozeßmodell, das ich im Auge habe, beruht auf zwei Grundeinsichten – auf der Einsicht, daß gesellschaftliche Zwangsläufigkeiten ontologisch und ihrer Struktur nach von naturalen Zwangsläufigkeiten verschieden sind: sie beruhen primär auf Zwängen, die interdependente Menschen aufeinander, sekundär auch auf Zwängen, die Gruppen von Menschen und nichtmenschliche Naturabläufe – mit wechselnden Machtbalancen – aufeinander ausüben. Das Ineinanderwirken der geplanten Handlungsvollzüge vieler Menschen resultiert in einer Entwicklung der von ihnen miteinander gebildeten gesellschaftlichen Einheiten, die von keinem der sie mit herbeiführenden Menschen geplant ist. Aber die derart miteinander verbundenen Menschen handeln absichtsvoll und gezielt immer von neuem aus von ihnen nicht geplanten Entwicklungsgängen heraus und in sie hinein. Das Prozeßmodell, das ich im Auge habe, enthält als sein Kernstück eine dialektische Bewegung zwischen beabsichtigten und unbeabsichtigten sozialen Veränderungen.

Beispiele liegen auf der Hand. Vom frühen 18. Jahrhundert an – in den puritanischen Sekten schon früher – steigt in vielen europäischen Ländern eine Tabuwelle an, die sich besonders auf die Sexualität der Menschen bezieht. Zum Unterschied von den gegen die menschliche Geschlechtlichkeit gerichteten kirchlichen Tendenzen, etwa paulinischer Färbung, handelt es sich bei der gegen die Geschlechtlichkeit gerichteten Tabuwelle des 18. und 19. Jahrhunderts um einen vorwiegend säkularen gesellschaftlichen Verdrängungsschub, eine Art innerweltlicher Askese. Er dauert, grob gesprochen, bis zum Ende des 19. Jahrhunderts und in seinen Auswirkungen bis zum ersten Weltkrieg. Aufstiegsbewegungen sozialer Schichten – und zuweilen auch ganzer Völker – gehen häufig mit gemeinsamen Selbstzügelungstendenzen – mit »puritanischen« Tendenzen – Hand in Hand: und in vielen europäischen Staaten sind diese zwei Jahrhunderte ja ganz entschieden die Jahrhunderte des aufsteigenden dritten Standes, des Bürgertums, in seiner Auseinandersetzung mit dem Adel, besonders mit der höfischen Aristokratie und mit den absoluten Fürsten. Der Kanon der höfischen Aristokratie war ein Kanon der guten Manieren. Auch er unterwarf die Liebesspiele der Menschen einer gewissen Regelung; aber sie hatten einen öffentlichen Platz im gesellschaftlichen Dasein der Menschen. Unter dem Manierenkanon war der Spielraum für das öffentliche Sprechen und Handeln in Sachen der Geschlechtlichkeit recht groß. Dem Kanon der guten Manieren stellte das aufsteigende Bürgertum ein anderes Zivilisationsmuster, den Kanon der Moral, entgegen. Es war dieser Kanon, der den ganzen Bereich der Geschlechtlichkeit als eine der größten Gefahrenzonen des menschlichen Daseins mit einem differenzierten, engmaschigen Zaun von Verboten umgab, deren strikte Beachtung als Prüfstein der bürgerlichen Respektabilität von Familien wie von deren einzelnen Mitgliedern behandelt wurde. Wie stark mit dem Anstieg des säkularen Moralkanons – als dem Korrelat des sozialen Aufstiegs bürgerlicher Schichten – die Statusängste waren, die als Motoren der Verdrängung nun das ganze Gebiet der Sexualität umgaben, kann man an einer der merkwürdigsten Erscheinungen dieser Periode ablesen, an dem Anstieg der Masturbationsängste, die, etwa vom Beginn des 18. Jahrhunderts an, beinahe epidemische Proportionen annahmen. Eine nicht unbeträchtliche Spezialliteratur, zum Teil aus der Hand von Ärzten, warnte die Menschen und besonders die Kinder vor den entsetzlichen Gefahren, die dieser Akt mit sich brächte. Was sich auch heute noch häufig genug als unbewußte Schuldphantasien, die diesen Akt umgeben, entdecken läßt, wurde in dieser Literatur als Realität hingestellt und verbreitete sich in dieser Form in den Gesellschaften. Zu den Folgeerscheinungen der Masturbation, die man als gewiß hinstellte, gehörten nach dem Glauben dieser Periode Blindheit, Austrocknung des Rückenmarks, Verlust aller Lebensenergien und Irrewerden. Dementsprechend wuchs der Druck der Strafen, denen Kinder ausgesetzt wurden, die man bei dieser Untat ertappte. Sie wurden geschlagen, ihre Hände wurden angebunden, ihre Geschlechtsteile verbarrikadiert usw. Als Beispiel für die Überhöhung der Verbote um die Geschlechtlichkeit im Zeichen des bürgerlichen Moralkanons ist die Erinnerung an diese Epidemie der Masturbationsängste ebenso dienlich wie als Beispiel für eine Periode der unumschränkten elterlichen Herrschaftsgewalt über ihre Kinder. Diese Epidemie war ganz entschieden ungeplant. Sie stand im Zusammenhang mit umfassenderen gesellschaftlichen Wandlungen, die ich hier durch den Hinweis auf die Aufstiegsbewegung und die Statusängste aufsteigender bürgerlicher Schichten nur kurz andeuten konnte. Im Laufe des 20. Jahrhunderts, nicht zuletzt auch im Zusammenhang mit der Etablierung der bürgerlichen Vorherrschaft nach den zwei großen Kriegen dieses Jahrhunderts, setzt dann von den verschiedensten Seiten her ein ziemlich bewußter und absichtsvoller Feldzug gegen die überhöhten Sexualtabus der vorangehenden Periode und ihres Moralkanons ein. In dessen Verlauf lockern sich viele der zuvor oft als ewig betrachteten Gebote dieses Moralkanons, besonders auch im Bereiche der Sexualität. Vor allem die jeweils jungen Generationen der Nachkriegszeiten waren nicht willens, die herkömmlichen zivilisatorischen Satzungen als Gebote der jeweils älteren Generationen unbesehen hinzunehmen, und begannen, nach jedem der Kriege in verstärktem Maße, mit anderen Formen der Geschlechterbeziehung zu experimentieren, und zwar nicht so sehr aufgrund vorgegebener Prinzipien, sondern in einer vorwiegend pragmatischen Manier, besonders auch unter Nutzung neuer wissenschaftlicher und technischer Kenntnisse.

11. In früheren Fällen, etwa in der Periode, die wir »Renaissance« nennen, mündete die Phase des Experimentierens mit neuen Verhaltensformen und -regeln in eine Phase der Kanonkonsolidierung unter der Ägide etablierter Gruppen ein, die auch ihre Herrschaft zu konsolidieren vermochten. Hier, in bezug auf die Gegenwart, muß die Diagnose genügen; die Prognose wäre fehl am Platze. In diesem Sinne, also rein diagnostisch, kann man sagen, daß heute in den entwickelteren Industriestaaten viele kleine Gruppen oder auch einzelne Paare und Individuen mit einer Abwendung von herkömmlichen Tabus, mit der Bewältigung der damit entstehenden Probleme und der stillschweigenden Entwicklung eines anderen Kanons experimentieren. Dabei handelt es sich, soweit sich sehen läßt, vorwiegend um relativ begrenzte Kreise, vor allem um Studenten, Journalisten, jüngere Akademiker, Künstler usw., also weniger etwa um Kreise großbürgerlicher Unternehmer oder Kreise der Gewerkschaftsführer und der gehobenen Arbeiterschaft.

Aber was sich in diesen experimentierenden Intellektuellengruppen abspielt, ist ganz gewiß nicht eine Rückkehr hinter die große Tabuisierungswelle, die ihren Höhepunkt im viktorianischen Zeitalter hatte – also eine Rückkehr zu dem Standard des 16. und 17. Jahrhunderts. Ganz im Gegenteil, es handelt sich um eine selektive Lockerung viktorianischer Tabus, die, wie etwa das der vorehelichen Liebesbeziehung oder der kindlichen Masturbation, als überhöht, funktionslos und oft genug als schädlich erkannt worden sind. In begrenztem Maße beginnt man etwas von den allzu festen Mauern, die sich zwischen Körper und Körper der Menschen einschoben, und die Sicht, die Berührungen des nackten Körpers eines anderen Menschen außerhalb der Familie und selbst innerhalb dieser als Gefahrenzone erscheinen ließen, wieder abzubauen. Mütter finden wieder den Mut und erleben die Freude, ihre Babys nackt zu sich zu nehmen und zu hätscheln.

Junge Eltern und ihre Kinder spielen nackt an den Stränden miteinander. Aber wenn man von diesen Informalisierungswellen[10] spricht, dann kann man leicht übersehen, daß sie in höchst komplexen Gesellschaften vor sich gehen, die über weite Bezirke hin ein sehr genau geregeltes Verhalten der Menschen im Verkehr miteinander verlangen. Was im Verschwinden ist, sind viele Autoritätssymbole und formelle Respektsbezeugungen, die in früheren Zeiten als Sinnbilder der Herrschaftsgewalt, also auch als Mittel zur Sicherung der elterlichen Herrschaftsgewalt dienten. Der langsame Verfall der ostentativen Respekthaltungen und -symbole im Verkehr der Kinder mit ihren Eltern ist gewiß symptomatisch für eine Verringerung der elterlichen Herrschaftsgewalt, für eine Verminderung der Ungleichheit im Verkehr von Eltern und Kindern. Dies ist das ungeplante Ergebnis weitverzweigter Wandlungen im Gros der entwickelteren Staatsgesellschaften, denen ich hier nicht nachgehen kann. Aber einer der Faktoren, die hier im Spiele sind, verdient, in diesem Zusammenhang erwähnt zu werden. Er weist mit besonderer Eindringlichkeit darauf hin, wie wenig es sich bei dieser Abwendung von den als überhöht und funktionslos empfundenen Geboten und Verboten der viktorianischen Moral um eine Rückkehr zum Standard der vorviktoriani-

---

10 Cas Wouters, »Informalisierung und der Prozeß der Zivilisation«, in: Peter Gleichmann/Johan Goudsblom/Hermann Korte (Hg.), Materialien zu Norbert Elias' Zivilisationstheorie, Frankfurt am Main 1979, S. 279–298.

schen Periode handelt. Das ist der zunehmende Verzicht der Eltern auf physische Gewaltanwendung als Zuchtmittel der Kinder. Dieser Verzicht ist teils durch staatliche Gesetzgebung erzwungen, teils selbstauferlegt aufgrund der wachsenden Sensibilität gegenüber dem Gebrauch physischer Gewalt im Verkehr von Menschen. Aber gerade damit zeigt sich, wie komplex der zivilisatorische Wandel in unseren Tagen ist. Eine Lockerung der Respektschranken im Verkehr von Eltern und Kindern, also eine Informalisierung, geht Hand in Hand mit einer Straffung des Verbots gegen den Gebrauch physischer Gewalt im Familienverkehr. Und das gilt nicht allein für den Verkehr zwischen Erwachsenen und Kindern im Rahmen der Familie; es gilt für den Verkehr von Erwachsenen und Kindern überhaupt, insbesondere auch für den von Lehrern und Kindern in der Schule.

Diese relativ gewaltfreie Erziehung hat weitreichende Konsequenzen für die Persönlichkeitsstruktur der Heranwachsenden. Sie sind zu vielfältig, um ihnen hier nachzugehen, aber der Hinweis auf sie ist von besonderer Bedeutung, weil die beobachtbare Informalisierung, die relative Lockerung viktorianischer Rituale und Tabus recht häufig als Lockerung der individuellen Selbstzucht verstanden wird. Gewiß gibt es solche Lockerungserscheinungen in unseren wie in früheren Zeiten, und vielleicht treten sie in einem Zeitalter des Experimentierens mit neuen Formen des Zusammenlebens besonders deutlich hervor. Aber man vergißt darüber häufig genug die Tatsache, daß der Trend der Entwicklung in den zusehends komplexeren, zusehends straffer organisierten und in höherem Maße pazifizierten Gesellschaften unserer Tage von dem einzelnen ein höheres Maß an differenzierter Selbstkontrolle verlangt als je zuvor. Daß die Informalisierung der Eltern-Kinder-Beziehung und die Lockerung traditioneller Tabus im Verkehr der Generationen mit einer Erhöhung des Tabus gegenüber Gewalttätigkeiten im Verkehr von Eltern und Kindern Hand in Hand geht und so auf beiden Seiten ein höheres Maß an Selbstkontrolle verlangt, vielleicht auch erzwingt, ist eines von vielen Beispielen für die Komplexität der zivilisatorischen Bewegung in unseren Tagen.

12. Es weist zugleich auch darauf hin, daß die Wandlungen der Beziehungen von Menschen in ihrer Eigenschaft als Eltern und Kinder oder auch als Mann und Frau, kurzum als Mitglieder einer Familie, ganz unabtrennbar sind von den Wandlungen der Beziehungen von Menschen als Einwohner einer Stadt oder als Angehörige eines Staates. Die Familienbeziehungen werden oft als die Grundlage aller gesellschaftlichen Beziehungen der Menschen hingestellt. Aber das ist ein Mißverständnis. Die Struktur der Familie, die gesellschaftlich vorgegebene Form der Beziehung von Mann, Frau und Kind, wandelt sich im Zusammenhang mit, und dies entsprechend dem Wandel der großen Gesellschaft, deren Teil sie ist. Es verhält sich nicht nur so, daß sich die Struktur einer Bauernfamilie, wo Mann, Frau und Kinder möglicherweise durch ihre Arbeit gemeinsam zum Familieneinkommen beitragen, von der einer Industriearbeiterfamilie unterscheidet, wo das nicht der Fall ist; merkliche Strukturverschiedenheiten der Familie lassen sich auch beobachten, wenn man Gesellschaften mit durchschnittlich fünf Kindern pro Familie und solche mit durchschnittlich zwei Kindern miteinander vergleicht. Je geringer im Durchschnitt einer Gesellschaft die Kinder-

zahl einer Familie wird, um so wertvoller werden Kinder nicht allein für die Eltern, sondern für die betreffende Gesellschaft überhaupt. Und da im Zuge der zunehmenden Industrialisierung und Urbanisierung gewöhnlich die Kinderzahl sinkt, so wächst im Zuge dieser Veränderung, auch im Zusammenhang mit dem wachsenden sozialen Reichtum, die gesellschaftliche Fürsorge für Kinder und das Verständnis für ihre Sonderbedürfnisse. Alles das weist darauf hin, wie wenig die Familie eine autonome Figuration innerhalb der umfassenderen Figuration der Staatsgesellschaft ist. In der Tat hat die letztere im Laufe der Jahrhunderte mehr und mehr gesellschaftliche Funktionen, die früher dem Familienverbande zufielen, an sich gezogen. Früher arbeiteten Mann, Frau und Kinder nicht nur als Bauern, sondern auch als Handwerker im Rahmen des Familienverbandes, heute verdienen sie sich ihr Einkommen weitgehend außerhalb dieses Verbandes. Früher vollzog sich bei der Masse der Bevölkerung die Erziehung der Kinder hauptsächlich im Rahmen der Familie, heute mehr und mehr außerhalb von dieser. Früher lag die Fürsorge für die Kranken und Alten recht und schlecht vor allem in den Händen der Familie. Heute haben öffentliche Institute, insbesondere auch staatliche Versicherungen und Krankenhäuser, einen guten Teil dieser Funktionen an sich gezogen. Die Entwicklung zum Wohlfahrtsstaat hat auch die relative Unabhängigkeit der Heranwachsenden von ihren Eltern verstärkt. Selbst in Zeiten der Arbeitslosigkeit ist die Arbeitslosenunterstützung für viele Jugendliche ein Schutzwall gegen das Ärgste; der Staat, nicht mehr die Familie, bildet den Schutzwall gegen die äußerste Not.

Die Familie unserer Tage hat viele Funktionen an andere

Institutionen, vor allem an den Staat, verloren, die früher ihren Charakter und besonders auch ihre Herrschaftsstruktur mitbestimmten. Um so stärker treten heute diejenigen Funktionen zutage, die ihr geblieben sind, also vor allem die affektiven und emotionalen Funktionen der die Familie bildenden Menschen füreinander. Im optimalen Falle stellt die Familie den stabilen Brennpunkt der dauerhaften Befriedigung von Trieb- und Zuneigungsbedürfnissen, den zuverlässigen sozialen Ort der emotionalen Verankerung von Menschen dar, und wo immer das der Fall ist, kann man wirklich von einer Zivilisierung der Familienbeziehungen, darunter auch der Eltern-Kinder-Beziehung sprechen oder, wenn man will, auch von einer Demokratisierung; denn zwischen Männern und Frauen, wie zwischen Eltern und Kindern sind in unseren Tagen die Machtgewichte, wenn auch nicht gleichmäßig, so doch gleichmäßiger als früher verteilt. Die »Entdeckung des Kindes«, das »Jahr des Kindes« sind Zeichen dieser Machtverlagerung. Eltern, Lehrer und zuweilen auch staatliche Behörden geben der Eigengesetzlichkeit der Kinder größeren Spielraum als je zuvor. Erwachsene haben aufgehört, in Kindern sich selbst, als kleine Erwachsene, zu sehen. Sie wissen, daß Menschen als Kinder andere Bedürfnisse haben als sie selbst. Diese kindlichen Bedürfnisse sind gewöhnlich leidenschaftlich, intensiv und in weit höherem Maße phantasiegesättigt als die der zivilisierten Erwachsenen. In vielen Fällen stehen Eltern der Leidenschaftlichkeit des kindlichen Verlangens etwas hilflos gegenüber. Man kann nicht sagen, daß sie heute schon die Natur des individuellen Zivilisationsprozesses verstehen, den Kinder durchlaufen müssen, ehe sie das Zivilisationsniveau von Erwachsenen erreichen können, obgleich sie selbst, die Eltern, Entscheidendes zu diesem Prozeß beitragen. Aber es ist gegenwärtig nun schon gesellschaftlich akzeptiert, daß es nicht einfach »böser Wille«, »Ungehorsam« oder »Unartigkeit« ist, die Kinder tun läßt, was Erwachsenen untersagt ist. Die Eltern selbst zügeln demgemäß ihre ja zunächst immer gewaltige Übermacht über die Kinder. Ein derart modifiziertes Herrschaftsverhältnis aber verlangt nun wirklich, wie man sieht, ein vergleichsweise sehr hohes Maß der Selbstkontrolle von Eltern, das als Vorbild und Erziehungsmittel im Rückschlag dann auch den Kindern ihrerseits ein hohes Maß an Selbstzwang auferlegt.

13. Gleichzeitig aber gibt es in unseren Gesellschaften eine Reihe von Bedingungen, die dem Gelingen eines derart zivilisierten Verhältnisses von Eltern und Kindern entgegenwirken. Dazu gehört vor allem auch die zunehmende Individualisierung und Verselbständigung aller an dem Aufbau einer Familie beteiligten Menschen. Nicht nur die Männer, sondern auch die Frauen sind in zunehmendem Maße durch eine Berufsarbeit außerhalb des Hauses in Anspruch genommen. Mehr als je zuvor neigen alle Familienangehörigen dazu, individuell ein Leben für sich allein zu leben, also Aufgaben zu übernehmen und menschliche Beziehungen anzuknüpfen, unabhängig von anderen Mitgliedern der Familie. Auch die heranwachsenden Kinder versuchen, sobald sie es können, ihre eigenen Wege zu gehen. Und zumindest in den großen Städten finden sie verhältnismäßig leicht Gelegenheit dazu. Man neigt vielleicht sogar dazu, Kinder ein wenig zu stigmatisieren, die sich nicht frühzeitig verselbständigen. Je mehr die älter werdenden Eltern der emotionalen Zuneigung der Kinder und viel-

leicht ihrer Hilfe bedürfen, um so mehr sind die Kinder mit ihren eigenen Angelegenheiten beschäftigt.

Der ungeplante Gesellschaftsprozeß, in dessen Verlauf unter anderem auch die Familienbeziehungen der Menschen eine tiefgreifende Transformation erfahren haben, wirft viele unbewältigte Probleme auf. Aber man ist sich ihrer noch kaum als unserer Probleme, als der gemeinsamen Probleme einer Reihe von Generationen im Zuge der weiten Gesellschaftsentwicklung bewußt. Die gesellschaftliche Realität dieser Probleme als Symptome einer bestimmten Entwicklungsphase und damit auch die Chance ihrer besseren Bewältigung wird heute für das Bewußtsein der Menschen weitgehend dadurch verdeckt, daß eine Reihe herkömmlicher Klischees, die den Menschen ein völlig unrealistisches Idealbild der Familie vorzaubern, noch weithin das Denken der Menschen beherrschen. Während die nüchterne Beobachtung als hervorstechendstes Charakteristikum der menschlichen Familienbeziehungen, im Unterschied zu den entsprechenden Beziehungen vieler anderer Lebewesen, gerade deren außerordentliche Wandelbarkeit aufweist, propagieren diese herkömmlichen Klischees die Vorstellung von der menschlichen Familie als einer schlechthin unwandelbaren und ewig gleichen Figuration von Menschen. Der idealisierende Charakter dieser Klischees trägt dann überdies dazu bei, daß die Menschen jeder einzelnen Familiengruppe weit davon entfernt sind, ihre Schwierigkeiten wenigstens zum Teil als die normalen Schwierigkeiten der Familienbeziehungen unserer Tage zu erkennen; daß sie vielmehr die Schwierigkeiten als etwas zu sehen geneigt sind, das ihnen allein passiert. Die Mehrzahl aller anderen Familienbeziehungen entspricht, so scheint es dann, dem »idealen« Klischee. Nicht nur kirchliche, sondern auch eine ganze Reihe von weltlichen Traditionen, darunter besonders auch die von Soziologen und Ethnologen erfundene Vorstellung von einer unveränderlichen Kernfamilie, tragen zum Weiterleben eines

Phantasiebildes von der Familie im Gros der Gesellschaft bei. Ein Beispiel mag hier genügen, diese Klischeebildung zu veranschaulichen. In einer Entscheidung des höchsten Gerichtshofes der USA über die Einweisung eines Kindes in eine Nervenklinik berief sich der Gerichtshof unter anderem darauf, daß in diesem Falle »die herkömmliche Annahme, daß Eltern im besten Interesse ihrer Kinder handeln, anzuwenden sei«.[11]

Einer der Richter, Chief Justice Warren Burger, sprach überdies in seiner Begründung der Mehrheitsentscheidung von dem »Familienkonzept des Gesetzes«, welches, so schrieb er, anerkennt, daß die natürlichen Bande der Zuneigung Eltern dazu anleiten, im besten Interesse ihrer Kinder zu handeln. Hier werden also gesetzliche Entscheidungen getroffen aufgrund einer offensichtlichen Fiktion. Es ist

---

11 »[...] that the traditional presumption that the parents act in the best interests of their child should apply«, The United States Law Week, Extra edition No. 1, Supreme Court Opinions, Bd. 47, Nr. 49, 19. 6. 1979. Chief Justice Warren Burger schrieb: »[...] historically, it (vermutlich das Gesetz) has recognised that natural bonds of affection lead parents to act in the best interests of their children.« (S. 4744, Spalte 2) [geschichtlich gesehen, hat sie [die Jurisprudenz, Anm. d. Bearb.] anerkannt, daß die natürlichen Bande der Zuneigung die Eltern dazu anleiten, im besten Interesse ihrer Kinder zu handeln]. Hier wird also der weitverbreiteten Legende stattgegeben, daß eine solche Handlungsweise der Eltern gleichsam ein naturgegebener Instinkt ist. Die Frage ist, ob es für hohe Richter notwendig ist, sich auf Traditionen zu berufen, die dem gegenwärtigen Stande der wissenschaftlichen Einsicht zuwiderlaufen.

eigentlich nicht einzusehen, warum Richter zu ihren Entscheidungen solcher idealisierenden Fiktionen bedürfen in einer Periode, in der es zumindest möglich geworden ist, realitätsgerechtere soziologische Untersuchungen bei Urteilssprüchen zu Hilfe zu ziehen.

14. Das anachronistische Beharren auf einer idealisierenden Vorstellung von der Eltern-Kinder-Beziehung, wie von den Familienbeziehungen überhaupt, ist eines der größten Hindernisse, das einer sachgerechteren Bewältigung zeitgenössischer Familienprobleme im Wege steht. Ich will zum Abschluß wenigstens noch einen kurzen Hinweis darauf geben, warum das der Fall ist. Wo immer, entsprechend dem Gesamtaufbau einer Gesellschaft, die Machtgewichte zwischen den eine Familie bildenden Menschen sehr ungleich verteilt sind, ist die Beziehung von Eltern und Kindern wie von Männern und Frauen in hohem Maße formalisiert. Sie hat, mit anderen Worten, eine gesellschaftlich sanktionierte, relativ fest gefügte Form. Gewiß läßt diese Form einen Spielraum für individuelle Variationen, aber die Muster der Überordnung und Unterordnung, des Befehlens und Gehorchens sind unausweichlich. Der Variationsspielraum ist lediglich für die Übergeordneten und Befehlenden groß; relativ gering für die Untergeordneten und Gehorchenden. Wenn das Machtgefälle in der Familie, also auch das Machtgefälle zwischen Eltern und Kindern, geringer wird – und das ist der Entwicklungstrend unserer Zeit –, dann ändert sich die Lage. Die die Familie bildenden Menschen sind dann in geringerem Maße als früher an vorgegebene Formen gebunden, sie sind in höherem Maße als früher darauf angewiesen, durch ihre eigene An-

strengung, also absichtsvoller als früher, einen modus vivendi miteinander auszuarbeiten. Dadurch, daß man Familienbeziehungen als etwas hinstellt, das gleichsam von Natur gegeben ist und so normalerweise ganz von selbst gut funktioniert, verstellt man sich den Blick dafür, daß – unter den gegenwärtigen Bedingungen der nicht autoritären Familienbeziehungen mehr denn je – das Gelingen der Beziehung – ihr für die Beteiligten mehr oder weniger befriedigendes Funktionieren – eine Aufgabe ist, der sich die derart aneinander gebundenen Menschen unterziehen können oder nicht. Man könnte sich denken, daß die Erfolgschancen größer sind, wenn sie sich dieser Aufgabe als solcher bewußt sind und gemeinsam an ihr arbeiten. Überdies ist jede Familienbeziehung ein Prozeß. Die Beziehungen sind immer im Wandel begriffen. Die Aufgabe stellt sich immer von neuem. Die Notwendigkeit, bewußt an ihren Beziehungen zueinander zu arbeiten, hört für Menschen nie auf.

## Literatur

Ariès, Philippe: Geschichte der Kindheit, München/Wien: Hanser Verlag 1975

Elias, Norbert: Über den Prozeß der Zivilisation. Soziogenetische und psychogenetische Untersuchungen, Frankfurt am Main: Suhrkamp 1976 (Gesammelte Schriften, Bd. 3, Frankfurt am Main: Suhrkamp 1997)

Gleichmann, Peter Reinhart: »Die Verhäuslichung körperlicher Verrichtungen«, in: Peter Gleichmann/Johan Goudsblom/Hermann Korte (Hg.): Materialien zu Norbert Elias' Zivilisationstheorie, Frankfurt am Main: Suhrkamp 1979, S. 254–278

Kalow, Gert: erdgaleere. Gedichte, München: R. Piper & Co. 1969

De Mause, Lloyd (Hg.): Hört ihr die Kinder weinen, Frankfurt am Main: Suhrkamp 1977 [engl.: The history of childhood, New York: The Psychohistory Press 1974]

Rutschky, Katharina: Schwarze Pädagogik. Quellen zur Naturgeschichte der bürgerlichen Erziehung, Berlin: Ullstein 1977

The United States Law Week, Extra edition No. 1, Supreme Court Opinions, Washington D. C.: The Bureau of National Affairs, Bd. 47, Nr. 49, 19. 6. 1979

Wouters, Cas: »Informalisierung und der Prozeß der Zivilisation«, in: Peter Gleichmann/Johan Goudsblom/Hermann Korte (Hg.): Materialien zu Norbert Elias' Zivilisationstheorie, Frankfurt am Main: Suhrkamp 1979, S. 279–298

# V. Über Menschen und ihre Emotionen: Ein Beitrag zur Evolution der Gesellschaft

*Dieser Text ist einer der wenigen von Elias, in dem er sich mit Emotionen als Teil der Kommunikation zwischen Menschen befasst. Es ist die autorisierte und übersetzte Version, die er am 26. Juli 1986 auf der Jahrestagung der ›International Society for Research on Emotions‹ am 25. Juli 1986 in Amsterdam gehalten hatte.*

*Auch bei diesem Thema argumentiert Elias auf der Basis seiner prozesstheoretischen Grundlagen. Hier steht das Verhältnis von biologischen und sozialen Prozessen im Mittelpunkt. Die Prozesssoziologie richtet ihren Blick, anders als Biologie und Psychologie, vor allem auf Emotionsmerkmale die typisch menschlich sind. Elias übersieht nicht, dass es zu emotionalen Äußerungen von Menschen zu anderen Menschen anatomischer und physiologischer Voraussetzung bedarf. Um eine menschliche Sprache zu lernen, um Liebe oder Furcht zu äußern, müssen die anatomischen Möglichkeiten vorhanden und entwickelt werden. Wie aber Liebe oder Furcht sich äußern, ist eben auch in verschiedenen Phasen gesellschaftlicher Entwicklung unterschiedlich und wird auch unterschiedlich gelernt.*

**1.** Wenn Psychologen und Biologen die Emotionen von Menschen untersuchen, befassen sie sich vorwiegend mit Emotionsstrukturen, die die Menschen mit den Mitgliedern anderer Tierarten gemeinsam zu haben scheinen. Im Gegensatz dazu richtet sich das Interesse des Prozeßsoziologen an den menschlichen Emotionen nicht nur auf Emotionsmerkmale, die zugleich in der Tierwelt verbreitet sind, sondern auch auf Emotionsmerkmale, die typisch menschlich und ohne Parallelen in der Tierwelt sind. Mit der Aufmerksamkeit, die er dem Verhältnis zwischen animalischen und humanen Merkmalen der menschlichen Emotionen widmet, mißachtet der Prozeßsoziologe keineswegs die Kontinuität der Evolution, die die Menschen mit ihren nichtmenschlichen Vorfahren verbindet. Er bricht aber bewußt mit der langdauernden Tradition derer, die die Strukturunterschiede zwischen den Emotionen des Menschen und denen der anderen Tierarten verwischen oder ignorieren. Eine wissenschaftliche Auseinandersetzung mit dem Funktionszusammenhang zwischen animalischen und humanen Emotionsmerkmalen ist immer noch recht selten.[1] Sie könnte aber sehr nützlich sein. Denn ein gewisses Maß an Übereinstimmung der Emotionsforscher über das Menschenbild, das sie ihren Emotionstheorien und anderen Theorien der Humanwissenschaften zugrunde legen wollen, gehört zu den wesentlichen Voraussetzungen für Fortschritte auf diesen Gebieten.

Beim gegenwärtigen Stand lassen sich in den Humanwissenschaften zwei entgegengesetzte Tendenzen beobachten.

---

1 Julian Huxley, »The Uniqueness of Man«, in: ders., The Uniqueness of Man, London 1941, S. 1-33.

Einige Humanwissenschaften konzentrieren ihre Aufmerksamkeit auf Eigenschaften, die der Mensch mit den anderen Tierarten gemeinsam hat, und legitimieren damit ihren Anspruch auf den Status einer Naturwissenschaft. Die Ethologie und bestimmte Richtungen der Psychologie stehen hier an vorderster Stelle. Den Humanwissenschaften dieses Typs sind die Errungenschaften der Evolution, die die Spezies des Menschen kennzeichnen und ihre Überlegenheit und Herrschaft über die meisten anderen Tierarten begründen, weitgehend gleichgültig. Die Vertreter dieser Wissenschaften halten meist nur solche Aspekte für relevant, die sie als natürliche Konstanten der menschlichen Verfassung ansehen, und bevorzugen unter diesen wiederum solche, die der Mensch mit anderen Tierarten teilt. Mit anderen Worten, ihr Ansatz ist monistisch und reduktionistisch.

Die zweite Gruppe der Humanwissenschaften, darunter nahezu alle Sozialwissenschaften sowie diejenigen, die im Englischen als »moral sciences« und im Deutschen als »Geisteswissenschaften« bezeichnet werden, befaßt sich mit Gegenständen, die für gewöhnlich nicht als der Natur zugehörig angesehen werden. Aber abgesehen von dieser Negativ-Diagnose bleibt sowohl der ontologische Status solcher nichtnatürlichen Gegenstände als auch ihre Beziehung zur Natur unklar. Darauf beruhen viele der grundlegenden Ungereimtheiten dieser Humanwissenschaften. Sie behandeln ihren Gegenstand als außerhalb der Natur befindlich, als etwas, das an sich selbst untersucht werden kann. Sie sind demnach dualistisch und isolationistisch. Aber ihr Dualismus ist verborgen und weitgehend unerkannt. Die meisten von ihnen, darunter die Geschichtswissenschaft und die Soziologie, erforschen Aspekte des menschlichen Lebens, die für den Menschen spezifisch sind und also entweder selbst neuere Errungenschaften der Evolution sind oder auf solche zurückgeführt werden können. Aber sie behandeln die Menschheit getrennt von den anderen Tierarten und bleiben damit den hier angeschnittenen Problemen gegenüber ebenfalls weitgehend gleichgültig. Sie fragen nicht danach, wie sich spezifische Erscheinungen des menschlichen Lebens zu den Erscheinungen verhalten, die der Mensch mit anderen Tierarten gemeinsam hat, so wie Geburt und Tod. Ihre Vertreter mögen zwar nicht völlig an der Tatsache vorbeisehen, daß der Mensch viele Eigenschaften mit anderen Tieren gemeinsam hat, und durch Bezugnahme auf den menschlichen Körper mögen sie diese Tatsache sogar anzuerkennen versuchen. Doch sie unternehmen in diesem Zusammenhang keinen Versuch, die Lücke zwischen dem Animalischen und dem Humanen zu schließen und das Scharnier zu entdecken, das die Natur mit dem verbindet, was als unnatürlich erscheinen mag. So mag der Körper von den Soziologen für einen interessanten Untersuchungsgegenstand gehalten werden. Doch die von ihnen benutzten Verfahrensweisen des analytischen Isolationismus machen es ihnen leicht, den Körper als ein Spezialgebiet der Soziologie zu behandeln, als einen Gegenstand, der von den anderen Gegenständen der soziologischen Forschung weit entfernt ist. Für die Untersuchung dessen, was den Menschen als Körper mit dem verbindet, was an ihm für unkörperlich gehalten wird, scheint kein Bedarf zu bestehen.

Auch in einem größeren Maßstab arbeiten die Humanwissenschaften des zweiten Typs mit einem gespaltenen Weltbild. Schon die Einteilung der Wissenschaften in Naturwissenschaften und solche, die nicht mit der Natur befaßt sind, erweist sich als symbolische Manifestation einer ontologischen Annahme, der Annahme einer tatsächlich existierenden Teilung der Welt. Diese Annahme wird im verborgenen gepflegt und kaum je einer wissenschaftlichen Diskussion oder Überprüfung ausgesetzt, so daß sie ohne Rechtfertigung bleibt. Der betreffende Typ der Humanwissenschaften hält die Dualität der Welt einfach für selbstverständlich. Was in Wirklichkeit zwar unterscheidbare, aber nicht voneinander trennbare Aspekte des Menschen sind, wird, sobald es in den Gegenstandsbereich humanwissenschaftlicher Forschung gerät, so untersucht, als handele es sich um lauter isolierte Einzelaspekte. So ist die Frage, welche spezifischen biologischen Merkmale des Menschen seine Geschichte ermöglichen, kaum je zum Gesprächsstoff bei den Historikern geworden. Genausowenig gehört das Verhältnis zwischen der Evolution des Organismus und der Entwicklung der Gesellschaft zu den bevorzugten Gegenständen der Erörterung bei den Soziologen. Der Begriff »Evolution« wird heute einfach unterschiedslos auf beides angewandt. Wie Kultur, Rationalität, Wissen, Gewissen und Bewußtsein sich in die etablierte Theorie einer evolutionären Abstammung des Menschen fügen, bleibt der bloßen Spekulation überlassen. Während die Humanwissenschaften mit monistischem Hang dazu tendieren, die Ähnlichkeiten überzubetonen und die Unterschiede zwischen den Menschen und anderen Lebewesen zu ignorieren, führen die Humanwissenschaften mit dualistischer Perspektive – oft ohne große Reflexion und in unausgesprochener Form – eine uralte Tradition weiter, die durch die Existenz des Menschen einen absoluten Trennungsstrich zwischen Natur und Nicht-Natur gezogen sieht.

Beide Ansätze leiden an der Unfähigkeit, die Eigenart von Prozessen zu verstehen. Sie sind nach wie vor in einem einflußreichen überkommenen Begriffsschema befangen, das dazu zwingt, auch solche Ereignismengen in statischen Begriffen darzustellen, die nur erkannt und beschrieben werden können, wenn sie als Teile oder Aspekte von Vorgängen gesehen werden, als Stadien eines kontinuierlichen strukturierten Prozesses. Jemandem, der an den Gebrauch einer statischen Begrifflichkeit gewöhnt ist, müssen manche Struktureigenschaften von Prozessen völlig unverständlich bleiben. Dazu gehört besonders die beobachtbare Tendenz einiger Arten von Prozessen, Kontinuität mit Innovation zu verbinden. Es gibt viele Beispiele für Prozesse, die innerhalb einer stetigen Bewegung von Zeit zu Zeit zum Auftreten neuer Strukturen führen, die keinen Präzedenzfall in früheren Phasen haben. Die scheinbare Fremdartigkeit einiger Eigenschaften von Langzeitprozessen wird darüber hinaus bisweilen noch dadurch verstärkt, daß Beobachter, die in eine spätere Phase eines solchen Prozesses hineingeboren sind, Schwierigkeiten haben, die genaue Abfolge der vorhergehenden Phasen zu rekonstruieren, weil alle lebenden Vertreter dieser Phasen unwiederbringlich verschwunden sind und kaum oder gar keine Spuren hinterlassen haben.

Im Falle des Menschen ist eine lange Reihe seiner direkten biologischen Vorfahren in der Tat ausgelöscht. Erst in allerjüngster Zeit versuchen die Menschen selbst, das Aussterben weiterer Arten zu verhindern. In früheren Stadien ihrer Existenz waren sie offensichtlich weniger nachsichtig. Das Verschwinden all der verschiedenen Hominiden-Gruppen aus dem Bereich des Lebens mit Ausnahme einer einzigen scheint, zumindest zum Teil, auf Überlebenskämpfe zwischen diesen Gruppen selbst zurückzugehen. Was auch immer der Grund gewesen sein mag: daß die einzigen noch lebenden Hominiden heute keinen lebendigen Vertretern der Abfolge der Stadien mehr begegnen können, in deren Verlauf sich ihre eigene Spezies Schritt für Schritt herausbildete, ist zum großen Teil verantwortlich für die Probleme, die die Menschen mit ihrem eigenen Selbstbild haben und mit der Tatsache, daß sie den anderen Tieren zugleich ähneln und sich von ihnen unterscheiden. Daß in Zukunft noch lebende Vertreter der unmittelbaren Vorfahren des Menschen ans Licht treten, ist mittlerweile höchst unwahrscheinlich. Heute sind selbst die toten Relikte seiner direkten biologischen Vorfahren selten und sehr verstreut. Das Studium rezenter Affen wird oft als Ersatz betrieben für das der wirklichen Ahnen der Menschheit. Aber die rezenten Affen gehören einer recht frühen Seitenlinie der direkten menschlichen Vorfahren an. Ihre Untersuchung kann irreführend sein; sie kann die Aufmerksamkeit von der Notwendigkeit ablenken, wenigstens auf dem Weg über die Hypothesenbildung Modelle der fehlenden Phasen des Evolutionsprozesses zu konstruieren – Modelle, die die Struktur und Richtung dieser Phasen sichtbar machen und auf diese Weise zu erklären helfen könnten, welche Innovationen den rezenten Spezies von Vorteil waren.

Es ist nicht zufällig, daß in diesem Fall ebenso wie in dem anderer Evolutionsprozesse, die wie ein Durchbruch zu einem neuen Modus des Lebens aussehen, die Zwischenstufen verschwunden sind. Etwas Derartiges scheint sich auch im Falle der stark innovativen Transformationen ereignet zu haben, die den Übergang von den See- zu den Landtieren bzw. von den Reptilien zu den Vögeln ermöglichten. Im ersten Fall sind sehr wenige rezente Vertreter von Zwischenstufen erhalten, im zweiten kein einziger. Es könnte sehr wohl sein, daß in diesen Fällen spätere Produkte des Evolutionsprozesses einen Grad an Perfektion und eine Überlegenheit über ihre Vorgänger erreichten, die im langfristigen Überlebenskampf zu ihrem Sieg und schließlich zur Auslöschung der früheren Formen führten.

In allen bisherigen Fällen kam es bei den Vertretern der erfolgreicheren innovativen Organisation jedoch zu einem Prozeß der *biologischen Differenzierung;* sie teilten sich in eine große Anzahl unterschiedlicher Arten auf, die sich nicht mehr kreuzen konnten, und schöpften damit ihre neuen Kapazitäten aus, indem sie ihren Lebensraum bis in die letzten Winkel ausfüllten. Das betrifft zum Beispiel den Archetypus (oder die Archetypen) der vierbeinigen Landtiere, die in eine Unzahl unterschiedlicher vierbeiniger Spezies evoluierten und sämtliche Nischen der Kontinente besetzten, die ihnen das Überleben sicherten. Es betrifft auch die archetypischen Vögel, zweibeinig und geflügelt, welche in eine große Menge unterschiedlicher Spezies von Vögeln zerfielen, die sich an jeden Teil der Erde und des Luftraums anpaßten, der für sie erreichbar war. Auch sie können sich nicht mehr kreuzen. Im Gegensatz dazu haben die Menschen eine stark innovative Ausrüstung erworben, die ihnen gestattete, sich an eine große Mannigfaltigkeit von Bedingungen auf der Erde anzupassen und dort ihr Überleben zu sichern, ohne sich in starkem Maße biologisch zu differenzieren und ohne in eine große Anzahl von Spezies auseinanderzufallen. Berg-Gurkhas können sich mit Tiefland-Briten paaren, Chinesen mit Amerikanern. Im Falle des Menschen paßte sich ein und dieselbe Spezies den unterschiedlichen

Bedingungen auf der Erde hauptsächlich durch das Mittel der sozialen Differenzierung an, wobei die biologische Variation niemals die Einheit der Spezies gefährdete. Die Menschen machten sich die Erde untertan durch Lernen aus Erfahrung und durch die Weitergabe des Wissens von einer Generation an die nächste. Sie paßten sich neuen Umgebungen mit Hilfe einer Folge sozialer Transformationen an: Transformationen in Form einer sozialen Entwicklung und ohne weitere evolutive Veränderungen, die die biologische Einheit der Spezies zerstört hätten. Die besonderen biologischen Merkmale, die die Menschen befähigen, aus der Erfahrung zu lernen, Wissen über die Generationen weiterzugeben und ihr soziales Zusammenleben angesichts neuer Anforderungen in verschiedenartiger Weise zu ändern, bedürfen der näheren Betrachtung.

Was den tatsächlichen Prozeß betrifft, in dessen Verlauf Lebewesen mit den einzigartigen Eigenschaften des Menschen die Erde zu bevölkern begannen, so müssen wir damit rechnen, daß wir selbst auf lange Sicht niemals in der Lage sein werden, mehr zu seiner Erfassung zu tun, als bloß hypothetische Prozeßmodelle zu entwickeln und auszuarbeiten. Doch können die menschlichen Emotionen dieser Modellierungsarbeit als ein nützlicher – wenn auch nicht als der einzige – Ausgangspunkt dienen. In diesem Zusammenhang bietet der vorliegende Beitrag einige Hypothesen über die Besonderheiten, die die Emotionen des Menschen gegenüber denen anderer Spezies aufweisen. Er liefert einen einigermaßen kohärenten theoretischen Rahmen für die Untersuchung der Emotionen und entwickelt einige vorläufige Modelle zur Kennzeichnung der fehlenden Verbindungsglieder in dem noch unbekannten Evolutionsprozeß, der zur Herausbildung der rezenten Spezies Mensch führte.

2. Was ich über die Emotionen des Menschen zu sagen habe, basiert auf Hypothesen über den Menschen im allgemeinen. Diese stehen in engem Zusammenhang miteinander, auch wenn sie nicht alle der gleichen Abstraktionsebene angehören. Ich werde sie im weiteren Vorgehen nach und nach erwähnen. Die erste Hypothese ist eine der wichtigsten und fundamentalsten für eine Theorie des Menschen. Sie zeigt auch in aller Kürze, wie man in Form eines theoretischen Modells die Rekonstruktion des Evolutionsprozesses in Angriff nehmen kann, der zum gegenwärtigen Typus des Menschen geführt hat. Ein solches Prozeßmodell kann mögliche Antworten auf die oben gestellte Frage liefern, wie sich die Tatsache, daß die menschliche Spezies bestimmte einzigartige Merkmale besitzt, mit der Kontinuität des Evolutionsprozesses in Einklang bringen läßt.

Die erste Hypothese ist so einfach, daß sie fast selbstverständlich scheinen mag. Bei vielen Tieren ist eine feste Ausstattung mit ungelernten Verhaltensweisen kombiniert mit der Fähigkeit zum Erlernen von Verhaltensweisen. Selbst ein Regenwurm kann lernen. Das können natürlich auch Affen; sie sind in der Lage, individuelle Erfahrungen im Gedächtnis zu behalten und ihr Verhalten danach auszurichten. Aber im Falle des Regenwurms ist der Umfang des Lernbaren äußerst beschränkt. Das Verhalten von Tieren auf diesen frühen Stufen des Evolutionsprozesses ist, auch wenn selbst hier Spuren des Lernens entdeckt werden können, zum größten Teil genetisch determiniert; es ist artspezifisch und invariant. Selbst die Lernfähigkeit der Affen ist, obgleich den meisten anderen Tierarten weit überlegen, immer noch sehr begrenzt, verglichen mit der natürlichen Lernfähigkeit des Menschen. Und sogar bei den Affen ist das Verhältnis von hauptsächlich gelernten und hauptsächlich ungelernten Verhaltensformen noch stark zugunsten der letzteren verschoben; dasselbe kann vermutlich über die Gefühlskomponenten ihrer Emotionen gesagt werden.

Meine erste Hypothese besagt nun, daß *der Mensch als Spezies aus einem Durchbruch der Evolution* hervorgegangen ist. Auch wenn der Umfang des Lernens im Vergleich zum ungelernten Verhalten schon während der vormenschlichen Stadien des Evolutionsprozesses gestiegen ist, blieb in allen anderen Fällen immer das ungelernte genetische Reaktionsprogramm dominant. Die blinde und wechselvolle Innovationskraft des Evolutionsprozesses arbeitet oft sehr langsam. Das Verhalten hauptsächlich mit Hilfe gelernten Wissens steuern zu können bietet den Lebewesen einer Spezies, die dafür biologisch ausgestattet ist, sehr große Vorteile gegenüber allen Lebewesen, deren Verhalten vorwiegend von angeborenen Mechanismen gelenkt wird. Es ist erstaunlich genug, daß überhaupt eine biologische Ausrüstung für das Lernen entstanden ist. Sie hat von minimalen Anfängen ausgehend allmählich größeres Gewicht gewonnen. Aber in allen vormenschlichen Formen des Lebens ist die Verhaltenssteuerung mittels erworbener und erinnerter Erfahrungen den ungelernten Formen der Steuerung untergeordnet geblieben. Für die gegenwärtig lebende menschliche Spezies lautet meine Hypothese, daß in dem artspezifischen Gleichgewicht zwischen gelernten und ungelernten Verhaltensweisen eine Wende eingetreten ist. Zum ersten Male im Evolutionsprozeß haben die hauptsächlich gelernten Verhaltenssteuerungen deutlich und unverkennbar ein Übergewicht gegenüber den ungelernten erhalten. Es mag eines Tages möglich sein, diesen Durchbruch zum Übergewicht des Lernens mit dem zur Dominanz des Großhirns in Beziehung zu setzen. Aber wie man es auch sehen mag, dies ist ein Beispiel dafür, wie die Kontinuität eines Prozesses Hand in Hand gehen kann mit dem Entstehen von Einzigartigkeit bei einigen Strukturmerkmalen der vom Prozeß Betroffenen. Dieser Durchbruch der Evolution sollte weitreichende Konsequenzen haben.

Das kann man am besten mit Hilfe einer *zweiten Hypothese* zeigen. Sie ist ebenfalls einfach, wenngleich nicht immer genügend klar formuliert. Man kann sie in einem Satz zusammenfassen, der dann allerdings der Erläuterung bedarf: *Der einzelne Mensch kann nicht nur weit mehr lernen als die Lebewesen jeder anderen Spezies, er muß auch mehr lernen.* Wie die anderen Lebewesen besitzen auch die Menschen ein Repertoire von ungelernten Verhaltensweisen. Diese sind aber in einem solchen Ausmaß geschwächt und aufgeweicht, daß die Menschen sich weder in ihrer Welt orientieren noch miteinander kommunizieren könnten, ohne daß sie eine große Menge an Wissen durch Lernen erwerben. Der Evolutionsprozeß hatte während seiner vormenschlichen Phasen eine lange Zeit über eine Tendenz zum Wachsen der Lernfähigkeit; der Mensch ist die erste und, soweit bekannt, einzige Lebensform, bei der die ungelernten Steuerungsweisen des Verhaltens den gelernten untergeordnet wurden. Die neue Verteilung von gelerntem und ungelerntem Verhalten hat auch das letztere nicht unverändert gelassen. Einige, wenn auch nicht alle ungelernten Verhaltensformen verlieren beim Menschen ihre genetische Rigidität. Sie werden flexibler und verbinden sich in bestimmten Fällen sogar mit gelernten Formen. Die Lernfähigkeit des Menschen hat in einem solchen Ausmaß zugenommen, daß er, und er allein, in völlige Abhängigkeit von gelernten Formen des Wissens geraten ist, was seine vorherrschende Weise der Kommunikation und der Orientierung in der Welt betrifft. Sicherlich sind die Menschen wie die anderen Lebewesen auch biologisch mit ungelernten Verhaltensformen ausgestattet geblieben, und das betrifft unter anderem auch die Kommunikationsmittel. Lächeln, Stöhnen und Schmerzverhalten sind Beispiele dafür. Diese ungelernten Kommunikationsformen sind jedoch beim Menschen funktional so geschwächt worden, daß eine erwachsene Person, die sich aus irgendwelchen Gründen auf sie allein verlassen müßte, außerhalb der Sphäre des Menschlichen bliebe. Ein Mensch kann nicht nur, sondern muß sogar von anderen die vorgegebene Sprache einer bestimmten Gesellschaft erlernen.

Er muß sie nicht nur lernen, um mit anderen zu kommunizieren, sondern auch, um ein funktional vollwertiges individuelles menschliches Wesen zu werden. Dasselbe Bild ergibt sich, wenn man die Orientierungsmittel des Menschen betrachtet. Im menschlichen Fall sind angeborene und artspezifische Orientierungsmuster fast vollständig verschwunden. Die Menschen sind in ihrer Orientierung und Wahrnehmung zunächst auf das Lernen eines vorgegebenen gesellschaftlichen Wissensfundus angewiesen. Ohne dieses Lernen können sie noch nicht einmal ihre Nahrung finden oder zwischen Speisen unterscheiden, die gut schmecken, aber giftig sind, und solchen, die gesund sind, aber neutral schmecken. Ohne einen großen Fundus gesellschaftlichen

Wissens zu erwerben, können sie weder überleben noch einfach nur Menschen werden. Sie sind wirklich biologisch in einer Weise konstituiert, die es sowohl möglich wie notwendig für sie macht, sich mit Hilfe gelernten Wissens zu orientieren.

Es wäre leichter, die besondere Beziehung zwischen ungelernten und gelernten Verhaltensweisen des Menschen zu verstehen, wenn unsere Denkgewohnheiten nicht so sehr durch die beiden eingangs erwähnten alternativen Tendenzen geprägt wären: den reduktionistischen Monismus und den isolationistischen Dualismus. Im ersten Fall geht die Einzigartigkeit des Menschen verloren, im zweiten die Kontinuität der Evolution. Oberflächlich betrachtet ist die alte Natur-Kultur-Kontroverse seit mindestens dreißig Jahren tot und begraben. Aber unter der Asche schwelt das Feuer weiter, unterhalten durch die analytische Leidenschaft, als unzusammenhängend zu präsentieren, was in Wirklichkeit in sich zusammenhängt, und als unabhängig, was sich in gegenseitiger Abhängigkeit befindet. So wird Wissen, ja alles, was vom Menschen durch Lernen erworben wird, weithin als Nicht-Natur, wenn nicht gar als Anti-Natur angesehen. Natur wird gleichgesetzt mit Unveränderlichem und Angeborenem und damit konzeptuell von dem getrennt, was veränderlich und gelernt ist. Und was veränderlich und gelernt ist, wird als Kultur, Gesellschaft oder in anderen Begriffen dessen klassifiziert, was als nicht-naturhaft angesehen wird. Doch wie könnten Menschen überhaupt etwas lernen, wenn sie nicht durch die Natur, also biologisch, dafür ausgestattet wären?

Das hier aufscheinende Problem wird nicht immer so deutlich formuliert, wie es das verdiente. *In bezug auf den*

*Menschen muß der Begriff der Natur umdefiniert werden.* Vielleicht kann man dabei ausgehen von der nachweisbaren Tatsache, daß es möglich ist, zwischen zwei Arten von Strukturen zu unterscheiden, die beide »natürlich« genannt werden können. Auf der einen Seite gibt es Strukturen, die einem Wandel durch gespeicherte und erinnerte Erfahrungen, d.h. durch Lernen, völlig unzugänglich sind. Auf der anderen Seite gibt es natürliche menschliche Strukturen, die Dispositionen bleiben und nicht vollständig funktionieren könnten ohne Stimulation durch das »Liebes- und Lernverhältnis« einer Person zu anderen Personen. Im Falle kleiner Kinder ist die Existenz solcher Strukturen offensichtlich. Aber die Tatsache, daß das Vorhandensein menschlicher Strukturen, die latent bleiben, bis sie durch die Beziehung zu anderen Personen ins Leben gerufen werden, sich am stärksten in der Kindheit bemerkbar macht und dort vielleicht am offensichtlichsten wird, besagt keineswegs ihre totale Abwesenheit in späteren Phasen des Lebenszyklus. Die allgemeine These lautet, wie gesagt, daß Menschen nicht nur lernen können, sondern lernen müssen, um funktional vollwertige menschliche Wesen zu werden.

Nehmen wir als Beispiel den Lautbildungsapparat des Menschen. Kein Mensch könnte die komplizierten Lautmuster einer menschlichen Sprache lernen, ohne biologisch dafür entsprechend ausgestattet zu sein. Zweifellos wird der sprachliche Apparat des Kindes ursprünglich ausschließlich für die Produktion ungelernter vorsprachlicher Laute genutzt, und eine kleine Anzahl solcher Laute bleibt dem Menschen über die Dauer seines gesamten Lebens zur Verfügung. Ebenso wie die eher hereditär bedingten Mittel der Kommunikation unter Tieren werden sie äußerst spontan eingesetzt und sind recht stark an die innere oder äußere Situation der Tiere oder Menschen gebunden, die diese Signale hervorbringen. Doch beim Menschen können selbst sie im Verlauf der Ontogenese unter bewußte Kontrolle gebracht und im weiteren Leben durch Lernen modifiziert werden.

Beim Kleinkind läßt sich beobachten, wie die eher animalischen artspezifischen Lautbildungen als Kommunikationsmittel allmählich abgelöst werden. Sie verlieren ihre Vorrangstellung an ein völlig anderes Kommunikationssystem: Kommunikation mittels einer Sprache, die existierte, bevor das Kind geboren wurde, die es von seinen Eltern erlernen mußte in einer Beziehung, die Affekte und Emotionen ebenso wie den Verstand einbezog – ein Liebes- und Lern-Verhältnis. Sprache läßt sich relativ unabhängig von der inneren oder äußeren Situation einer Person verwenden. Was man bei jedem Kind noch beobachten kann, läßt sich ohne weiteres als verkürzte Wiederholung eines Evolutionsvorgangs ansehen. Der Spracherwerb eines Kindes wird durch das Ineinandergreifen zweier Prozesse ermöglicht: eines biologischen *Reifungsprozesses* und eines sozialen *Lernprozesses*. Jeder, der Tag für Tag mit offenen Augen die kindlichen Fortschritte bei der Produktion von Wörtern und Sätzen verfolgt, kommt kaum umhin zu bemerken, wie eng dieser Lernprozeß an den biologischen Prozeß der Reifung und des Wachstums gebunden ist. Man kann mit Kindern keine Experimente machen, aber es gibt eine Menge von Daten, die eine Erweiterung der Hypothese nahelegen, daß die menschliche Natur das Lernen sowohl möglich als auch notwendig macht. In der frühen Kindheit wird der menschliche Organismus durch einen Prozeß biologischer

Reifung bereitgemacht für die Prägung des Sprachzentrums und des Lautbildungsapparats durch das Lernen einer überlieferten Sprache. Und dabei reicht es nicht aus, daß ein Kind die Lautmuster der Sprache lernt; es muß zur gleichen Zeit lernen und ist auch in der Lage dazu, die Bedeutungen im Gedächtnis zu behalten und folglich zu verstehen, die in der betreffenden Gesellschaft mit diesen Lautmustern verbunden werden, wenn sie von anderen produziert werden. Der kindliche Spracherwerb wäre völlig ohne Funktion, wenn er beschränkt wäre auf des Kindes eigene Fähigkeit zu sprechen und nicht gleichzeitig auch die Fähigkeit miteinschlösse, die Bedeutung der Lautmuster zu verstehen, die von anderen produziert werden. Eine Sprache zu lernen erfordert, den Verkehr in beiden Richtungen zu erlernen.[2]

Dieses Beispiel hat beträchtliche theoretische Relevanz nicht nur für das Studium menschlicher Emotionen, sondern auch für das des Menschen im allgemeinen. Das Ineinandergreifen eines biologischen Reifungsprozesses und eines sozialen Lernprozesses bei einem Menschenkind macht das Scharnier erkennbar, das die menschliche Natur mit der menschlichen Gesellschaft verbindet, mit der menschlichen Kultur und mit weiteren Aspekten dessen, was traditionellerweise von der Natur getrennt wird als eine zweite Welt, die isoliert davon existiert, oder aber reduziert wird auf die nichtmenschlichen Dimensionen der Natur. Ich

---

2 Man denke an die vielen Experimente, die darauf abzielen, Affen eine Sprache beizubringen. Sie sind fast immer als eine Einbahnstraße angelegt, d.h. als Versuche, die Affen Lautmuster einer menschlichen Sprache hervorbringen zu lassen. Weniger Aufmerksamkeit wird der Frage gewidmet, ob Affen die von anderen hervorgebrachten Lautmuster verstehen können.

habe vorhin den evolutionären Wandel hervorgehoben, der in der Verhaltenssteuerung von der Unterordnung der ungelernten unter die gelernten Verhaltensweisen zur Dominanz der gelernten Formen führt. Die Ablösung der ungelernten vorsprachlichen Lautformen durch die gelernten Sprachmuster beim Menschen sowie das Ineinandergreifen eines ungelernten Reifungsprozesses und eines sozialen Lernprozesses zeigen im Detail, was dieser Wandel im Verhältnis zwischen dem Gelernten und dem Ungelernten beinhaltet.

Lernen, das Sammeln von Erfahrungen und der Erwerb von Wissen beruhen sämtlich auf der Nutzung und Ausdifferenzierung natürlicher Strukturen. Aber das ist nicht alles. Man kann die Hypothese, daß Menschen lernen müssen, zusätzlich erweitern, indem man hinzufügt, daß aller Wahrscheinlichkeit nach der Erwerb bestimmter Erfahrungen und bestimmter Arten des Wissens zur rechten Zeit durchlaufen werden muß, d.h. in einem bestimmten Stadium der biologischen Ontogenese. Zweifellos besitzen Menschen eine natürliche Anlage zum Lernen über ihr ganzes Leben hinweg. Aber es gibt Hinweise, die nahelegen, daß einige Erfahrungen früh im Leben gemacht, einige Arten von Wissen früh gelernt werden müssen, zu einer Zeit, da der natürliche Reifungsprozeß die größtmögliche natürliche Disposition für ihren Erwerb bereitstellt. Die Fähigkeit, zu sprechen und eine Sprache zu verstehen, ist eines von mehreren Beispielen dieser Art; die, zu lieben und Liebe zu erwidern, ist eine andere und die Fähigkeit, sich selbst zu regulieren gemäß gelernten sozialen Standards zur Kontrolle der eigenen Triebe und Gefühle, eine dritte. Die hier vertretene Erweiterung der zweiten Hypothese impliziert, daß es nicht ausreicht zu sagen, Menschen seien von Natur aus so konstituiert, daß sie lernen – und zwar eine Menge lernen – müssen, um funktional vollwertige Erwachsene zu werden. Ihre natürliche Konstitution macht es auch erforderlich, daß sie bestimmte Erfahrungen rechtzeitig machen und einige Arten von Wissen rechtzeitig erwerben müssen, wobei – das kann man hinzufügen, ohne hier näher darauf eingehen zu können – beides auch in der richtigen Art und Weise geschehen muß. Eine Vielzahl unorganisierter Daten, die bisher ohne theoretische Aufarbeitung geblieben sind, weist z.B. darauf hin, daß wenn das natürliche Potential für das Sprechen und Verstehen einer Sprache nicht genutzt wird, wenn die sprachproduzierenden und -rezipierenden Zentren nicht etwa vom sechsten Monat an durch einen Liebes- und Lernprozeß aktiviert und geprägt werden, es dann zunehmend schwieriger wird, in späteren Phasen des Lebens eine Sprache zu lernen. Aus naheliegenden Gründen kann man keine geplanten Experimente mit Kindern machen. Aber manchmal ergeben sich Experimente ungeplant. Früher oder später werden einige von ihnen den Nachweis liefern für die Hypothese der richtigen Zeit und die der richtigen Art und Weise, die hier unter den Begriff des »Liebes- und Lern-Prozesses« subsumiert wurden.

Die Konzeption eines biologischen Prozesses, der die Bereitschaft und sogar die Notwendigkeit der Prägung und Organisation in Gestalt eines sozialen Lernprozesses hervorruft, hat Konsequenzen nicht nur in praktischer, sondern auch in theoretischer Hinsicht. Sie hilft, die Lücke zu schließen, die eine langanhaltende Tradition zwischen der Welt der Natur und der des Menschen aufgerissen hat. Diese Konzeption legt die Annahme nahe, daß im Hinblick auf den Menschen die natürliche Evolution Prozeßdispositionen hervorgebracht hat, die so lange latent und vielleicht unterdrückt bleiben, bis sie durch einen »Liebes- und Lern-Prozeß« aktiviert werden. Aber die funktionale Abhängigkeit zwischen beiden Typen von Prozessen, den biologischen und den sozialen, ist wechselseitig. Kein Lernprozeß ist unabhängig von ungelernten oder natürlichen Prozessen und Strukturen. Im Falle erwachsener Menschen kann die Steuerung des Verhaltens im allgemeinen niemals entweder nur der Natur oder nur der Kultur zugesprochen werden. Sie ist immer das Resultat eines intimen Zusammenspiels ungelernter und gelernter Prozesse. Es ist zu vermuten, daß der biologische Reifungsprozeß des Kindes genauso vom sozialen »Liebes- und Lern-Prozeß« abhängig ist, wie umgekehrt.

Die Art und Weise, in der im Leben eines Kindes der Reifungsprozeß und der des Spracherwerbs sich ineinanderfügen, ist exemplarisch. Durch das Lernen einer Sprache wird das Kind in eine spezifische menschliche Gruppe integriert. Daß ein Prozeß, der charakteristisch für die menschliche Natur und ungelernt ist, den Weg vorzubereiten hilft für die enge Integration einer Person in eine Gruppe, kann als Erinnerungshilfe dafür dienen, daß beim Menschen eine starke biologische Disposition Natur und Gruppenleben verbindet. Es läßt sich vermuten, daß ungelernte Dispositionen, die das Kind in Gestalt einer Sprache wie in Gestalt von Mustern der Selbstregulation auf den Erwerb gelernter Bindungen an eine spezifische Gruppe vorbereiten, auf früheren Stufen des Evolutionsprozesses einen besonders hohen Überlebenswert gehabt haben. Ähnliches kann man zweifellos von der Disposition zum Gruppenleben bei den Affen sagen;

doch in allen anderen Fällen gründet sich das soziale Leben der Tiere nur in einem sehr kleinen Grad auf gelernte und in einem sehr hohen Grad auf ungelernte oder angeborene Kommunikationsmittel. Daß beim Menschen eine gelernte Form der Kommunikation, eine Sprache, in ihrer sozialen Bedeutung bei weitem die Kommunikation mittels ungelernter Signale übertrifft, hat weitreichende Konsequenzen. Es gehört zu den Faktoren, die für den fundamentalen Unterschied zwischen menschlichen und tierischen Gesellschaften verantwortlich sind.

Daß die Fähigkeit zur Kommunikation mittels ungelernter Signale das soziale Leben nichtmenschlicher Lebewesen dominiert, während der Bereich der Variation ungelernter Signale durch Lernen zwar existiert, aber relativ klein ist, bedingt die hohe Rigidität tierischer Gesellschaften. Es schließt ein, daß Gesellschaften auf vormenschlichem Niveau von kleinen, lokalen Variationen abgesehen immer artspezifisch sind. Tierische Gesellschaften verändern sich nur, wenn sich die biologische Spezies selbst im Laufe eines evolutionären Prozesses verändert. Die ins Auge springenden Unterschiede zwischen tierischen und menschlichen Gesellschaften sind auf die Tatsache zurückzuführen, daß die Menschen durch eine gelernte Sprache miteinander verbunden sind, ebenso wie durch erworbene Emotionen und ein erworbenes Gewissen. Im Gegensatz zu allen Tiergesellschaften können sich menschliche Gesellschaften ohne biologische Veränderung ihrer Mitglieder verändern. Sie können eine Entwicklung durchlaufen oder, wie wir sagen, eine Geschichte haben, ohne daß irgendeine Veränderung in ihrer genetischen Ausstattung auftritt.

Die Dominanz gelernter über ungelernte Merkmale beim

Menschen liefert den biologischen Rahmen für eine gesellschaftliche Entwicklung, die ohne biologischen Wandel eintreten kann, d.h. unabhängig vom Evolutionsprozeß. Der Begriff der gesellschaftlichen Entwicklung und der Begriff des Evolutionsprozesses bezeichnen Vorgänge, die ihrer Natur nach sehr verschieden sind. Sie werden daher auch häufig verwechselt. Es ist zur Gewohnheit geworden, den Terminus »Evolution« unterschiedslos für beide Vorgänge zu verwenden. Manche stellen in monistischer Weise die gesellschaftliche Entwicklung als Teil eines einheitlichen biologischen Prozesses dar. Andere halten in dualistischer Manier die biologische Evolution und die gesellschaftliche Entwicklung im Sinne der Geschichte für völlig verschiedene und getrennt verlaufende Erscheinungen, ohne einen Gedanken auf das Problem zu verwenden, wie sie zusammenhängen. Ich habe hingegen versucht, die Art des Scharniers zu beschreiben, das die beiden Erscheinungen miteinander verbindet. Wenn man von der Hypothese ausgeht, daß menschliche Lebewesen nicht nur lernen können, sondern auch lernen *müssen,* um vollgültige Menschen zu sein, läßt sich die Frage nach dem Scharnier zwischen Evolution und Geschichte klären. Die biologische Fähigkeit des Menschen zu lernen liefert die Antwort. Ohne die Veränderbarkeit sowie die tatsächlichen Veränderungen dessen, was gelernt werden kann und muß, ohne den Wandel des Wissens und der Sprache wäre gesellschaftliche Entwicklung nicht möglich. Die *biologische* Dominanz, die die gelernten Formen der Steuerung von Erfahrung und Verhalten gegenüber den ungelernten Formen haben, verbindet die irreversible Evolution mit der reversiblen Entwicklung. Gelerntes Wissen kann vergessen werden. Das große Potential der Kommunikations- und Orientierungsmittel, die durch Lernen erwerbbar sind, welches seinerseits Teil der menschlichen Natur ist, bildet auch die Brücke zwischen Natur und Gesellschaft, zwischen Natur und Kultur und folglich zwischen den Natur- und den Sozialwissenschaften.

Alle Aspekte dessen, was als menschliche Persönlichkeit bezeichnet wird, alle Aspekte der Gesamtorganisation der Erfahrungen einer Person, ihrer Einstellungen und ihres Verhaltens in bezug auf sich selbst und auf andere Personen und Dinge, leiten sich ab aus dem engen Zusammenschluß gelernter und ungelernter Prozesse. Der alten Anschauung zufolge waren menschliche Natur und Lernen, menschliche Natur und Gesellschaft oder biologische Evolution und gesellschaftliche Entwicklung des Menschen entweder als zwei ontologische Bereiche zu sehen, die getrennt und unabhängig voneinander existieren, oder aber als Manifestationen einer relativ undifferenzierten und einförmigen Natur, wie die der nichtmenschlichen Spezies. Aus den von mir entwickelten Hypothesen ergibt sich hingegen die Aufgabe, mehr über die Art und Weise herauszufinden, in der das einzigartig große menschliche Lernpotential – einzigartig groß verglichen mit dem anderer Lebewesen – durch den Lernprozeß selbst aktiviert und organisiert wird. Dabei wird sich früh genug herausstellen, daß die Beziehung zwischen natürlichem und gesellschaftlichem Prozeß nicht immer und überall die gleiche ist. Bisher habe ich als Hauptbeispiel einen Typus menschlicher Kommunikation verwendet – die orale und auditive Kommunikation –, bei dem ungelernte Formen des Gefühlsausdrucks wie Stöhnen oder Schmerzverhalten ganz offensichtlich eine nebensächliche Rolle spielen und weniger emotionale Formen, nämlich

Kommunikation mittels gelernter Sprache, die Hauptrolle übernommen haben. Doch kann man leicht den Umstand übersehen, daß das Erlernen einer Sprache eine hochspezifische ungelernte biologische Struktur voraussetzt, die nach allem, was wir wissen, zwar artspezifisch ist, aber Raum für individuelle Variationen läßt. Die Sprache selbst, die den biologischen Organen, den Hirnzentren und dem sprachlich-auditiven Apparat aufgeprägt wird, ist eine vollständig gelernte Art und Weise der Aussendung und des Empfangs von Botschaften. Sie kann sich innerhalb ein und derselben Gesellschaft erheblich verändern, und zwar im Laufe einer Zeitspanne, die bei weitem zu kurz ist für gleich erhebliche biologische Veränderungen.

Nicht ganz dieselbe Situation ergibt sich für andere Formen menschlicher Kommunikation, die für gewöhnlich als Emotionsausdruck klassifiziert werden, wie etwa das Lächeln. In diesem Kontext lautet meine *dritte Hypothese, daß keine Emotion einer erwachsenen menschlichen Person jemals in einem vollständig ungelernten, genetisch fixierten Reaktionsmuster besteht.* Wie Sprachen resultieren auch Emotionen aus einer Verbindung gelernter und ungelernter Prozesse. Die Anerkennung dieser Tatsache kann durch vielerlei Faktoren erschwert sein. Es mag daher hilfreich sein, zumindest einen davon näher zu betrachten. Er macht zugleich deutlich, daß im wissenschaftlichen Bereich der Terminus »Emotion« nicht ganz dieselbe Bedeutung hat wie im Alltagsleben, z. B. wenn jemand sagt, eine Person sei ziemlich emotional in bezug auf dieses oder jenes Thema. Hier tritt die *Gefühlskomponente* der Emotionen ins Zentrum der Aufmerksamkeit, und diese wird nicht immer deutlich genug als zumindest eine von mehreren unverzichtbaren Komponenten der menschlichen Emotion gesehen. Die Forschungsstrategie vieler Schulen der Psychologie geht in Richtung auf Legitimierung ihrer Untersuchungen im Bereich der Humanpsychologie durch das Tierexperiment; und da es schwierig ist, verläßliche Behauptungen über die Gefühle von Tieren zu treffen, steht eine Forschungsstrategie, der nur die Ähnlichkeiten und nicht auch die evolutionären Unterschiede zwischen den Emotionen von Menschen und denen anderer Lebewesen zugänglich sind, vor erheblichen Problemen.

Als eine kurze Einführung in den Bereich der menschlichen Emotionen möchte ich grob gesagt drei bei allen Emotionen gegebene Komponenten unterscheiden: eine verhaltensmäßige, eine somatisch-physiologische und eine subjektive oder Gefühlskomponente. Das Englische, Französische, Deutsche und viele andere Sprachen besitzen ein extrem reichhaltiges Vokabular, mit dessen Hilfe die Mitglieder der betreffenden Gesellschaften sich über eigene und fremde Emotionen verständigen können. Das bietet ein vielfältiges Material für die psychosoziologische Untersuchung der Gefühle, und das um so mehr, als die Gefühlsschattierungen, die sich im Emotionsvokabular der verschiedenen Sprachen ausdrücken lassen, der Grad an Differenzierung sowie das Spektrum der Gefühle, das durch das Vokabular der verschiedenen Völker abgedeckt wird, beträchtlich variieren. Dies ist ein vielversprechendes Feld der Forschung, denn es ermutigt zu vergleichenden Studien und unkonventionellen Fragen, etwa danach, warum das Gefühlsvokabular im einen Land differenzierter ist als im anderen. Es wäre höchst töricht, zu unterstellen, daß Menschen, die von der Möglichkeit Gebrauch machen, einander Gefühle mitzuteilen, dabei über nichts Bestimmtes reden. Unterschiede in den Vokabularen verschiedener Völker bestätigen die Hypothese, daß das Lernen für die Gefühlskomponente der Emotionen eine Rolle spielt. Tiere haben allerdings keine Möglichkeit, uns irgendwelche Gefühlserfahrungen mit Hilfe einer Sprache mitzuteilen. In ihrem Fall ist die Untersuchung beschränkt auf Beobachtungen über die verhaltensmäßige und bisweilen die physiologische Komponente der Emotionen. Aber die Tatsache, daß wir uns auf keinerlei sprachliche Evidenz für die Gefühlskomponente der Emotionen bei Tieren stützen können, rechtfertigt in keiner Weise die Annahme, daß sie keine solchen Gefühle haben.

3. Die Menschheit ist in einer Welt evoluiert, die andere Daseinsformen neben ihr aufweist. Jeder Mensch ist durch das, was wir Natur nennen, für ein Leben in Gemeinschaft und in Beziehung zu einer großen Vielfalt von Seinsformen geschaffen, wovon einige freundlich, andere feindlich, einige unbelebt, andere belebt sind; und manche der letzteren sind menschlich. Entsprechend weisen die meisten Attribute und Eigenschaften eines Menschen Funktionen auf, die nur verständlich werden, wenn man die Beziehungen dieses Menschen zu anderen Existenzen außerhalb seiner selbst einbezieht. Die Funktion eines Magens kann man nur verstehen, wenn man bedenkt, daß eine Person für ihre fortdauernde Existenz Stoffe und Energien aus außerhalb ihrer selbst liegenden Quellen benötigt. Die Lungen wären ohne Funktion, wenn es keine Lufthülle um die Erde gäbe, die Augen wären nutzlos ohne die Sonne und die Beine ohne den festen Boden der Erde.

Die Emotionen haben eine Funktion für die Menschen in ihrer Beziehung zu anderen Existenzen. Die drei Komponenten einer Emotion wurden schon erwähnt. Ein gut bekanntes Beispiel ist die Kampf- und Fluchtreaktion. Die Wahrnehmung einer Gefahr induziert ein mehr oder weniger automatisches Reaktionsmuster, das den ganzen Organismus in einen besonderen Zustand versetzt. Es hat einen offensichtlichen Überlebenswert. Es bereitet den Organismus auf heftige und schnelle Bewegungen vor, auf die beiden großen Alternativen, die zur Bewältigung physischer Gefahr offenstehen, Kampf oder Flucht. Dabei gibt es eine somatische Komponente: die Verdauungstätigkeit wird herabgesetzt, das Herz schlägt schneller. Und es gibt eine motorische Komponente: es wird mehr Blut in die Skelettmuskeln gepumpt, was Arme und Beine zum Kampf oder zur Flucht bereitmacht. Darüber hinaus gibt es eine Gefühlskomponente, die gewöhnlich als Furcht oder Wut beschrieben wird. Bis zu einem gewissen Grad hat der Mensch diese Reaktionsmuster mit nichtmenschlichen Arten gemeinsam. Es gibt jedoch auch deutliche Unterschiede.

Bei den Tieren, die Affen eingeschlossen, ist die Verhaltenskomponente eines Furcht- oder Wutsyndroms vergleichsweise stereotyp; sie ist von einer recht rigiden artspezifischen Form. Beim Menschen ist sie indes offen für weit größere Abweichungen entsprechend Unterschieden in der Situation und den vorherigen Erfahrungen. Außerdem ist uns hier auch die subjektive Komponente einer Furcht- oder Wutreaktion bekannt, weil Menschen in der Lage sind, ihre Gefühle zu verbalisieren. Sie können sie einander und sich selbst mittels einer gelernten Sprache mitteilen. Tiere können das nicht. Wenn Beobachter feststellen, daß eine nichtmenschliche Art im Falle von Gefahr verhaltensmäßige und vielleicht auch somatische Reaktionsmuster zeigt, die denen von Menschen in einer Gefahrensituation ähneln, neigen sie zur Folgerung, daß Mitglieder dieser Spezies auch die gleichen Gefühle wie Menschen in vergleichbaren Situationen haben. Da für die Tiere die Verbalisierung fehlt, ist das aber eine bloße Vermutung.

Man liegt wahrscheinlich richtig, wenn man Affen und anderen höheren Säugetieren Gefühle unterstellt, die denen der Menschen in gewisser Weise ähneln. Es gibt auch Gründe für die Annahme, daß Vögel starke, wenngleich hoch stereotypisierte Gefühlsreaktionen besitzen. Aber wenn man die Evolutionsleiter hinuntersteigt, betritt man ein relativ unbekanntes Territorium. Haben Fische irgendwelche Gefühle oder Empfindungen? Oder die geschäftigen Ameisen? Das ist gegenwärtig nicht zu sagen. Im Falle einer Gefahr kann die Verhaltenskomponente einer Alarmreaktion als solche erkennbar sein. Die Tiere können sich heftig sträuben und sich verhalten, als wären sie ängstlich. Aber über die subjektive Komponente dieses Reaktionsmusters ist nichts bekannt.

Die Forschung auf diesem Gebiet ist noch spärlich. Die Experten sind oft mehr auf eine schlichte Identifizierung von Menschen mit Tieren, Tieren mit Menschen festgelegt, als auf eine sorgfältige Inrechnungstellung von Evolutionsunterschieden. So beginnt eine Reihe von Postulaten, die als programmatische Einführung in die psychoevolutionäre Theorie der Emotion gemeint ist, mit der kategorischen Feststellung:

»Der Begriff der Emotion ist auf alle Ebenen der Evolution anwendbar und bezieht sich auf Tiere ebenso wie auf

Menschen.«[3] Eines der weiteren Postulate greift den Umstand auf, daß »die Ausdrucksformen von Emotionen« bei unterschiedlichen Spezies variieren können. Das erweckt den Eindruck, daß die Verhaltenskomponente der sichtbare »Ausdruck« der Emotion sei, der sich ändern könne, während das, was ausgedrückt wird, die subjektive Komponente der Emotion, gleichbleibt. Soll das besagen, daß die subjektive oder Gefühlskomponente auf unterschiedlichen Ebenen des Evolutionsprozesses dieselbe bleibt, während die Verhaltenskomponente sich ändert? Das ist nicht zu entscheiden. Eine Bezugnahme auf unterschiedliche Ebenen der Evolution sollte Anlaß zu der Erwartung geben, daß eine klare Aussage über die unterscheidenden Merkmale der Emotionen auf diesen verschiedenen Evolutionsebenen getroffen wird, so wie ich das hier versuche. Die zitierte psychoevolutionäre Theorie trifft jedoch keine deutlichen Aussagen über die Beziehungen und die Strukturunterschiede zwischen Emotionen in den verschiedenen Stadien des Evolutionsprozesses. Das Beispiel ist interessant als Variante des monistischen Reduktionismus. Unterschiede zwischen den Arten und folglich ihren Emotionen werden zwar erwähnt, aber im wesentlichen als strukturlose Divergenzen präsentiert, die theoretisch wenig relevant zu sein scheinen. Was auf den verschiedenen Ebenen und daher auch im Falle menschlicher und tierischer Emotionen vergleichbar ist, wird ins Zentrum der Theorie gerückt, die Unterschiede werden an den Rand gedrängt. Man muß schon auf einem sehr hohen Abstraktionsniveau über Emotionen nachden-

---

3 Robert Plutchik, »A General Psychoevolutionary Theory of Emotion«, in: R. Plutchik/H. Kellerman (Hg.), Emotion: Theory, Research, and Experience, Vol. 1: Theories of Emotion, New York 1980, S. 8.

ken, wenn man ihr Wesen gleichermaßen bei Amöben und Quallen finden will wie bei Menschen.

Die routinemäßig gebrauchte Redeweise vom »Ausdruck der Emotionen« gibt zu denken. Welche möglichen Funktionen kann es für Lebewesen haben, Emotionen auszudrücken? Und was wird tatsächlich ausgedrückt? Gewöhnlich lautet die Antwort, eine Emotion werde im Verhalten ausgedrückt. Wird er in diesem Sinne gebraucht, so scheint der Emotionsbegriff mit seiner eigenen subjektiven Komponente identifiziert zu werden. Diese Schlußfolgerung ist irritierend. In Verbindung mit einem Furcht- oder Wutsyndrom wird in der Regel klar anerkannt, daß die drei beteiligten Komponenten gleich wichtig sind. Man kann sagen, daß die Gefühlskomponente ebenso wie die somatische zum Handeln vorbereitet, das Verhalten selbst aber eine offensichtliche Überlebensfunktion hat und sich nach den besonderen Umständen der Situation richtet. Es wäre unangebracht, Kampf oder Flucht als Ausdruck einer Emotion anzusehen und so den Eindruck zu geben, als hätten diese Verhaltensformen keine andere Funktion als die, Angst oder Wut auszudrücken.

Wir haben es hier mit einer der Hauptquellen für Konfusionen im Rahmen der Emotionsforschung zu tun. Selbst in professionellen Diskussionen wird der Terminus »Emotion« nachlässigerweise in zwei verschiedenen Bedeutungen zugleich gebraucht, in einem weiteren und in einem engeren Sinne. Im weiteren Sinne bezeichnet »Emotion« ein Reaktionsmuster, das den gesamten Organismus in seinen somatischen, subjektiven und verhaltensmäßigen Aspekten umfaßt, wie sie durch eine Furchtreaktion exemplifiziert werden. In diesem Sinne wird das Syndrom einer Emotion als ein Reaktionsmuster mit klar erkennbarer Funktion für einen spezifischen Situationstyp betrachtet. In seiner engeren Bedeutung bezieht sich »Emotion« allein auf die subjektiv-gefühlsmäßige Komponente des Syndroms. Dadurch, daß die damit verbundene Verhaltenskomponente als Ausdruck der Emotion dargestellt wird, attribuiert man der subjektiven Komponente insgeheim die Hauptrolle, womöglich im Sinne einer Kausalfunktion, und bringt das Verhalten in eine abhängige oder abgeleitete Position, indem man es vielleicht sogar zu einem bloßen Effekt erklärt. Mit dem Terminus »Gefühlsausdruck« klammert man die Beziehung aus, die entweder die Emotion oder ihr Ausdruck zu einer spezifischen Situation hätte, und schneidet weitere Fragen über die Funktion der Emotion oder ihres Ausdrucks ab. Ebensowenig Aufmerksamkeit schenkt man in der Regel der Frage, welche Funktion es für einen Organismus hat, seinen Gefühlen Ausdruck zu geben. In diesem engeren Sinne verwendet, ist der Terminus »Emotion« repräsentativ für ein menschliches Selbstbild, dem zufolge das wahre Selbst einer Person tief im Innern verborgen ist; man kann nur nicht ganz sicher sagen, im Innern wovon.[4] Was sich »äußerlich« zeigt, z. B. auf einem Gesicht, erscheint lediglich als eine Ableitung oder ein »Ausdruck«, und oft nicht als wahrer, sondern als verzerrter Ausdruck dessen, was im Innern vorgeht. Auf diese Weise schlägt ein Alltagsbegriff der Emotion, der ein beliebtes, aber gänzlich inadäquates Bild des Menschen

---

4 Vgl. die Bemerkungen über die lange Zeit dominierende Denkweise in Termini des homo clausus im Vorwort zu Norbert Elias, Über den Prozeß der Zivilisation, Bd. I, Frankfurt am Main 1969, S. LIV ff. (1997, S. 46 ff.).

repräsentiert, in der professionellen Sprache der Emotionsforschung durch.

4. Wer sich dem Problem der menschlichen Emotionen und damit dem weiteren Problem der Beziehung zwischen den Menschen und den Lebewesen anderer Arten stellen will, sollte einen näheren Blick auf das menschliche Gesicht werfen. Es läßt sich ohne weiteres zu den Gesichtern von Tieren in Beziehung setzen, mit denen es ja einige Merkmale gemeinsam hat, und doch weist es sehr ausgeprägte Unterschiede auf. Seine einzigartigen Merkmale können uns erneut auf die Singularität des Menschen aufmerksam machen, der eine besondere Bedeutung für die Untersuchung menschlicher Emotionen zukommt, welche oft übersehen wird. Das Gesicht ist eines der Hauptinstrumente für das Anzeigen der Gefühle, mit denen die Menschen als Ergebnis eines Evolutionsprozesses durch die Natur ausgestattet wurden. Sobald man jedoch nach dem möglichen Evolutionsvorteil fragt, der von den behaarten und rigiden Gesichtern unserer tierischen Vorfahren zum nackten und ungleich beweglicheren Gesicht des Menschen geführt hat, begibt man sich in Neuland. Es ist leichter, die Transformation von den Gesichtern älterer Säugetiere zu denen der Menschen zu erklären, wenn man nicht versucht, vom Einzelmenschen auszugehen. Diese Transformation läßt sich nur im Zusammenhang mit der Evolution von Gruppen verstehen.

Wenn man die mögliche evolutionäre Funktion von Kommunikationsmitteln wie den Sprachen einbezieht, so wird der hohe Überlebenswert deutlich, den allmähliche Verbesserungen in der natürlichen Ausstattung mit einem hochdifferenzierten Zeichensystem für die Vorgänger von

Menschengruppen während bestimmter Phasen der Evolution der Hominiden gehabt haben. Doch muß die Kommunikation mit Hilfe von Sprachen, welche vollständig gelernt und ausschließlich im Besitz einer bestimmten Gruppe sind, als relativ späte Errungenschaft in der Evolution der Hominiden betrachtet werden. Es geschah im Verlauf dieser Evolution, daß auch das Gesicht sich zu einem wichtigen Mittel der Kommunikation herausbildete. Es entwickelte sich zu einer Signaltafel. Die Signale und Botschaften, die man einander mittels des Gesichts geben konnte, waren erheblich weniger vielseitig und stereotyper als jene, welche man einander durch das Sprechen und Hören einer gemeinsamen Sprache der Gruppe geben konnte. Die Kommunikation mit Hilfe des Gesichts war und ist außerdem in einem viel höheren Maße genetisch fixiert und ungelernt, wenn auch die ungelernten Gesichtssignale mittlerweile durch absichtliche Modifikationen stark verändert werden können. Hinzu kommt, daß sich auch individuelle Erfahrungen in einem Gesicht niederschlagen können. Jedenfalls spielt bei der Gesichtskommunikation das Lernen eine viel beschränktere Rolle als bei sprachlicher Kommunikation, und dies ist ein Hinweis darauf, daß es eine ältere Kommunikationsform ist. Ihre enge Verbindung mit den Gefühlen deutet in dieselbe Richtung. Sie zeigt aber auch, wie wichtig eine zunehmend bessere Feinabstimmung der Individuen mit Hilfe ihrer natürlichen Ausrüstung in bezug auf eine immer größere Vielfalt von Situationen in der Evolution der Hominiden war.

Aus diesen Überlegungen zur möglichen Funktion des Prozesses der Gesichtsbildung bei unseren Vorfahren ergibt sich ein etwas andersartiges Bild der Emotionen. Man denke an eines der bekanntesten Gesichtssignale, das Lä-

cheln. Die somatische Komponente ist noch nicht geklärt.
Die subjektive und die verhaltensmäßigen Komponenten
sind besser erforscht. In seiner primären Form, wenn es als
ungelernt und spontan angesehen werden kann, scheint das
Lächeln einer Person einer anderen Person freundliche Gefühle und die Bereitschaft zu freundlichen Handlungen anzuzeigen. Man kann z. B. spekulieren, daß zu einer Zeit, in
der Gewalt bei der Annäherung eines Mannes an eine Frau
häufig war, das Lächeln eines Mannes und die gleiche Reaktion einer Frau die gegenseitige Annäherung erleichterten.

Wie dem auch sei, das Beispiel kann beitragen zur Beantwortung sowohl der Frage nach der Funktion der Gefühlskomponente als auch der nach der Verhaltenskomponente
in einem Emotionssyndrom. Die subjektive Komponente
bereitet eine Person auf eine spezifische Art des Handelns
vor. Sie kann auch eine bereits aufgenommene Handlung
verstärken. Im Falle eines Lächelns hat die Verhaltenskomponente die Funktion, die Einstellung eines Menschen in
bezug auf einen anderen mitzuteilen, die Art und Weise,
in der er oder sie in bezug auf andere zu handeln gedenkt.
Affen haben einige homologe Signaltypen, doch ist in ihrem sozialen Leben die Körperstellung als soziales Signal
viel wichtiger als alle Gesichts- und Stimmsignale. Das
menschliche Gesicht ist verglichen mit dem des Affen der
lebende Beweis für die größere Rolle, welche im menschlichen Gruppenleben die Verhaltenskomponenten des Gesichts im Vergleich mit Ganzkörperbewegungen angenommen haben. Die Angeborenheit dieser Signaltypen zeigt
abermals, daß im menschlichen Fall Natur und Gesellschaft
eng miteinander verbunden sind: In nichtmenschlichen Fällen muß nicht nur der Sender, sondern auch der Empfänger

einer Botschaft eine natürliche Fähigkeit besitzen, das Signal in der vom Sender intendierten Weise zu erkennen. Man kann vielleicht erwarten, daß ein Pferd auf eine menschliche Stimme reagiert. Aber man kann nicht erwarten, daß es auf menschliche Gesichtssignale in dem Sinne reagiert, den diese Signale für die Menschen haben. Die Fähigkeit des Pferdes selbst, Gesichtssignale zu geben, ist praktisch gleich Null. Man gehe in einen Löwenkäfig mit einem Lächeln und warte ab, was passiert. Selbst Gorillas mißverstehen die Mimik bzw. verstehen sie überhaupt nicht, denn ihr Gesichtsvokabular ist anders beschaffen.

Man muß ein Mensch sein, um Signale von menschlichen Gesichtern richtig zu interpretieren. Die Fähigkeit, Gesichtssignale sowohl zu senden als auch zu empfangen, hat einen angeborenen, d.h. artspezifischen plastischen Kern, der in jedem besonderen Fall in unterschiedlichem Maße einer Modifikation durch Lernen zugänglich ist. Gesichtssignale wie das Lächeln zeigen auch sehr anschaulich, daß der Evolutionsprozeß Menschen in einer Art und Weise gestaltet hat, daß das, was wir »ihre Natur« nennen, sie für ein Leben in Gruppen vorbereitet. Im Laufe dieses Prozesses müssen das Zusammenleben und besonders Signale, die der Vergewisserung der gegenseitigen Absichten einer Handlung dienen – also auch Signale wie das Lächeln, die in der Lage sind, Mißtrauen und Furcht abzubauen –, im Leben unserer Vorfahren dazu beigetragen haben, Spannungen zu entschärfen und ein differenziertes Leben miteinander zu ermöglichen.

Wie es heute aussieht, kann darüber hinaus ein Gesichtssignal wie das Lächeln mit seiner besonderen Mischung aus gelernten und ungelernten Aspekten vielleicht als Anzeichen eines Evolutionsvorgangs angesehen werden, für den bisher keine weiteren Beweise aufgetaucht sind. Ich habe oben den Begriff des Gleichgewichts im Zusammenspiel zwischen gelernten und ungelernten Formen der Verhaltenssteuerung gebraucht. Wenn man dieses theoretische Konzept auf die empirische Untersuchung des Lächelns anwendet, wird es leichter, einige seiner Aspekte aufzuklären, die verborgen bleiben, solange man fortfährt mit dem antithetischen Gebrauch solcher Termini wie »Natur« und »Kultur« und gelernten und ungelernten Eigenschaften von Menschen.

Sowohl der stimmlich-auditive Modus der menschlichen Kommunikation als auch die einzelnen Gesichtssignale erlangen ihre gegenwärtige Form beim Erwachsenen durch die Mobilisierung und Prägung einer ungelernten Fähigkeit mit Hilfe des Lernens. Aber im ersten Fall ist die Notwendigkeit einer Mobilisierung des ungelernten Potentials mit Hilfe des Lernens weit größer, das Zurücktreten ungelernter und die Dominanz gelernter Muster viel ausgeprägter als bei der Kommunikation über Gesichtssignale. Das Lächeln ist ein beredtes Beispiel. Bei einem kleinen Baby ist das Lächeln gänzlich angeboren; es ist spontan und sehr eng an eine besondere Verfassung des jungen Organismus selbst sowie an seine Beziehungen zu anderen Menschen gebunden. Wenn der Mensch älter wird, wird die angeborene Form des Lächelns großenteils abgeschwächt und flexibler, d.h. veränderlich in Abhängigkeit von vorangegangenen wie auch momentanen Erfahrungen. Er mag noch eine leichte Tendenz verspüren, einem lächelnden Gesicht seinerseits zurückzulächeln: sogar ein Frontalbild eines Pferdegesichts mit offenbar angehobenen Mundwinkeln kann spontan als freundliche Mimik wahrgenommen werden, als Imitation eines Lächelns oder vielleicht als Beginn eines Lachens! Beim heutigen Menschen sind die schon sehr schwachen Spuren einer angeborenen Tendenz, ein Lächeln zu geben oder zu empfangen, jedoch überlagert von einer ausgeprägten Fähigkeit, das alte angeborene Signal bewußter und in Verbindung mit einem sozialen Lernprozeß zu benutzen, der in verschiedenen Gesellschaften verschieden verlaufen kann. Beim Erwachsenen ist der Kern der Emotion des Lächelns sowohl in seiner subjektiven als auch in seiner verhaltensmäßigen Komponente viel flexibler als bei Babys. Es kann bewußt und freizügig benutzt werden, um anderen eine Vielzahl von Gefühlsschattierungen mitzuteilen. Es kann ein zögerndes, ein unterdrücktes, ein breites, ein triumphierendes, ein herablassendes und sogar ein feindliches Lächeln sein. Und doch verbindet sich in all diesen Fällen die gelernte und bewußte Verhaltenssteuerung mit einer ungelernten Form der Steuerung der eigenen Gesichtsmuskulatur.

In allen Varianten des Lächelns begegnet man der gesellschaftlichen und individuellen Ausdifferenzierung eines alten angeborenen Gesichtssignals. Versucht man, die gegenwärtige Konstellation als Niederschlag eines Evolutionsprozesses zu lesen, so bietet sich eine mögliche Abfolge der Ereignisse von selbst an. Beim gegenwärtigen Stand unseres Wissens ist die Annahme plausibel, daß die menschliche Fähigkeit zu einem differenzierteren Gebrauch und daher zu größerer Plastizität des Lächelns sowie seine stärkere Unterordnung unter gelernte Impulse ein relativ spätes Stadium der Evolution repräsentiert. Was gegenwärtig das Lächeln eines Babys ist, ein gänzlich ungelerntes Lächeln, sehr einförmig in seinem Muster, spontan und eng an eine spezifische Situation gebunden, ist das späte Überbleibsel einer Form des Lächelns und damit einer artinternen Kommunikation, die in früheren Stadien nicht nur bei Kindern, sondern auch bei Erwachsenen die gewöhnliche Kommunikationsform war. Denn das ungelernte Lächeln des Babys mit seinem starren Automatismus und seiner Rigidität sowie seiner festen Bindung an spezifische Situationen ähnelt stärker der dominanten Form der Kommunikation in Tiergruppen. Seine Abschwächung mit zunehmendem Alter ähnelt dem Wandel von der Dominanz ungelernter zur Dominanz gelernter Verhaltenssteuerung. Wenn man weiß, wie es zu lesen ist, mag man hier im eigenen Gesicht Anzeichen der Zunahme in der Kontrolltätigkeit des Großhirns finden.

5. Der nächste sich anbietende Schritt ist ein näherer Blick auf die Manifestationen dieser Zunahme der Kontrolltätigkeit des Großhirns, auf die Konsequenzen des Umschlagens im Verhältnis zwischen gelernten und ungelernten Formen der Verhaltenssteuerung zugunsten der ersteren. Die herrschende Auffassung vom Wissen versucht eine konzeptuelle Repräsentation der Ergebnisse dieses Prozesses in nichtprozessualen Begriffen. Das bekannteste Beispiel dafür ist, wie die Kontrollinstanzen, deren biologisches Substrat sich im Laufe dieses Evolutionsprozesses entfaltet hat und die sich weiter entwickeln über das Lernen im Leben eines jeden Individuums, als ungelernte, unsichtbare und unberührbare Organe gefaßt und mit Namen wie »Verstand« oder »Gewissen« hypostasiert werden.

Wie vielleicht deutlich wurde, plädiert der vorliegende Beitrag für eine Umorientierung in der Erforschung der menschlichen Emotionen. Eine langanhaltende Tradition hat es als selbstverständlich erscheinen lassen, daß solche Aspekte menschlicher Wesen wie die Emotionen sich isoliert untersuchen lassen, ohne daß ihre Beziehung auf die Menschen als der Rahmen, innerhalb dessen Angst, Freude und andere Emotionen ihren Platz und ihre Funktion haben, in den Blick kommt. Ich habe dagegen zu zeigen versucht, daß die Emotionsforschung so lange unproduktiv bleiben muß, wie ihre Beziehungen zu den anderen Aspekten des Menschen nicht genügend in Rechnung gestellt werden. Im Falle des Menschen sind ungelernte emotionale Impulse immer verbunden mit der erlernten Selbstregulation der Person, oder genauer, mit erlernter Kontrolle bei Emotionen. Das veränderliche Verhältnis zwischen Emotionsimpulsen und den kontrollierenden Gegenimpulsen zeigt sich in der Bewegung, Gestik oder Mimik, mittels deren eine Person der anderen unfreiwillig oder mit Absicht den Zustand der Selbstregulation ihrer Emotionen mitteilt. Der Begriff des »Emotionsausdrucks« verdeckt die gesellschaftliche, die kommunikative Funktion dessen, was wir »Ausdruck« nennen, also der Gesichts- oder Körperbewegungen, die mit dem Gleichgewicht zwischen spontanen Emotionsimpulsen und durch Lernen erworbenen Gegenimpulsen verbunden sind. Die Inadäquatheit eines routinemäßigen Gebrauchs des Terminus »Emotionsausdruck« zu demonstrieren ist der zweite Schwerpunkt der hier vorgeschlagenen Umorientierung. So haben schließlich Emotionen und die damit zusammenhängenden Bewegungen eine Funktion innerhalb der Beziehungen einer Person zu anderen Personen und in einem allgemeineren Sinn zur Natur als ganzer. Emotionen und die mit ihnen verbundenen Bewegungen sind kurz gesagt einer der Anhaltspunkte dafür, daß die

Menschen durch die Natur für ein Leben in Gemeinschaft mit anderen geschaffen sind, für ein Leben in Gesellschaft.

# Literatur

Elias, Norbert: Über den Prozeß der Zivilisation, Bd. I, Frankfurt am Main: Suhrkamp 1976 (Gesammelte Schriften, Bd. 3.1, Frankfurt am Main: Suhrkamp 1997)

Huxley, Julian S.: »The Uniqueness of Man«, in: ders.: The Uniqueness of Man, London: Chatto & Windus 1941, S. 1–33

Plutchik, Robert: »A General Psychoevolutionary Theory of Emotion«, in: ders./Henry Kellerman (Hg.): Emotion: Theory, Research, and Experience, Vol. 1: Theories of Emotion, New York: Academic Press 1980, S. 3–33

# VI. Thomas Morus' Staatskritik

## Mit Überlegungen zur Bestimmung des Begriffs Utopie

*Dieser lange Text, er ist schon fast ein kleines Buch, war Elias Beitrag zu den Ergebnissen einer Arbeitsgruppe, die ein Jahr (vom September 1980 bis August 1981) am Zentrum für Interdisziplinäre Studien der Universität Bielefeld gemeinsam zum Thema »Utopie« arbeitete und diskutierte. Elias war ein Mitglied dieser Arbeitsgruppe.*

*Im Mittelpunkt steht hier der englische Staatsmann Thomas Morus (1480–1535) und dessen Utopie eines Staates auf einer fernen Insel. Dieser Staat unterschied sich sehr von der zeitgenössischen Gesellschaft des frühen 16. Jahrhunderts in England. Die Gesellschaftsordnung ist demokratisch, es gibt Religionsfreiheit, jede Sklaverei ist abgeschafft. Die Ausübung der staatlichen Macht ist klar, hierarchisch und patriarchalisch geordnet. Elias versteht Utopien als Phantasiebilder einer alternativen, zukünftigen Gesellschaft. Sie sind stets Ausdruck der Zeit, in der sie entstehen. Er interpretiert Utopien als Teil des Staatenbildungsprozesses. Aus der Kritik an den herrschenden Verhältnissen ergeben sich Antriebe zur Veränderung.*

# I Zur Bestimmung des Begriffs »Utopie«

1. Eine Utopie ist, darüber braucht man sich vielleicht nicht mehr viel zu streiten, ein Phantasiebild einer Gesellschaft, die in bestimmter Weise verschieden ist von der realen Gesellschaft derer, die uns dieses Phantasiebild mitteilen. Aber in welcher Weise?

Auch das ist gar nicht so schwer zu sagen. Eine Utopie zeigt an, wie jemand das Leben seiner Gesellschaft umzugestalten wünscht oder was jemand als mögliche Zukunft seiner Gesellschaft befürchtet. Wenn man in dieser Richtung weiterginge, würde es leicht sein, eine einheitliche Arbeitsdefinition der Utopie als Ausgangspunkt für die gemeinsame Arbeit verschiedener Fachbereiche an diesem Problemkreis zu finden, wäre nicht die akademische Neigung so stark, die Utopie spezialistisch zu parzellieren. Jedes Fach, das sich mit diesem Problembereich beschäftigt, möchte ihn ganz für sich besitzen. Die Literaturwissenschaftler möchten die Utopie gern ausschließlich als literarische Gattung definieren, die Historiker möchten sie vielleicht als einmaliges geschichtliches Gebilde verstanden wissen, die Philosophen als ewige philosophische Gegebenheit und die Soziologen als gesellschaftliche Gegebenheit.

Die Frage ist, ob in diesem Falle die Soziologen nicht recht haben, ob sich Utopien je überzeugend und ohne Verschwommenheit verständlich machen und erklären lassen, ohne der Tatsache Rechnung zu tragen, daß es sich dabei um Phantasiegebilde von Gesellschaften und in vielen Fällen, wenn auch nicht in allen, überdies um staatlich oder staatsartig organisierte Gesellschaften handelt. Eben weil es bei Utopien in der Tradition Thomas Morus' um Phantasiebilder von Gesellschaften geht, läßt sich ihre Bedeutung und ihre Struktur bei der wissenschaftlichen Erforschung nur dann mit Gewißheit und Klarheit bestimmen, wenn man zugleich die Struktur der realen Gesellschaft kennt, aus der diese Phantasiebilder einer Gesellschaft hervorgehen. Mögen Utopien auch von ganz bestimmten einzelnen Menschen erfunden werden und in diesem Sinne höchst individuelle Phantasiebilder sein, so handelt es sich dabei zugleich auch immer um soziogenetische Phantasiebilder: die Urheber sprechen aus einer sozialen Lage, auch einer erlebten sozialen Lage, heraus; sie sprechen in eine Lage, auch eine Erlebnislage, hinein, die für eine ganz spezifische, zumeist staatlich organisierte Gesellschaft und innerhalb ihrer für ein bestimmtes Publikum, eine bestimmte Schicht von Menschen charakteristisch ist. Das ist die Basis. Wenn man sie kennt und ihrer gewiß ist, dann kann man auf die verschiedensten Weisen über sie hinausgehen. Man kann z. B. die spezifisch literarische Struktur oder den einzigartigen künstlerischen Wert einer Utopie zu bestimmen suchen. Aber wenn man nicht zugleich klar und unzweideutig den gesellschaftlichen Topos einer Utopie (um dem beliebten Modewort etwas von seiner ursprünglichen Bedeutung zurückzugeben) vor Augen hat, fehlt allen weiteren Untersuchungen die feste Orientierungsgrundlage.

Ohne diese Grundlage gerät man leicht in endlose und willkürliche Ausdeutungen und Kontroversen, die sich überdies, wie Moden, häufig genug von Generation zu Generation ändern. Die Bücher der jeweils älteren Generation werden dann schnell genug altmodisch und modern in den Bibliotheken. Ohne Bezug auf den gesellschaftlichen Ort einer Utopie fehlt es Untersuchungen über sie an einem festen Halt. Dann hat man nur, wie das in den Literaturwissenschaften in der Tat häufig genug der Fall ist, wechselnde Moden, aber keinen sicheren Fortgang, keinen Fortschritt der wissenschaftlichen Forschungsarbeit über die Generationen hin.

Denn das Bemühen um den gesellschaftlichen Ort, um die soziologische Diagnose ist nur ein Aspekt des Bemühens, das für jede Arbeit an einem Stück Literatur, ob Utopie oder nicht, unentbehrlich ist – des Bemühens um ein möglichst wirklichkeitsgetreues Bild der menschlichen Situation, aus der heraus, in die hinein ein Werk geschaffen worden ist. Das ist es recht eigentlich, was in diesem Zusammenhang »Verstehen« und »Erklären« heißt.

Jede menschliche Situation hat zwei untrennbare Aspekte. Sie kann als Erlebnislage aus der Perspektive eines Menschen und seiner Gruppe selbst gesehen und rekonstruiert werden, also aus der Perspektive der ersten Person, aus der Ich- und Wir-Perspektive. Das ist es, was in diesem Zusammenhang »Verstehen« heißt. Und die Rekonstruktion kann aus der Perspektive des relativ distanzierten Betrachters unternommen werden, der einen anderen Menschen und dessen Gruppe im weiten Zusammenhang eines sich wandelnden Gesellschaftsgefüges sieht, also aus der Perspektive der dritten Person, aus der Er- und Sie-Perspektive. Diese Rekonstruktion aus der Perspektive der dritten Person ist es, die in diesem Zusammenhang gewöhnlich »Erklären« heißt. Daß sich Menschen darüber streiten, ob in der Soziologie und in den Menschenwissenschaften überhaupt dem Verstehen oder dem Erklären der Vorrang zukommt, ist ein wenig absurd. Wenn es um Menschen, ihre Werke und Taten geht, bedarf es begreiflicherweise immer beider Sichten, der Sicht aus der ersten und der aus der dritten Person. Es bedarf des Verstehens und des Erklärens, die sich auf vielfältige Weise verschlingen und ergänzen.[1]

2. Es geht, wie man vielleicht gemerkt hat, in diesem Zusammenhang nicht darum, eine deduktive Definition von Utopien vorzulegen. Es bleibt viel zu tun, um die Entwicklungslinie der Utopien herauszuarbeiten im Zusammenhang mit der der zugehörigen Gesellschaften, zumindest seit der Zeit, in der Thomas Morus sein Phantasiebild einer Staatsgesellschaft in Umlauf setzte. In diesem Zusammenhang geht es zunächst um eine bescheidenere Aufgabe. Was hier von Nutzen scheint, ist eine Arbeitshypothese für den Gebrauch des Begriffs Utopie, über die man sich möglicherweise einig zu werden vermag und die vielleicht als gemeinsame Vorlage sowohl für literaturwissenschaftliche Forschungsarbeit wie für die von anderen hier vertretenen Disziplinen dienen kann.

In diesem Sinne könnte man also zusammenfassend sagen: eine Utopie ist ein Phantasiebild einer Gesellschaft, das Lösungsvorschläge für ganz bestimmte ungelöste Probleme der jeweiligen Ursprungsgesellschaft enthält, und zwar Lö-

---

1 Man kann sich, wie man sieht, ganz gut über solche Probleme verständigen, ohne die landläufigen Begriffe zu gebrauchen, die uns das Herkommen in diesem Zusammenhang in den Mund legt, die aber ganz mit irreführenden Assoziationen beladen und belastet sind. Ich denke besonders an die Begriffe »innen«– »außen« und »subjektiv« – »objektiv«. Besonders das letzte Begriffspaar trägt mit sich das ganze belastende Erbe der Transzendentalphilosophie mit ihrer fatalen Vorstellung einer ewigen Spaltung zwischen dem individuellen Subjekt und der übrigen Welt, der Welt der Objekte.

sungsvorschläge, die entweder anzeigen, welche Änderungen der bestehenden Gesellschaft die Verfasser oder Träger einer solchen Utopie herbeiwünschen oder welche Änderungen sie fürchten und vielleicht manchmal beide zugleich.

Man könnte noch einen Schritt weiter gehen. Ich vermute, daß sich alle Utopien als Furcht- oder Wunschgebilde auf akute Konflikte der Ursprungsgesellschaft beziehen. Sie orientieren darüber, welche Konfliktbewältigung die Utopieträger als erwünscht oder als unerwünscht vor sich sehen. Das ist sicherlich einer der zentralen Aspekte des gesellschaftlichen Topos der Utopien, den es zu bestimmen gilt und bei dessen Nichtbestimmung es der Untersuchung von Utopien an einem festen Halt, an einer klaren Struktur fehlt.

Dementsprechend eröffnet die Untersuchung von Utopien früherer Generationen später lebenden Menschen eine besonders gute Chance, die ungelösten menschlichen Probleme einer früheren Epoche und unter Umständen auch mögliche Problemlösungen zu rekonstruieren, und zwar nicht aus der Perspektive der späteren Betrachter, sondern aus der der Angehörigen dieser früheren Epoche selbst (wie ich das am Beispiel von D'Urfés Astrée zu tun versuchte). Zu den Schlüsselaufgaben der Utopieforschung gehört es dementsprechend, die offenen menschlichen sozialen Probleme, insbesondere auch die Spannungen und Konflikte zu bestimmen, deren erwünschte oder unerwünschte Lösungsmöglichkeiten eine Utopie vorführt, und zu erklären, warum der Verfasser und der übereinstimmende Teil seines Publikums oder im weiteren Sinne die Träger einer Utopie überhaupt gerade diese Lösung zeitgenössischer (und durch sie hindurch vielleicht auch umfassenderer menschlicher)

Probleme, also z. B. gerade diese spezifische Art einer Konfliktbewältigung, ins Visier bekam und befürwortete.

3. Diese Bestimmung des Begriffs der Utopie macht es nun, wie man sieht, in der Tat nötig, Breschen in die allzu undurchdringlichen Begriffsmauern zu schlagen, mit denen sich die verschiedenen an der Erforschung von Utopien beteiligten Zweige der Menschenwissenschaften umgeben. Utopien sind nun einmal Beispiele für eine Art von Forschungsobjekten, die schlechterdings in vieler Hinsicht die Grenzen einer einzelnen akademischen Disziplin transzendieren. Sie eignen sich besonders wenig für die Zerstückelung in verschiedene Aspekte und zur Behandlung von einzelnen dieser Aspekte mit Hilfe einer speziellen Fachsprache, die es so erscheinen läßt, als ob diese Aspekte von Utopien, z. B. literarische Aspekte, tatsächlich in einem Vakuum und unabhängig von allen anderen Aspekten existierten. Die Kommunikation zwischen den verschiedenen Fächern, die mit der Arbeit an Utopien befaßt sind, wird dadurch behindert, vielleicht unmöglich gemacht.

Demgemäß wird auf die Dauer auch eine literaturwissenschaftliche Untersuchung von Utopien zur Sterilität verureilt, wenn ihre Vertreter nicht entweder selbst die Frage nach der Soziogenese einer Utopie und damit also auch nach der Position des Autors im Spannungsgefüge seiner Gesellschaft mit großer Genauigkeit zu bestimmen vermögen oder in der Zusammenarbeit, sei es mit Historikern, sei es mit Soziologen.

Die Notwendigkeit, sich auch bei der Untersuchung dessen, was man als spezifisch literarische Utopien betrachtet, völlig im klaren zu sein über deren Soziogenese, hängt u. a.

damit zusammen, daß Utopien selbst Wunsch- und Furchtbilder von Gesellschaften und, nach dem Vorbild von Morus' *Utopia,* überdies in vielen, wenn auch nicht in allen Fällen, von Gesellschaften in der Form von Staaten oder staatsartigen Organisationen sind. Darin unterscheiden sie sich von vielen anderen literarischen Produkten. Gedichte, Romane, Tragödien haben gewiß ebenfalls ihre Gesellschaftsbezogenheit. Aber dem Stoff nach können sie sich auch ausschließlich mit Problemen auf der individuellen Ebene der Gesellschaft befassen. Es ist natürlich eine offene Frage, die der Diskussion bedarf, ob man Wunschbilder, die sich so gut wie ausschließlich auf diese individuelle Ebene beziehen, Utopien nennen will oder nicht, also z. B. ob man den Begriff auf Bildungsromane der Goethezeit beziehen will. Mir selbst scheint es, daß man damit den Begriff der Utopie unter Abweichung von dem herrschenden Sprachgebrauch überspannt. Man überträgt ihn von der Staatsebene auf die individuelle Ebene, ohne diese *Metabasis eis to allo genos*[2] und die damit verbundene Unschärfe des Begriffs ausdrücklich zu rechtfertigen. Im Zentrum der Utopieentwicklung stehen Phantasiebilder von Gesellschaften, und zwar lange Zeit hindurch, wenn auch nicht mehr so ausschließlich in der Gegenwart, von in hohem Maße geordneten Gesellschaften. Wenn man sich entschließt, Idealbilder einzelner Menschen, die sich ausschließlich auf die eigene Person beziehen, ebenfalls in den Bereich der Utopie miteinzubeziehen, so kann das nicht stillschweigend geschehen, es bedarf der Begründung. Ganz gewiß handelt es sich bei diesem auf das einzelne Individuum bezogenen Ideal

---

2 »Übergang in die andere Gattung«.

um ein gesellschaftsspezifisches Wunschbild. Aber die Gesellschaftsbezogenheit und besonders auch die soziale Begrenztheit des individuellen Ideals lag zumeist jenseits des Horizontes des betreffenden Menschen. Allenfalls handelt es sich dabei um einen Grenzfall eines Begriffsbereichs, in dessen Mittelpunkt Phantasiebilder ganzer Gesellschaften von Menschen stehen, die zugleich Lösungsvorschläge für reale gesellschaftliche Probleme der Zeit enthalten – gesellschaftliche Probleme, deren sich die Autoren als solcher, als Probleme des menschlichen Zusammenlebens, bewußt sind.

4. Mit alledem habe ich nun auch schon etwas nicht Unwesentliches zu dem vieldiskutierten Problem der Funktionen der Utopien gesagt. In deren Zentrum steht ihre Funktion als erwünschte oder gefürchtete Phantasievorstellung einer möglichen Lösung akuter gesellschaftlicher Probleme und in vielen Fällen akuter sozialer Spannungen und Konflikte. Funktionen dieser Art lassen sich mit einem hohen Maß an Präzision und Gewißheit bestimmen. Wenn man es unterläßt, sich Klarheit über diese Funktionen zu verschaffen, direkt oder indirekt, dann stehen alle weiteren Bemühungen um die Erforschung von Utopien auf unsicherem Boden. Wenn man sich die Kenntnis dieser Funktionen zu erwerben vermag, dann wird es auch leichter, die weitere Frage in den Griff zu bekommen, an welches Publikum ein Mensch – oder Menschen – sich durch das Ausdenken einer Utopie zu wenden sucht. Gerade auch für das Verständnis literarischer Utopien erscheint mir dieser Aspekt unentbehrlich. Jede Utopie hat u. a. die Funktion einer Mitteilung; sie stellt eine Kommunikation des Verfassers mit anderen Menschen dar, und zwar in früheren Zeiten noch nicht, wie das

heute oft der Fall ist, an ein relativ anonymes Publikum, an einen breiten und relativ unspezifischen Leser- oder Hörerkreis, sondern zumeist an ein recht spezifisches Publikum. Zu den wesentlichen Aufgaben der Utopieforschung gehört also die Beantwortung der Frage nach der Funktion der Utopie als Mitteilung an wen. An welches Publikum richtete sich der Autor? Bei der Untersuchung der Astrée[3] habe ich zu zeigen versucht, wie genau sich manchmal das potentielle Publikum bestimmen läßt, das der Autor vor Augen hatte. Die Schäfer und Schäferinnen, deren Zusammenleben uns dort, durchaus nicht ganz ohne Herrschaftsformen, vorgeführt wird, erweisen sich bei näherem Zusehen als verkleidete Adlige, die schon die sich straffenden Zwänge des absolutistischen Staates und insbesondere des Königshofes aus eigener Erfahrung kennen, die aber zugleich noch eine recht lebendige Erinnerung an das ungebundene Landleben früherer Zeiten besitzen. In der Erinnerung verschönt sich das Landleben. Man träumt sich in die Lage von Schäfern und Schäferinnen hinein, die sich höchst höfisch zivilisiert beim Umgang miteinander benehmen, eben weil der goldene Käfig des Hofes gleichzeitig fast unentrinnbar und fast unentbehrlich für einen selbst geworden ist. Hier ließ sich also die soziale Lage und als deren Aspekt die Erlebnislage der Menschengruppen, für die der Verfasser schrieb, mit recht hoher Präzision und Anschaulichkeit bestimmen. Und Präzision der sozialen Diagnose, also auch bei der Bestimmung der sozialen Erlebnislage von Autor und dem erwarteten Publikum, ebenso wie Anschaulichkeit der Darstellungsweise

---

3 Norbert Elias, Die höfische Gesellschaft, Darmstadt/Neuwied 1969, S. 320 ff., 364 ff. (GS Bd.2, 2002, S. 363 ff.; S. 414 ff.).

sind es, die ich bei literaturwissenschaftlichen Forschungsarbeiten über Utopien oft am meisten vermisse. Was ich damit sagen will, ist, daß meiner Überzeugung nach ohne genaue Kenntnis der gesellschaftlichen Lage, die sich in einer Utopie ausspricht, alle weitere Forschung über sie spekulativ und unergiebig bleiben muß. Dagegen wird es möglich, wenn man sich diese Kenntnis zu verschaffen weiß, manche weitere Fragen in den Griff zu bekommen, die sich sonst nur im Ratespiel verschwommen angehen lassen, also z. B. die Frage, auf welches Publikum – oder Menschen – man durch das Ausdenken einer Utopie und durch deren Mitteilung an andere einzuwirken sucht. Ohne diese Kenntnis läßt sich auch kein rechter Zugang zu der gerade für das Verständnis der als Literatur bewerteten Utopien wichtigen Frage gewinnen, warum ein Autor sich jeweils für eine bestimmte literarische Form der Mitteilung seiner Utopie entschied. Wie kann man z. B. wissen, warum Thomas Morus für seine Utopie die Form eines Dialoges wählte, wenn man keine recht klare Kenntnis von der besonderen Funktion besitzt, die die literarische Form des Dialoges in der Gesellschaft des Tudor-Staates besaß.

Ein weiteres Wort zur Klärung des Utopiebegriffs selbst mag hier von Nutzen sein. Es gibt heute eine merkliche Tendenz, den Utopiebegriff auf alle nur möglichen Phantasie- und Idealbilder des gesellschaftlichen Zusammenlebens von Menschen auszuweiten. Damit verwischen sich bestimmte Struktureigentümlichkeiten des Begriffs, die mir als wesentlich für seinen Gebrauch als Orientierungsmittel und als Forschungswerkzeug erscheinen. Der Begriff »Utopie«, so scheint es mir, büßt an Schärfe ein, wenn man ihn nicht im Einklang mit dem vorherrschenden Sprachgebrauch auf

Phantasiebilder innerweltlicher Gesellschaften beschränkt und überdies auf Phantasiebilder solcher Gesellschaften, die als in der Gegenwart oder der Zukunft existierend vorgestellt werden. Phantasiebilder außerweltlicher, übersinnlicher Art ebenso wie Phantasiebilder von Menschengruppen, die als in der Vergangenheit existierend vorgestellt werden, haben, gerade weil sie sich nur auf ein Jenseits oder auf die Vergangenheit beziehen, eine andere Funktion als diesseitige Phantasiebilder von Gesellschaften, die als gegenwärtig oder als zukünftig existierend gedacht sind. Man sollte die ersteren durch einen anderen Sammelbegriff kennzeichnen. Gewiß gibt es Übergangsund Mischformen. Aber wesentliche Struktureigentümlichkeiten der Utopien, etwa ihre Funktion als mögliche Handlungsanweisung, gehen verloren, wenn man – um ein Beispiel zu nennen – etwa die biblische Erzählung von Adam und Eva im Paradies als Utopie bezeichnet.

Vielleicht sollte man sich in diesem Zusammenhang auch daran erinnern, daß sich der Begriff der Utopie in dem hier bestimmten Sinne durchaus nicht auf literarische Utopien beschränkt. Das Wort »literarisch« wie das Wort »Literatur« läßt sich in einem engeren und in einem weiteren Sinne gebrauchen. Im weiteren Sinne beziehen sich diese Worte, soweit ich sehen kann, auf alles, was in Buchform oder in Formen mit der gleichen Funktion, also etwa in der von Papyrusrollen, niedergelegt ist. In diesem Sinne kann man also z. B. ein Lehrbuch der Mathematik oder der Physik als Literatur bezeichnen, und Literaturwissenschaftler könnten sich anheischig machen, den literarischen Stil zumindestens solcher Textbücher zu untersuchen. Im engeren Sinne bezieht sich aber der Begriff der Literatur, wenn ich es recht verstehe, auf schriftlich niedergelegte Kommunikationen mit einer gewissen künstlerischen Gestaltung ihres Stoffes und dementsprechend mit einem stillschweigenden oder offenen Anspruch auf Kunstwert. Es wäre eine interessante Aufgabe zu erörtern, wie man den Kunstwert eines Buches und so auch einer darin mitgeteilten Utopie bestimmt. Aber das würde in diesem Zusammenhang zu weit führen. Ich erwähne den Charakter von Utopien als Literatur hier nur, um daran zu erinnern, daß es auch Utopien nichtliterarischer Art gibt, nämlich Utopien, die unmittelbar in der sozialen Praxis und oft genug auch als Triebkräfte sozialer Bewegungen eine Rolle spielen, ohne daß sie schriftlich niedergelegt sind. In einer ganzen Reihe von Fällen sind es auch Fragmente breiterer und umfassenderer Sozialutopien, die als gefühls- und handlungsbestimmende Orientierungsmittel im mündlichen Verkehr von Gruppen und im Bewußtsein ihrer Mitglieder eine oft recht bedeutende Rolle spielen, selbst wenn sie keinen Niederschlag in Büchern finden oder, falls sie ihn finden, diese Bücher nicht gelesen werden.

Was von der Utopie der Wiedertäufer in Thomas Müntzers Schriften niedergelegt wurde, war ein Bestandteil, vielleicht ein Kernstück einer solchen umfassenderen Gruppenutopie.

Das gleiche gilt von dem, was man aus schriftlichen Zeugnissen über die Utopie der Manson-Gruppe weiß. Es gibt viele andere Beispiele für den Unterschied und die oft recht intime Beziehung zwischen einer Buchutopie und einer nichtliterarischen, vorwiegend mündlichen Gruppenutopie. Da die meisten Buchutopien sich auf einen Leserkreis beziehen, einen Leserkreis mit großer oder geringer Homogenität und in manchen Fällen mit dem Charakter einer sozialen

Bewegung, verdient gerade im Falle der Utopie, bei der es sich ja um Gesellschaftsbilder handelt, die Beziehung zwischen dem, was davon in einem Buch niedergelegt ist, und dem, was davon im mündlichen Verkehr eines Publikums oder jedenfalls einer weiteren Gruppe von Menschen eine Rolle spielen mag, genauere Beachtung. Manchmal ist die Buchutopie die Resonanz einer solchen nichtliterarischen Gruppenutopie, manchmal umgekehrt die nichtliterarische Gruppenutopie Resonanz einer literarischen Buchutopie, und zuweilen gibt es ein Hin und Her von einer zur anderen. Das alles bleibt zu erforschen. Es könnte recht fruchtbar sein, die Unterschiede wie die Zusammenhänge dieser zwei Utopietypen genauer zu untersuchen. Sicherlich sind die Unterschiede fließend.

Das gilt ebenfalls von der Beziehung dieser beiden Utopietypen, dem der mündlichen und der literarischen Utopie, zum Typ der wissenschaftlichen Utopie. Sie verdient eine besondere Untersuchung, denn sie gewinnt gerade von der zweiten Hälfte des 20. Jahrhunderts an eine merklich wachsende Bedeutung. Wissenschaftliche Vorhersagen für die Zukunft menschlicher Gesellschaften mehren sich. Sie berufen sich in weit höherem Maße als die älteren Utopien auf wissenschaftlich überprüfbare Belege, vorwiegend, wenn auch nicht ausschließlich, statistischer Art, und es handelt sich dabei zumeist um Projektionen beobachtbarer vergangener und gegenwärtiger sozialer Trends in die Zukunft. Aber auch bei ihnen spielt zumeist die spekulative Phantasie ihrer Verfasser, der Charakter der Zukunftsbilder als Wunsch- oder Furchtbild, eine nicht unbedeutende Rolle. Schon aus diesem Grunde ist der Übergang zwischen diesem und den anderen Utopietypen fließend.

Manchen politischen Utopien der neueren Zeit begegnet man in allen drei Gestalten – also als literarische, als wissenschaftliche und als mündliche Utopien. Man kann ihnen sicherlich nicht beikommen durch eine rigide, rein abtrennende Schubfächer-Typologie. Es handelt sich eher um verschiedene Schwerpunkte eines Kontinuums. So scheint entscheidend zu sein für den Charakter von wunsch- oder furchtbestimmten Phantasiebildern einer Gesellschaft als literarische Utopien, daß ihre Urheber ihnen die Gestalt einer der traditionellen literarischen Gattungen zu geben verstehen, also z. B. die Gestalt einer Erzählung, eines Gedichts oder eines Dialogs. Aber es fehlt noch an Klarheit. Die Aufgabe liegt noch vor uns, genauer zu bestimmen, wie sich etwa eine Utopie in Gestalt eines Romans von einer Utopie in Gestalt einer wissenschaftlichen Untersuchung und diese beiden ihrerseits von einer Utopie in Gestalt eines politischen Pamphlets oder Manifests unterscheiden. Ich könnte mir denken, daß Vertreter einer zukünftigen Literaturwissenschaft auch vergleichende Untersuchungen dieser Art als Teil ihres Aufgabenbereiches ansehen werden. Der Weg in dieser Richtung ist vielleicht nur durch eine Tradition verstellt, die die Literaturwissenschaft auf Belletristik beschränkt. Aber gibt es nicht eigentlich auch literarische Aspekte der wissenschaftlichen Literatur? Oder der Zeitungs- und Zeitschriftenliteratur? Oder auch der politischen Pamphlete? Gegenwärtig sind diese Problembereiche als Forschungsgebiete zum guten Teil noch ein wenig heimatlos. Vielleicht lassen sich früher oder später die Literaturwissenschaften aus ihrer selbstgewählten Beschränkung herauslocken. Es ist ja recht schwer, die unterscheidenden Struktureigentümlichkeiten literarischer Utopien etwas klarer herauszuarbeiten, solange man nicht auch systematisch vergleichende Untersuchungen mit nichtliterarischen Utopien unternimmt. Wie aber kann man das tun, ohne eine Theorie des Kunstwerks, die zum Unterschied von den landläufigen Formen der philosophischen Ästhetik auch als Leitfaden für empirische Untersuchungen literarischer Kunstwerke brauchbar ist? Sicherlich handelt es sich dabei auch, aber doch nicht allein, um Fragen der literarischen Gestalt. Man denke an Marx. Was veranlaßt uns, Marx' Utopie, etwa seine Vorstellung, daß in einer kommunistischen Gesellschaft die berufliche Spezialisierung, die Arbeitsteilung, weitgehend abgebaut werden könne, als nichtliterarische, quasiwissenschaftliche Utopie von einer literarischen Utopie zu unterscheiden? Sicherlich spielt die literarische Gestalt, in der Marx seine Werke präsentiert, also das, was man häufig als »Form« vom »Inhalt« unterscheidet, eine wichtige Rolle. Aber wenn man dieser Spur nachginge, müßte man wohl auch in Rechnung stellen, daß Marx' Phantasiebild einer zukünftigen Gesellschaft (das übrigens nicht nur ein Wunschbild, sondern auch ein Furchtbild des möglichen Untergangs einschließt) als quasinaturale und daher als notwendige Folgeerscheinung eines langfristigen sozialen Prozesses, also als Projektion vergangener und gegenwärtiger Trends in die Zukunft vorgestellt wird. Das Zukunftsbild erscheint hier als Stück der gesellschaftlichen Realität, sei es auch einer künftigen Realität. Auch in diesem Sinne also, und nicht allein in der »Form«, in der Art der Darstellung, unterscheiden sich, so scheint es, wissenschaftliche und belletristische Utopien, wenn auch gewiß die Übergänge gleitend sind und Übergangsformen, etwa Science-fiction, zahlreicher werden. Das Schwergewicht liegt bei wissenschaftlichen Phantasiebildern einer zukünftigen Gesellschaft in höherem Maße auf Belegen, die systematischer Überprüfung zugänglich sind, als im Falle belletristischer Utopien. Auch spielen hier herkömmlicherweise unpersönliche Begriffe, dort die Darstellung von Menschen eine größere Rolle. Aber, wie gesagt, die Grenzen verschwimmen.

Das gilt ebenfalls von den Grenzen zwischen politischen Utopien rein mündlicher Art und literarischen Utopien in Buchform. Die zentrale Phantasie der gewalttätigen Manson-Gruppe, die Vorstellung, daß Charles Manson mit den Angehörigen seiner Gruppe während des kommenden Krieges zwischen Schwarzen und Weißen durch ein Loch in der Wüste von der Oberfläche der Erde verschwinden würde, um nach dem Siege der Schwarzen als deren unentbehrlicher Ratgeber aus ihren unterirdischen Kammern wieder auf die Oberfläche der Erde zurückzukehren – diese erschreckende Utopie könnte man sich ebensogut als Gegenstand einer literarischen Erzählung denken. Auch sie ist ein Phantasiebild einer zukünftigen Gesellschaft, das spezifische Wege zur Lösung ebenso spezifischer ungelöster Gegenwartsprobleme anzeigt.

5. Wunsch- und Furchtbilder dieser Art finden sich, soweit man sehen kann, in allen menschlichen Gesellschaften. Alle Vorstellungen von dem Leben nach dem Tode haben diesen Charakter. Manchmal tritt der Wunschcharakter stärker hervor, manchmal der Furchtcharakter wie etwa im Bilde der Höllengesellschaft, die der Teufel regiert. Solche Phantasiebilder haben ganz bestimmte soziale Funktionen. Es handelt sich dabei um Orientierungsmittel, die für das Handeln

von Menschen richtungsgebend sind – oder sein können. Die Frage ist, von welcher Zeit an und warum die vielfältigen Vorstellungen, die sich Menschen von einer möglichen Zukunft machen, den Charakter von Utopien annehmen. Was sind eigentlich die besonderen Strukturen, die Utopien von anderen Phantasiebildern einer möglichen Zukunft, also z. B. Vorstellungen wie der des Paradieses und der Hölle, unterscheiden? Es ist nützlich, diese Fragen mit einiger Präzision zu stellen. Ich mache mich hier nicht anheischig, sie so, wie sie es verdienen, zu beantworten. Aber ein paar Hinweise mögen von Nutzen sein.

## II Morus' Staatskritik im Kontext des Staatsbildungsprozesses

Der relativ große Erfolg von Thomas Morus' Utopia kann als Indiz dafür dienen, daß Morus Probleme anschnitt, die zu seiner Zeit in europäischen Gesellschaften akut zu werden begannen – Probleme, auf die die allmählich wachsende Utopieliteratur eine Antwort zu geben suchte. Damit gewinnt man einen gewissen Anhaltspunkt dafür, was dieser Utopieliteratur ihren Auftrieb gab. Ihn zu erklären wäre nicht schwer, wenn die traditionelle Form der literaturwissenschaftlichen Forschung die Aufmerksamkeit nicht zumeist auf die Untersuchung einzelner Werke einzelner, vorzugsweise großer Männer beschränkte. Sie bringt daher eine gewisse Vernachlässigung derjenigen Fakten mit sich, die man mit in Betracht ziehen muß, wenn man Fragen wie die eben gestellten beantworten will. Es wäre z. B. nützlich, eine zusammenfassende statistische Übersicht über das

Wachstum der Utopieliteratur vom 16. bis zum 20. Jahrhundert zu haben, einen ungefähren Überblick über die Kurve des Anstieges oder ggf. des Abstieges sowohl in der Anzahl der Utopiebücher selbst wie auch der Auflagen einzelner Schriften. Für bestimmte Epochen ist das gelegentlich versucht worden. Der Anstieg der Utopiebücher im 18. Jahrhundert ist bekannt.[4]

Aber bereits der für seine Zeit relativ große Erfolg des namengebenden Buches von Thomas Morus ist aufschlußreich. Offenbar brachte Morus mit seinem Buch ein Problem zur Sprache, das unter den humanistischen Gebildeten seiner Zeit und, wie die Übersetzungen in die Landessprachen zeigten, auch darüber hinaus, eine ganz akute Bedeutung hatte. Was dieses Problem war, läßt sich mit wenigen Worten sagen. Es wurde auch hier und da von Zeitgenossen mit genügender Klarheit ausgesprochen. Das Problem war bereits in der Antike erörtert worden, vor allem von Plato. Es gewann nun offenbar im Tudor-England und in einigen anderen europäischen Staaten im frühen 16. Jahrhundert eine neue Aktualität – nicht etwa deswegen, weil es von Plato erörtert worden war, sondern umgekehrt: weil die europäische Gesellschaftsentwicklung im 16. Jahrhundert von neuem bestimmte Probleme akut werden ließ, die in Platos Zeit auch akut waren, gewann Platos Erörterung des Themas damals eine neue Aktualität. Das Thema, um das es Morus ging, war u. a. auch auf dem Lateranischen Konzil in Rom erörtert worden, genau zu der Zeit, in der Morus

---

4 Siehe z. B. W. Krauss (Hg.), Reise nach Utopia. Französische Utopien aus drei Jahrhunderten, Berlin 1964, S. 16, der mitteilt, daß in einzelnen Jahren des 18. Jahrhunderts bis zu dreißig dieser Erzählungen erschienen.

im Verein mit Erasmus und vielleicht mit anderen Mitgliedern ihres Kreises an diesem Buch arbeitete. In der Sprache der Zeit wurde es erörtert als die Frage nach dem besten Staat. Als eine Schrift über den Staat betrachtete auch Erasmus Morus' Utopia.

Warum gewann in dieser Periode das Problem des Staates für reflektierende Menschen eine besondere Bedeutung? Die authentische Rekonstruktion der gesellschaftlichen Probleme, die sich in einer vielgelesenen Schrift der Zeit spiegeln, ist für deren Verständnis ganz unentbehrlich. In diesem Falle liefert der Hinweis auf diese Probleme zugleich einen Schlüssel zum Verständnis dessen, was Utopien, verglichen mit den vielen anderen menschlichen Phantasiebildern eines anderen Lebens, ihre besondere Eigenart verlieh.

De facto vollzog sich in der Periode, die u. a. in Schriften wie Morus' Utopia oder Machiavellis Der Fürst ihren Ausdruck fand, eine merkliche Wandlung in der Organisation der europäischen Staaten. Die Machtchancen der Fürsten, verglichen mit denen der Stände, vergrößerten sich in vielen Staaten Europas. Das Aufkommen der modernen Utopieliteratur und ein guter Teil ihrer Entwicklung steht in der Tat, soziologisch betrachtet, in engem Zusammenhang mit dem europäischen Staatsbildungsprozeß. Die Entstehung dieser Literatur steht im Zeichen dessen, was Historiker »das Zeitalter des Absolutismus« nennen. Aber der oft rein deskriptive Gebrauch dieses Begriffes läßt allzuleicht vergessen, daß man mit ihm auf einen spezifischen Strukturwandel der europäischen Gesellschaften, auf den Eintritt in eine neue Phase der Gesellschaftsentwicklung abzielt, eben auf den Machtanstieg der Fürsten, der Zentralherren des Staates (dessen Gründe ich zum Teil an anderer Stelle erörtert habe).⁵ Solche Wandlungen kündigen sich gewöhnlich darin an, daß Menschen sich auch vor neue Erfahrungen gestellt finden, vor neue Probleme, die in der Praxis und zugleich auch gedanklich bewältigt werden müssen. Neue Erlebnisse und Probleme aber finden häufig ihren Ausdruck in dem Auftauchen neuer Worte oder auch älterer Worte als Träger neuer Begriffe. Es ist alles andere als ein Zufall, daß in der gleichen Periode auch der neue Begriff »Staat«, von Italien herkommend, in den Landessprachen der europäischen Staaten Fuß zu fassen begann.

Das Studium der sozialen Entwicklung von Begriffen und dementsprechend auch Theorien der Begriffsentwicklung sind in unseren Tagen noch ein wenig unterentwickelt. Daher ist es vielleicht nicht ganz einfach zu erkennen, daß der Begriff »lo stato«, der sich im Zeitalter Machiavellis mit seinen jeweiligen lokalen Abwanderungen in den verschiedenen Laiensprachen Europas einbürgerte, nicht einfach eine Übersetzung des Begriffs »res publica« darstellte, der im Verkehr der lateinisch sprechenden Menschen gebräuchlich war. Für die Sprecher der Vulgärsprache hatte es offenbar zuvor genügt, von diesem Königreich, jenem Fürsten-

---

5 Norbert Elias, Die höfische Gesellschaft, a. a. O., bes. Kap. VIII. Das, was dort ausgeführt wurde, gilt in seinen Grundzügen für die meisten Landstaaten Europas, deren Hauptverteidigungs- und Expansionsinstrument die Landheere sind. Der Staatsbildungsprozeß verläuft etwas anders im Falle von Seestaaten, deren Hauptverteidigungs- und Expansionsinstrument eine mehr oder weniger spezialisierte Kriegsflotte ist. England wurde zu einem Seestaat mit der Entwicklung der Navy erst spät im 16. und dann wieder im 17. Jahrhundert. Das war einer der Gründe dafür, daß die Könige aus ihren Kämpfen mit den Ständeversammlungen dort nicht als Sieger hervorgingen – im Unterschied zu den meisten Festlandstaaten, in denen sie die Verfügungsgewalt über ein Landheer hatten, das auch im Innern des Landes verwendbar war.

tum oder jener Republik zu sprechen. Es war offenbar ein Erfahrungsgrund vorhanden, der die Träger dieser Sprache veranlaßte, auf der Stufenleiter der begrifflichen Synthese (oder um den wenig präzisen, aber bekannteren Ausdruck zu gebrauchen, der »Abstraktion«) eine Sprosse höher zu steigen und einen Begriff zu gebrauchen, der sich auf alle Königreiche, alle Fürstentümer und Republiken zugleich bezog. Aber die Veränderungen im gesellschaftlichen Leben der Menschen, die einen besonders markanten Ausdruck in der wachsenden Machtfülle von Fürsten, von Regierungen überhaupt fanden und in der Straffung der Kontrollen, denen dementsprechend die Regierten ausgesetzt waren, brachten eine Fülle von neuartigen Erlebnissen mit sich. Ein neuer Typ des Fürsten trat in den Vordergrund. Die Fürsten verloren mehr und mehr die charakteristischen Züge der traditionellen feudalen Herrscher, sie fochten ihre Schlachten immer weniger aus mit Mittelheeren und immer mehr mit Söldnerheeren, weniger mit den Hieb- und Stoßwaffen der Kavallerie und mehr mit den Schußwaffen der Infanterie; sie finanzierten ihre Kriege ebenso wie ihre friedlicheren Beschäftigungen immer weniger durch Weggabe von Land und Naturalabgaben der Untertanen und immer ausschließlicher mit Gold und Silber, also mit Geld aus Steuerabgaben und Anleihen. Ihre stehenden Heere aber verlangten nicht nur eine andere Kriegstechnik im Kampfe mit äußeren Feinden, sie ermöglichten zugleich auch eine striktere und umfassende Überwachung ihrer eigenen Bevölkerung. Dieser neue Typ der Fürsten trat zunächst in Erscheinung im kleineren Rahmen der Stadt- und Territorialstaaten von Italien. Die Sforzas, die Borgias, die Medici gehörten zu dieser Klasse von Fürsten. Franz I. von Frankreich und Heinrich VIII. von England, Thomas Morus' Herr und Meister, waren die prominentesten Könige dieses Typs in der Frühzeit des Absolutismus.

Der Gebrauch des neuen Wortes »Staat« (oder seiner Äquivalente) in den Vulgärsprachen Europas war also in der Tat symptomatisch für eine neue Phase des Staatsbildungsprozesses, für die Entwicklung von Staaten eines neuen Typs und so auch für neue Erfahrungen, die Menschen mit Staaten machten, für neue Probleme, die sich Menschen beim Nachdenken über Staaten stellten. Das war gemeint, wenn ich davon sprach, daß das Kommen und die Ausbreitung des neuen Begriffs in den europäischen Sprachen den Aufstieg auf eine neue Reflexionsstufe im Bezug auf Staaten anzeigte.

Thomas Morus' Utopia und ein Teil der frühen Utopieschriften sind symptomatisch für das Nachdenken über das gleiche Problem (ebenso wie viele der späteren Utopieschriften bis in unsere Tage hinein) – über die Frage: wie sollte ein Staat beschaffen sein? Welches ist der beste Staat? Auch gegen den Staat gerichtete Phantasiebilder, zu denen man vielleicht auch manche Schäferromane rechnen kann oder etwa die berühmte Utopie von der Köchin, die in ihrer Freizeit nebenbei auch noch die Regierungsgeschäfte erledigen wird, beschäftigen sich mit dem gleichen Problem. Eine Typologie der Utopien entsprechend ihrer Stellung zum Staat, also etwa Utopien als Wunschbilder eines gemäßigt oder radikal reformierten Staates, als Furchtbilder eines Staates, als Wunschbilder einer staatenlosen Gesellschaft usw., wäre vielleicht gar nicht so abwegig.

6. Thomas Morus' Utopia ist ein beredtes Zeugnis für das Empfinden eines – beim Standard seiner Zeit – humanen,

auch religiös toleranten und umfassend gebildeten Humanisten, der als städtischer Patrizier die Bedrohung durch den Staat neuen Typs, den willkürlich regierten und oft despotischen Staat des Absolutismus, heraufziehen sah. Seine Empfindungen ähnelten in mancher Hinsicht denen, mit denen Menschen im 20. Jahrhundert die Gefahr des Faschismus heraufziehen sahen – jedenfalls solange er noch vornehmlich ein Humanist und ein Mensch der City, aber noch nicht hauptberuflich ein Mann des Königs, also des Staatsestablishments war. Morus hatte – nach nicht ganz zuverlässigen Angaben[6] – schon früh im Leben die Macht eines Königs am eigenen Leibe zu spüren bekommen. Noch recht jung an Jahren, war er in der späten Regierungszeit Heinrichs VII., wahrscheinlich als einer der Repräsentanten der City von London, ins Parlament gesandt worden. Der König beantragte dort eine Sonderabgabe anläßlich der geplanten Heirat seiner ältesten Tochter. Aufgrund einer Rede des jungen Thomas Morus wurde diese Geldforderung Heinrichs VII. abgelehnt. Der erboste König soll sich dadurch gerächt haben, daß er zunächst einmal Morus' Vater ins Gefängnis warf und eine nicht unbeträchtliche Geldsumme von ihm für die Freilassung verlangte. Thomas Morus selbst fühlte sich, so berichtete derselbe Biograph,[7] in England seines Lebens nicht mehr sicher und plante, das Land zu verlassen, als

---

6 William Roper, »The life of Sir Thomas More«, in: Two early Tudor lives, hg. von R. S. Sylvester und D. P. Harding, New Haven/London 1969, S. 199 [dt.: Das Leben des Thomas Morus. Nach der Ausgabe von Elsie Vaughan Hitchcock (1935) ins Deutsche übertragen von Hildegard Buhr-Ohlmeyer. Mit einem Nachwort von Abt Albert Ohlmeyer O. S. B. Heidelberg 1986 (Sammlung Weltliteratur – Reihe Englische Literatur), S. 17].
7 Roper, a. a. O., S. 200 [1986, S. 18].

der König starb. Gewiß ist, wie stark Morus die wachsende Königsmacht empfand, in der sich die damalige Phase des Staatsbildungsprozesses, das Kommen des Absolutismus als bedrückende Tyrannei, befand. Die Verse, die Morus nach dem Tode des Königs zur Krönung Heinrichs VIII. schrieb, lesen sich in den Worten eines seiner Biographen[8] wie das Aufatmen eines Mannes, der von einem bösen Alptraum erwacht, der glaubt, daß die Tyrannei tot, die Freiheit und die Herrschaft des Gesetzes wiedergeboren ist. Morus konnte nicht ahnen, daß England in dieser Hinsicht mit dem neuen König aus dem Regen in die Traufe kam. Über die Tatsache, daß Morus später im Leben selbst ins Lager der Tyrannei (in die Höhle des Löwen) hinüberwechselte, vergißt man oft, wie außerordentlich stark der jüngere Morus, ohne Zweifel im Verein mit seinen humanistischen Freunden, die sich langsam verstärkende Bedrückung durch die Repräsentanten des frühen Absolutismus, durch die Könige seiner Zeit, empfand. Man kann Morus' Utopia, seinen Wunschtraum von einem besseren Staat, nicht recht verstehen, ohne sich diese Situation zu vergegenwärtigen.

Morus, der Verfasser der Utopieschrift, war sicherlich vorsichtiger als der junge Mann, von dem erzählt wird, daß er dem mächtigen König, Heinrich VII., offen in den Weg trat. Er hatte vielleicht nicht den bitteren Geschmack auf der Zunge verloren über die steigende Macht und die Willkür der Fürsten im allgemeinen und die seines Königs im besonderen. Aber er war nun zu einem gewitzten Diplomaten herangereift und hütete sich, das Mißfallen an den Zuständen des englischen Staates, wie der immer in Kriege

---

8  R. W. Chambers, Thomas More, London 1967 (1935), S. 99.

verwickelten zeitgenössischen Fürstenstaaten überhaupt, in einer Weise öffentlich anzuprangern, die ihm die Ungnade des Königs zuziehen und ihn so in Gefahr bringen konnte.

## III Morus' soziale Position in der Zeit der Utopieschrift – Notizen zum Wachstum des sozialen Gewissens

Morus' Utopieschrift ist zum guten Teil auch eine staatskritische Schrift. Man kann sie nicht ganz verstehen, ohne eine gewisse Vorstellung davon zu haben, welche Position im realen Gesellschaftsgefüge und besonders auch in der Generationsabfolge der Verfasser dieser Schilderung einer imaginären Staatsgesellschaft einnahm.

Thomas Morus, geboren 1478, war der Sohn eines Mannes, der als Jurist seine Karriere in den Gerichten der City und später auch des Königs machte. Er gehörte, soziologisch betrachtet, zu der Oberschicht des städtischen Bürgertums, zu dem Stadtpatriziat der reichen Kaufmannsfamilien und Stadtbeamten. Thomas Morus war also – das ist sicherlich nicht unwichtig – der Sproß eines wohlhabenden Hauses; er war nicht »erste Generation«, nicht ein »self-made man«, sondern bereits zum Purpur geboren, also zweite, dritte oder vierte Generation. Nur so kann man es verstehen, daß er, wie man hört, in der Stadt schon früh als »der junge More« bekannt wurde; auch soll er noch bartlos, wahrscheinlich als Vertreter der City, ins Parlament geschickt worden sein. Gewiß hing das auch mit seiner ungewöhnlichen Begabung zusammen.

Einen Teil seiner Kindheit verbrachte er, wie das in den

begüterten Schichten Englands üblich war, in einem der großen Häuser des Landes, in dem Haushalt des damaligen Erzbischofs von Canterbury, Morton. Der Erzbischof selbst, inzwischen Kardinal, wurde von Morus in seine Utopieschrift einbezogen. Er tritt dort als freundlicher, weiser und witziger Schirmherr einer der Dialoge auf. Vielleicht suchte Morus dieses Werk mit seinen häufig unkonventionellen und so auch gefährlichen Gedanken durch das Ansehen des kirchlichen Würdenträgers ein wenig gegen mögliche Anklagen abzusichern.

Mit vierzehn oder fünfzehn Jahren ging Thomas Morus nach Oxford. Soweit sich sehen läßt, wandte er sich von dieser Zeit an demjenigen Studium zu, das den Enthusiasmus vieler seiner Generationsgenossen erregte und das Menschen damals den Zugang zu einer bisher unbekannten Welt des Wissens eröffnete, dem Studium zuvor unbekannter oder ungelesener griechischer und lateinischer Schriftsteller der Antike. Die Begeisterung besonders junger Menschen über die Erweiterung des intellektuellen Horizonts, die die Lektüre von gleichsam neuentdeckten Schriftstellern der Antike erweckte, war ein Generationserlebnis, das heute möglicherweise nicht mehr leicht nachvollziehbar ist. Ein – sicherlich hinkender – Vergleich ist das Generationserlebnis des Marxismus in den sechziger Jahren des 20. Jahrhunderts. Die Begeisterung für das humanistische Studium der Antike auch als Generationserlebnis junger Menschen zu verstehen ist gerade für das Verständnis von Thomas Morus' Utopieschrift nicht unwichtig, denn zum Teil ist diese Schrift auch eine Frucht dieser Begeisterung. Der humanistische Enthusiasmus brachte Thomas Morus mit Erasmus und einer Reihe von anderen humanistisch gebildeten und gesinnten Menschen zusammen. Der Aufbau der Schrift selbst legt Zeugnis darüber ab, daß die Gespräche eines ganzen Kreises humanistisch gebildeter Menschen und besonders die Zusammenarbeit mit Erasmus einen Anteil an ihrer Entstehung und vielleicht auch ihrer Ausarbeitung hatte. Denn das »neue Wissen«, die Vertiefung in eine Gedankenwelt, die weniger theologisch vorbestimmt war als die der scholastischen Philosophie trotz ihres aristotelischen Gewandes, bedeutete für Menschen nicht etwa lediglich eine Ausweitung ihres Buchwissens. Sie eröffnete ihnen zu gleicher Zeit auch einen neuen, wirklichkeitsnäheren Zugang zu den Problemen ihrer eigenen Zeit. Das ist die Mischung, der man in Morus' *Utopia* begegnet: Gelehrtes Wissen wirklichkeitsnah angewandt. Das gehört auch zu den Reizen von Morus' Schrift. Plato und Lukian, und, wer weiß, vielleicht auch Tacitus und andere antike Schriftsteller, standen Pate bei ihr. Aber diese Anregungen aus der Antike dienen Morus dazu, höchst aktuelle Probleme der eigenen Zeit in den Griff zu bekommen und mitteilungsreif zu machen. Sie beflügeln seine Phantasie, ganz ebenso wie Amerigo Vespuccis zeitgenössische Berichte über seine Entdeckungsreisen (denen Amerika vielleicht nur deswegen seinen Namen verdankt, weil sie im Druck die Entdeckung des neuen Erdteils einem weiteren Leserkreis zugänglich machten).

Aber damit nehme ich schon Erläuterungen zu Morus' Arbeit in einer etwas späteren Phase seines Lebens vorweg. Zunächst vertiefte er sich offenbar eine Zeitlang in das Studium der alten Schriftsteller. In den Augen seines Vaters aber war das ein brotloses Studium – wohl nicht ganz zu Unrecht: der gute Erasmus, ein Humanist reinsten Wassers, kam nie recht auf einen grünen Zweig. Morus' Vater bestand darauf, daß der Sohn sich dem Studium der Rechte zuwende, also dem gleichen Studium, das die Karriere des Vaters bestimmt hatte. Ohne dieses Studium hätte der Sohn keinen Zugang zu den höheren Ämtern, sei es der Stadtverwaltung, sei es der Staatsverwaltung, gehabt. Thomas Morus fügte sich der Anordnung des Vaters. Den englischen Studiengebräuchen entsprechend trat er, wahrscheinlich mit sechzehn Jahren, als Studierender einem der englischen Gerichtshöfe bei, wurde zwei Jahre später zu einem anderen Gerichtshof (Lincoln's Inn) zugelassen, dem auch sein Vater als »butler« angehört hatte. Seine ungewöhnliche Begabung, insbesondere auch sein diplomatisches Geschick bei Verhandlungen, ermöglichte ihm einen raschen Aufstieg zunächst in Diensten der Londoner City. Er heiratete zum ersten Mal mit siebenundzwanzig Jahren, wurde mit dreißig Jahren Mitglied einer der großen Londoner Kaufmannskorporationen, der Mercers' Company. Auch bei anderen Gelegenheiten findet man ihn als diplomatischen Vertreter von Londoner Handelsgesellschaften, er repräsentiert sie in Verhandlungen mit anderen Verbänden dieser Art. So verhandelte er 1512 als Repräsentant einer Londoner Kaufmannsgruppe (Merchants of the Staple) mit einer anderen Gruppe (Merchant Adventures). 1515 machte ihn der König auf Antrag der City zum Mitglied einer Gesandtschaft nach Flandern. Seine besondere Aufgabe war es, dort Verhandlungen für die City von London mit Vertretern der deutschen Hansestädte zu führen.

Das war die Gesandtschaft, auf die er sich in seiner Utopieschrift bezog. Bei dieser Gelegenheit, so gab er vor, begegnete ihm der Weggenosse Vespuccis, dem er den Bericht über den Staat der Utopier zuschrieb.

Es ist nicht ganz unnütz, Thomas Morus in diesen zwei Rollen zu sehen, als Diplomat im Dienste der City von London und als Humanist, als geschäftigen und geschickten Wortführer großer englischer Kaufmannsgesellschaften in ihren Verhandlungen mit Vertretern deutscher Kaufmannsgesellschaften und gleichzeitig als phantasiereichen Verfasser der *Utopia*. Man hat den Eindruck einer gewissen Zweiteilung seines Lebens. Von der Zeit an, in der er sich dem Gebot seines Vaters folgend dem juristischen Studium zuwandte, wurde diese Berufstätigkeit als Jurist und Diplomat zunächst im Dienste der City von London zur Grundlage seines Broterwerbs und seiner Karriere. Humanistische Studien, die er offenbar nicht aufgab, wurden wahrscheinlich vorwiegend zu einer Freizeitbeschäftigung.

Er hatte Erasmus zuerst als Neunzehn- oder Zwanzigjähriger kennengelernt, blieb, wie es scheint, mit ihm und einem kleineren Kreis von Humanisten in Kontakt und teilte ihren Idealismus, ihren gemäßigten Reformeifer. Die relativ größere Realitätsnähe eines Teils des antiken Schrifttums – relativ im Verhältnis zu dem traditionellen scholastischen Gedankengut – unterstützte ihr Bemühen um einen realistischeren Zugang zu den Problemen ihrer eigenen Gesellschaft. Auch ihr Gewissen zeugt von diesem Säkularisierungsschub. Sie konnten ihre Augen nicht vor der Unmenschlichkeit verschließen, mit der man die Bauern auf die Straße setzte, vor der Habgier der mächtigen Staatsdiener, die ihre Ämter ausnutzten, um sich zu bereichern, und vor dem schrecklichen Elend, das ihnen allenthalben begegnete. Die Verhältnisse, unter denen sie lebten, waren denen eines frühen Entwicklungsstaates unserer Tage verwandt, aber ohne den Ansporn des Vorbildes, besonders auch des modellsetzenden Zivilisationsstandards der bereits entwickelteren Industriestaaten, also auch ohne klares Wissen, daß und wie die gegenwärtigen Zustände möglicherweise verbessert werden könnten. Morus' Utopieschrift stellt also auch, unter anderem, einen Versuch dar, ein solches Modell zu schaffen auf einer Entwicklungsstufe, auf der solche Modelle noch kaum vorhanden waren. Die Schrift gehört zu den frühesten Zeugnissen für das erwachende Bewußtsein, daß Menschen selbst etwas dazu tun können und sollten, um Not und Elend der Menschen auf dieser Erde zu verringern – daß sie etwas tun könnten nicht wegen der erwarteten Belohnungen im Himmel, sondern aus Mitgefühl mit den Menschen selbst, nicht um Gottes willen, sondern um der Menschen willen. Auch das war ein Zeichen der Zeit – eine mehr säkulare Form des Gewissens. Der humanistische Freundeskreis des Erasmus, zu dem zu dieser Zeit auch Morus gehörte, war eine der frühesten Gruppen, deren Mitglieder es als eine menschliche, eine diesseitige Aufgabe ansahen, Staat und Kirche zu reformieren. Das bedeutete nicht, daß es ihnen an Gläubigkeit oder an Frömmigkeit fehlte. Ein säkulares Gewissen war entsprechend der Macht- und Sicherheitsverhältnisse der Zeit kaum möglich im 16. Jahrhundert. Erasmus und Morus waren sicherlich zeit ihres Lebens gläubige Menschen und blieben der Kirche verhaftet. Aber sie begnügten sich nicht mehr mit der Vorstellung, daß Gott die Welt mit ihrem Elend, mit ihren Kontrasten zwischen dem Wohlleben der Reichen und der Not der Armen geschaffen hat, so daß Menschen weder etwas tun können oder zu tun brauchen, um etwas daran zu ändern. Sie gehörten zu den frühesten Menschengruppen in der europäischen Geschichte, die die Aufgabe einer Reform von Staat und Kirche vorwiegend als eine Aufgabe der

Menschen selbst verstanden, als eine innerweltliche Aufgabe, ohne daß sie das in ihrem persönlichen Glauben, ihrer persönlichen Loyalität zur Kirche beirrte.

Aber die Frühstufe des mehr säkularisierten sozialen Gewissens unterschied sich in einem gewichtigen Punkt von der gegenwärtigen. Die Möglichkeit zur Verwirklichung einer Staats- und Gesellschaftskritik war noch äußerst gering. Der Spielraum der »Machbarkeit« war ganz klein. Wie begrenzt er war, kann man eigentlich erst sehen, wenn man in einer Zeit lebt, in der der Spielraum der Realisierbarkeit von sozialen Reformplänen bei aller Begrenzung doch bereits erheblich größer geworden ist.

Man sollte die Stufe der Machbarkeit von Änderungsplänen nicht aus dem Auge verlieren. Sie ist mitverantwortlich für die Natur der Pläne selbst. Die Entwicklung des sozialen Gewissens war bei Morus und wohl auch bei Erasmus und anderen Mitgliedern dieses humanistischen Kreises bereits so weit fortgeschritten, daß sie sich offenbar sehr ernstlich mit der Frage befassen konnten, wie ein besserer Staat beschaffen sein sollte. Morus selbst fühlte, wie es scheint, auch die Verpflichtung, seine Vorstellung von einer reformierten Staatsgesellschaft einem weiteren Kreis zugänglich zu machen, ohne sich zu verhehlen, daß dies ein gefährliches Unternehmen war, da sie ja eine Kritik der bestehenden Staatsgesellschaft einschloß. Aber an einer Vorstellung des Weges, auf dem man dieses Wunschbild eines reformierten Staates, das überdies Vorstellungen von der Reform der religiösen Einrichtungen einschloß, fehlte es noch so gut wie völlig. Auch war man sich dieser Lücke kaum als solcher bewußt. Ein mehr innerweltliches soziales Gewissen war – in kleinen Kreisen – bereits in der Bildung begriffen. Aber man hatte zur Zeit von Morus noch keine Erfahrungen, die es möglich machten zu wissen, daß es Mittel und Wege zur Verwirklichung umfassender Staatsreformen geben könne, empfand demgemäß beim Ausdenken von Wunschbildern eines besseren Staates allenfalls nur am Rande als Mangel, daß der Weg zur Verwirklichung des Wunschbildes noch jenseits des eigenen Horizontes lag.

Morus' Utopie repräsentiert mit anderen Worten eine spezifische Stufe in der Entwicklung des sozialen Gewissens. Hie und da fühlten sich Menschen bereits dazu gedrängt, Pläne zur Beseitigung der gröbsten Unbilden von Staat und Gesellschaft zu entwerfen und sogar zu veröffentlichen, obgleich das recht gefährlich war. Zugleich aber bestand auf dieser Stufe noch kaum eine Möglichkeit, und man konnte auch kaum die Hoffnung haben, solche Pläne zu verwirklichen. Morus selbst gab das am Ende seiner Schrift dem Leser ziemlich unzweideutig zu verstehen:

»Inzwischen kann ich zwar nicht allem zustimmen, was er gesagt hat, […] jedoch gestehe ich gern, daß es im Staate der Utopier sehr vieles gibt, was ich unseren Staaten eher wünschen möchte als erhoffen kann.«[9]

Man könnte sich denken, daß diese stufenspezifische, auch den Machtverhältnissen entsprechende Praxisferne der Staatskritik und des Reformprojekts in Morus' Utopieschrift etwas dazu beitrug, daß er die beiden Beschäftigungen als hoher städtischer Gerichtsbeamter, als Diplomat im Dienste städtischer Handelsgesellschaften oder auch des Königs

---

9 Thomas Morus, Utopia, hg. v. K. J. Heinisch, Reinbek 1960, S. 110.

und als staatskritischer idealistischer Humanist ohne Gewissenskonflikte miteinander zu vereinbaren vermochte. In seiner Schrift führt er sich selbst als Teilnehmer an einer Gesandtschaft ein. Er erwähnt nicht, aber man weiß es aus anderen Quellen, daß er auf dieser Gesandtschaft als diplomatischer Beauftragter reicher und mächtiger Londoner Handelsgesellschaften fungierte. Ich weiß nicht genug über die Einstellung und Gedankenwelt der Mitglieder dieser kapitalkräftigen Londoner Handelsgesellschaften, um beurteilen zu können, ob sie Morus' Wunschbild eines besseren Staates beeinflußten. Aber es ist nicht undenkbar, daß sich auch in diesen Kreisen eine erhebliche Opposition gegen die wachsende Macht der Könige und vor allem auch gegen deren kostspielige und nutzlose Kriege fühlbar machte. Es ist denkbar, daß man in den Einrichtungen dieser großen Handelsgesellschaften die vorwärtsweisenden Modelle für die Einrichtung von Wahlen zu suchen hat, die als Mittel der Ernennung von Regierungsbeamten und sogar von Priestern in Morus' Vorstellung von dem besten Staatswesen eine zentrale Rolle spielt. Mag sein, daß in diesen Kreisen auch die Kritik gegen das Bauernlegen des Landadels heimisch war, das Massen entwurzelter Bauern als Bettler und Diebe in die Städte trieb. Jedenfalls ist es auffallend, wenn auch gewiß verständlich, daß unter den angeprangerten Gruppen in Morus' Utopie diejenige Schicht fehlt, zu der er selbst gehört, das hauptsächliche Großbürgertum, die großen Handelskorporationen der City. Nicht weniger auffällig ist, daß ein Mann der City, ein diplomatischer Repräsentant der Londoner Kaufmannschaft, unter den oft recht radikalen Einrichtungen, die er seinem idealen Staat zuschreibt, auch die Abschaffung des Privateigentums nennt. Vielleicht ist gerade das aufschlußreich für das Verständnis von Morus' Utopie. Es ist unwahrscheinlich, daß ein solcher Vorschlag die Zustimmung von Morus' Freunden und Auftraggebern in der City gefunden hätte, unter gegenwärtigen Verhältnissen würde ein Vertrauensmann der City, der in seinem Idealbild eines Staates die Aufhebung des Privateigentums befürwortete, unwiderruflich das Vertrauen seiner Auftraggeber verlieren. Der Unterschied liegt wohl vor allem auch in der bereits erwähnten relativen Praxisferne von Morus' Utopieschrift. Die weitverbreitete Neigung, eine Schrift des 16. Jahrhunderts zu interpretieren ohne klares Verständnis für die unterschiedliche Struktur der Entwicklungsstufen, als ob es sich um Ideen einer zeitgenössischen Schrift handele, läßt den gegenwärtigen Leser allzuleicht vergessen, daß Morus' Utopieschrift zu einer anderen Stufe der »Machbarkeit«, der Realisierbarkeit von Plänen für die Reform eines Staates gehört.

Die zwielichtige Gestalt der Schrift, die Verschränkung von realen und fiktiven Personen im Gespräch, vermittelt auch dem heutigen Leser etwas von der beabsichtigten Atmosphäre. Sie macht es möglich zu sagen: es ist alles nur erfunden, und es zugleich auch wieder in Zweifel zu ziehen. Die Interpretation von Morus' Utopieschrift verlangt also eine gewisse Balance, um die Gedanken zwischen zwei Extremen hindurchzusteuern: zwischen der Vorstellung, daß der Plan einer besseren Gesellschaft, der darin entwickelt wird, den gleichen Grad der Wirklichkeitsbezogenheit hatte wie etwa Marx' *Kommunistisches Manifest,* und der entgegengesetzten Auffassung, daß dieser Plan nichts als ein merry jest, ein fröhlicher Scherz ohne jeden Wirklichkeitsbezug, war. Eine ausgewogenere und differenziertere Diagnose bedarf als Bezugsrahmen eines Prozeßmodells, sei es im engeren Sinne eines Modells der Entwicklung des sozialen Gewissens, sei es im weiteren Sinne des Modells eines Zivilisationsprozesses.

Morus' Utopieschrift legt Zeugnis ab für eine sehr echte moralische Entrüstung über die Übel und Laster seiner Zeit. Man braucht nicht daran zu zweifeln, daß es Morus und seinem Kreise ernst war mit ihrem Versuch, sich einen besseren, einen idealen Staat vorzustellen. Aber Morus war sich offensichtlich auch der Gefahr eines solchen Unternehmens bewußt. Die Kirche hatte eine Tradition geschaffen, die die Veröffentlichung von unorthodoxen, innovatorischen Gedanken strafbar machte. Die Gefahr der Bestrafung von Ideen, die den Machthabern der Zeit unwillkommen waren, ganz unabhängig von ihrer Ausführbarkeit, lag in der Luft.

Morus fühlte sich offenbar durch sein Gewissen gedrängt, den zum Teil recht erschreckenden und widerwärtigen Zuständen seiner Zeit einen Spiegel vorzuhalten und ihnen zugleich auch mit großer Klugheit das Bild eines besseren Staates gegenüberzustellen. Aber er war Jurist. Er kannte die Gefahr eines solchen Unternehmens nur zu gut. So mischte er Scherz und Ernst, Dichtung und Wahrheit in einer Weise, die dem Leser, der hören wollte, das, worum es ihm ging, verständlich machte. Und zugleich die Spuren, die ihm gefährlich werden konnten, soweit wie möglich verdeckte. Selbst mit der erfundenen Hauptfigur seines Dialogs, mit dem Weltreisenden Raphael, spielte er sein Spiel. Er gab ihm einen Namen, den jeder einigermaßen Gebildete seiner Zeit als erfunden erkennen konnte, aber er gab ihm genug reale Züge, um die Möglichkeit nicht auszuschließen, daß es eine solche Person, wenn auch anderen Namens, wirklich gegeben haben könnte. Auch in diesem Falle wird man vielleicht dem Sachverhalt nicht ganz gerecht, wenn man an Morus' Utopieschrift den gegenwärtigen Maßstab der Gewitztheit des Lesers im Erkennen von Wirklichkeit und Erfindung anlegt. Viele Druckschriften der Zeit, besonders auch Reiseberichte und Biographien, zeigen recht unzweideutig, daß entsprechend dem Stand des Wissens im 16. Jahrhundert das Vermögen, zwischen Wirklichkeit und Erfindung in einem Bericht zu unterscheiden, geringer war als auf der gegenwärtigen Stufe des Wissens.

# IV  Zur Stellung von Morus' Utopie in seinem Leben und seiner Zeit

An Morus' Utopieschrift ist viel herumgerätselt worden. Wie das oft bei literaturwissenschaftlichen und historischen Interpretationen der Fall ist, gibt es so viele Meinungen, wie es Köpfe gibt. Selbst noch in jüngster Zeit gleicht das Schicksal des kleinen Buches, wie einer seiner neuesten Herausgeber bemerkt:

»[...] dem des Babys in Salomons Urteil. Eine Gruppe von Denkern erhebt Anspruch auf das Buch als ein katholisches Traktat, in dem alles, was kommunistischer Propaganda ähnelt, als moralische Allegorie interpretiert werden sollte. Eine andere Gruppe stellt es als ein politisches Manifest hin, bei dem alle Hinweise auf Religion absolut ignoriert werden sollten.«[10]

10 Thomas More, Utopia, übers. und eingel. von Paul Turner, Harmondsworth 1965, S. 7.

Man kommt dem Vorhaben Thomas Morus' selbst wahrscheinlich am nächsten, wenn man sich an den Titel der ersten Auflage hält: *De Optimo Reipublicae Statu* – Über den besten Staatszustand. Darum in der Tat geht es in diesem Buch. Sein Aufbau ist oft genug beschrieben worden; er entspricht diesem Titel. Ich kann mich hier auf ein paar Hinweise beschränken. Das Problem also ist: Wie sieht der bestmögliche Staat aus? Wie sollte ein Staat beschaffen sein? Morus beantwortete diese Frage durch die Schilderung eines Staatswesens, das sich wie der englische Staat auf einer Insel herausgebildet hatte, aber auf einer fernen, bisher unbekannten Insel, der Insel Utopia. Ein Weltreisender berichtet, wie es dort zugeht. Morus schrieb diese Schilderung des idealen Staates, die den zweiten Teil seines Buches bildet, zuerst, ehe er den jetzigen ersten Teil verfaßte. Vielleicht fand er das Idealbild allein nicht eindringlich genug. So stellte er ihm einen ersten Teil voran, in dem er mit großer Eindringlichkeit, auch mit Witz und oft mit unerbittlicher Schärfe ein Gegenbild zeichnet: einen schlimmen Staat. Er stellt viele Mängel und Laster des englischen Staates und der existierenden Staaten überhaupt, wie sie tatsächlich sind, an den Pranger.

Ich habe schon gesagt, daß ein solches Unternehmen, das man heute wohl als »gesellschaftskritisch« bezeichnen würde, das man angemessener als »staatskritisch« bezeichnen muß, für seinen Verfasser mit einem erheblichen Risiko verbunden war. Gewiß war es für Morus nicht besonders gefährlich, bestimmte einzelne Gesellschaftsgruppen anzuprangern, denen er einen guten Teil der Schuld für die üblen Zustände im Staate und besonders für die Misere der breiten Masse des Volkes beimaß. Sie nannte er direkt beim Namen.

Er nahm kein Blatt vor den Mund. Dem Leser von heute mag es auf den ersten Blick als seltsam erscheinen, wen Morus da als die Verwerfenswerten, als die Hauptschuldigen an den Übeln des Staates in einen Topf warf. Er beschuldigte ausdrücklich »Adelige, Goldschmiede und Wucherer«. Warum die Adeligen? Zu seiner Zeit war ein Bauernlegen großen Stils im Gange. Viele auf dem Getreidebau eingerichtete bäuerliche Kleinbetriebe wurden durch große Schaffarmen ersetzt, die gute englische Wolle für kontinentale Tuchmanufakturen produzierten. Adelige Großgrundbesitzer wurden reicher, die Bauern ärmer. Die Schafe fressen die Menschen auf, schrieb Morus. Was sollen die armen Bauern tun, die von ihrem Lande vertrieben werden? Ihnen bleibt nur die Wahl zwischen dem Verhungern und dem Stehlen. Und wenn sie beim Stehlen gefaßt werden, hängt man sie auf. Morus war einer der ersten, der nach den sozialen Gründen für den Gesetzesbruch fragte. Und weil er sie kannte, fand er den Staat viel zu unerbittlich und harsch. Statt die Diebe zu hängen, sagte er, sollte man ihnen lieber Arbeit geben.

Wie die Wucherer waren die Goldschmiede in dieser Epoche Leute, die Geld auf Zinsen ausliehen. In Zeiten der Dürre kamen die Bauern zu ihnen, borgten sich Geld, um über den Winter hinwegzukommen und wenn nötig um Saatgetreide zu kaufen. Wenn sie die hohen Zinsen nicht zahlen konnten oder die Anleihe selbst nicht zurückzuzahlen vermochten, vertrieben sie die Geldleiher mit Hilfe des Staates von Haus und Hof.

Gegen diese und einige andere Gruppen richtete sich Morus' Anklage unverhohlen und ganz direkt. Er sprach gegen die Höflinge, die vielen Müßiggänger am Hofe, er wagte es auch ganz direkt zu sagen, daß es viel zu viele Mönche und Priester gäbe, die nichts täten und den Arbeitern das Brot vom Munde wegäßen. In seinem Phantasiebild eines Idealstaates, in seinem guten Staat Utopia, waren dann alle diese angeprangerten Gruppen verschwunden. Wenn es keine Müßiggänger mehr gäbe, so schloß Morus, dann brauchten Männer und Frauen nur noch sechs Stunden am Tage zu arbeiten, um ihren Bedürfnissen zu genügen. In Utopia war das verwirklicht.

Aber in Morus' Idealbild des Staates zeigt sich im Verein mit der Sicht des Humanisten zugleich auch die des hohen Beamten. Es ist ein Staat, in dem alles bis ins einzelne hinein geregelt ist. Selbst die Bekleidung der Menschen ist vorgeschrieben. Sie ist einfach, ist für alle Menschen identisch und wird alle zwei Jahre erneuert. Es versteht sich, daß man staatliche Identitätspapiere haben muß. Nicht ganz zu Unrecht ist gesagt worden, daß das gute Land Utopia schon ein wenig an George Orwells *1984* erinnert.[11]

Jedenfalls zeigte sich Morus bei der Ausarbeitung seines Wunschbildes von dem besten Staat durchaus nicht einfach als ein konservativer Denker. Wäre er das gewesen, dann würde er für die Wiederherstellung des alten, ritterlichen, vorwiegend naturalwirtschaftlichen Staates plädiert haben. Er würde die volle Wiederherstellung der päpstlichen Vormacht über die religiösen Einrichtungen aller Staaten befürwortet haben. Seine Vorstellung von dem besten Staat weist eher in die entgegengesetzte Richtung. Sie stellte in vieler Hinsicht mehr die Vorwegnahme einer noch weit in der Ferne liegenden Zukunft als die Rückkehr zu der mittelalterlichen Vergangenheit dar.

---

11 More, Utopia, übersetzt und eingeleitet von Turner, a. a. O., S. 13.

Gewöhnlich bleibt uns verborgen, was die bücherschreibenden Gebildeten in dieser Epoche der sich verschärfenden Staatskontrolle und der Einführung der kirchlichen Zensur auch für Druckwerke wirklich dachten. Es war nicht nur für die Laufbahn eines Menschen nachteilig, sondern auch gefährlich, in Büchern, die jedermann zugänglich waren, die mächtigen Herrscher der Staaten zu kritisieren. Morus' Utopia ist eine der Schriften dieser Zeit, die uns einen Blick hinter die Kulissen erlauben. Wenn man das Idealbild des Staates, das Morus in seiner Utopieschrift darstellte, zum Teil auch als Ausdruck von Hoffnungen und Wünschen ansieht, die er und seine Freunde sonst nur gesprächsweise äußerten, wenn sie ganz unter sich waren, weil es zu gefährlich war, sie öffentlich anzusprechen, dann sieht man mit einigem Erstaunen, wie weit sie im stillen über ihre Zeit hinauszudenken vermochten und wie viele Vorstellungen in Umrissen hier bereits auftauchten, die erst erheblich später als normaler Ideenbestand der Buchschreibenden in der Öffentlichkeit diskutiert wurden. Im Idealstaat Morus' gab es zwar Könige in der Vergangenheit, aber in der Gegenwart waren sie verschwunden. Da wurde der Staat von Regierenden geleitet, die aus Wahlen hervorgingen. Und was die Religion anbelangt, so schrieb Morus den Utopiern eine Vielfalt von Religionen der verschiedensten Art zu, die im Verhältnis zueinander – auch das ist nicht wenig bezeichnend – völlig tolerant waren.[12] Er machte eine kleine Verbeugung vor der

---

12 Thomas Morus, Utopia, in: Klaus J. Heinisch (Hg.), Der utopische Staat. Morus »Utopia«. Campanella »Sonnenstaat«. Bacon »Neu-Atlantis«, Reinbek bei Hamburg 1960, S. 96 ff. Die beiden folgenden Zitate ebd., S. 97.

Kirche, er versicherte, daß zahlreiche Menschen in diesem fernen Land sich zum Christentum bekehrten, sowie sie den Namen Christi hörten und

»von seiner Lehre, von seinem Wandel, seinen Wundern und der nicht weniger wunderbaren Standhaftigkeit so vieler Märtyrer [...]«.

Aber er fügte hinzu, daß sie sich zum Übertritt entschlossen, sei es:

»daß Gott es ihnen insgeheim eingab, sei es, daß ihnen das Christentum jener heidnischen Lehre am nächsten zu stehen schien, die bei ihnen die vorherrschende ist«.

Die Vermutung, daß sich die Utopier u. a. auch dem Christentum deswegen zuwandten, weil es ihrer heidnischen Religion ähnelte, ist ganz gewiß eine so zweideutige Bemerkung, daß es schwer zu sagen ist, ob es sich hier nicht um eines der Beispiele für Morus' berühmte Ironie handelte.

Das muß man sich um so mehr fragen, als er zuvor bereits vielen Utopiern eine religiöse Überzeugung zugeschrieben hatte, deren Beschreibung sich wie die Vorwegnahme des Deismus späterer Jahrhunderte liest:

»Der bei weitem größte und der weitaus vernünftigste Teil aber glaubt an nichts davon, sondern an ein einziges unbekanntes, ewiges, unendliches, unbegreifliches göttliches Wesen, das die menschliche Fassungskraft übersteigt und sich als wirkende Kraft, nicht als Stoff, über diese ganze Welt ausdehnt; sie nennen es Vater. Ursprung, Wachstum, Entwicklung, Wechsel und Ende aller

Dinge führen sie auf dieses Wesen allein zurück, und keinem anderen außer ihm erweisen sie göttliche Ehren.«[13]

Morus' ganze Schilderung der religiösen Gebräuche im Lande der Utopier zeugt von einer gelassenen und distanzierten Toleranz. In seiner Schrift ist diese Schilderung, wie der ganze Bericht über die Utopier dem großen Weltreisenden Raphael Hythlodaeus zugeschrieben. Aber es sind ja schließlich Morus' eigene Gedanken, die da zutage treten. Man sieht, sie waren kühn, unkonventionell, wenn auch gewiß an der Antike geschult, und wären ohne Verkleidung kaum öffentlich sagbar gewesen.

Ähnliches gilt von seiner Schilderung der Einstellung seiner Utopier zum Kriege. Sie verabscheuen den Krieg aufs äußerste als etwas schlechthin Bestialisches, so sagt er,[14] aber man kann Kriege nicht immer vermeiden. Man gibt vor allem zwei Gründe an, aus denen man Krieg führen muß – wenn Feinde in das eigene Land oder in das von befreundeten Völkern einbrechen und wenn es gilt, einem Volk zu helfen, sich von einem tyrannischen Regime zu befreien (man sieht: der Kampf gegen Tyrannen als ein wiederkehrendes Leitmotiv von Morus). Wenn der Kampf unumgänglich ist, dann ziehen übrigens bei den Utopiern die Frauen zugleich mit den Männern in den Krieg. Aber soweit als möglich suchen die Utopier zu vermeiden, die eigenen Bürger in den Krieg ziehen zu lassen. Sie sind sich dafür zu schade. Deswegen benutzen sie all das Gold und Silber, das sich bei ihnen angehäuft hat, weil es ja im innern Ver-

---

13 Morus, Utopia, hg. von Heinisch, a. a. O., S. 96.
14 Morus, Utopia, hg. von Heinisch, a. a. O., S. 88.

kehr nicht gebraucht wird, um die schlechtesten Menschen, die sie anderswo finden können, durch gute Bezahlung anzulocken. Diese schicken sie dann, wenn es nötig wird, als Söldner in den Krieg.

Morus' vieldiskutierte Einrichtung der Utopier, aufgrund deren Gold und Silber ebenso wie Grund und Boden als öffentliches Eigentum behandelt werden, stand, wie man sieht, u. a. auch im Zusammenhang mit den zeitgenössischen Methoden der Kriegsführung. Ein reicher öffentlicher Schatz von Edelmetallen war im Zeitalter Morus' zur Bezahlung von Söldnerheeren unentbehrlich. Die Realität, die Morus vor Augen hatte, war die der Fürsten. Die Abschaffung des Privatbesitzes an Gold und Land richtete sich vor allem auch gegen sie. Sie bereicherten sich mit Gold und Silber für ihre Kriege, ihre Hofhaltungen und ihren Luxus teils durch Raubzüge in anderen Ländern, teils durch Abgaben von der Bevölkerung des eigenen Landes. Es war für die Fürsten nützlich, wenn sich Reichtümer im eigenen Lande ansammelten, die sie dann zum Teil für Kriegszwecke und den eigenen Gebrauch abschöpfen konnten. Den Utopiern stand ein reicher öffentlicher Schatz an Gold und Silber zur Verfügung, weil sie weder Fürsten hatten noch anderer Leute Besitz an solchen Schätzen.

Es fehlt in Morus' Utopieschrift nicht an teils offenen, teils versteckten Anklagen gegen die Fürsten, die unnütze Kriege vom Zaune brechen und dadurch zur Verarmung ihres Landes beitragen. In seiner Zeit besaßen die regierenden Fürsten häufig den größten Schatz an Gold und Silber im Lande. Ihnen ganz besonders also stellt Morus eine Gesellschaft gegenüber, in der es keinen Privatbesitz dieser Art mehr gibt. Was sich an solchen Metallen aufgrund des

Außenhandels im Staat der Utopier angesammelt hatte, gehört der Öffentlichkeit und ermöglichte die Bezahlung von Söldnerheeren, schützte also das Leben der eigenen Bürger.

Ein Mann, der die Schwächen, die Vorurteile und das Elend des eigenen Landes und der zeitgenössischen Fürstenstaaten überhaupt mit so wachen und kritischen Augen zu sehen vermochte wie Morus und der zugleich, vielleicht im Verein mit seinen engsten Freunden, vermochte, sich so unorthodoxe und innovatorische Möglichkeiten einer Reform des Staates auszudenken, war im Lande Heinrichs VIII. sicherlich in einer schwierigen Lage. Das einfachste, was man in einer solchen Situation tun konnte, war zu schweigen, zu vergessen, daß es auch andere Möglichkeiten, den Staat einzurichten, gab, und sich mit dem abzufinden, was man unter den gegebenen Umständen erreichen konnte. Das taten die meisten.

Morus fühlte offenbar, man könne über die furchtbaren Mängel des Staates und über die Leiden des Volkes nicht einfach schweigen. Aber was war zu tun? Es war für ihn vielleicht nicht besonders gefährlich, den Adel, die Höflinge, die Geldleiher und selbst die allzu vielen Mönche als Schädlinge des Staates beim Namen zu nennen. Aber er war sich offenbar klar darüber, daß nicht zuletzt auch die wachsende Macht und die Willkür der Fürsten für die unaufhörlichen Kriege und die schlimmen Zustände innerhalb der Staaten verantwortlich waren. Sein ganzes Unternehmen, sein Bemühen, solche Probleme in anschaulicher Form vor die Öffentlichkeit zu bringen, wäre vergeblich gewesen, hätte er nicht auch die Herrscher der Staaten in seine Kritik miteinbezogen. Das aber war gefährlich. Mit einem Mann wie Heinrich VIII. war nicht zu spaßen.

Eigentlich sollte es in unseren Tagen nicht zu schwierig sein, sich in die Lage von Menschen zu versetzen, die in der Epoche des steigenden Machtzuwachses erblicher Staatsherrscher oder, wie sie zuweilen genannt wurde, im Zeitalter des Despotismus, die persönliche Verpflichtung fühlten, die Mängel der Staaten und zugleich Reformvorschläge öffentlich zur Diskussion zu stellen. Die Lage dieser Menschen hat eine gewisse Ähnlichkeit mit der von Menschen, die eine entsprechende Verpflichtung in den diktatorischen Staaten unserer Tage auf sich nehmen. Möglicherweise war diese Aufgabe in der Frühzeit des ansteigenden fürstlichen Absolutismus noch schwieriger und vielleicht auch aussichtsloser als die entsprechende Aufgabe der Staatskritiker von heute. Im 20. Jahrhundert gibt es bereits eine Reihe von Präzedenzfällen für Veränderungen eines staatlichen Regimes und für Strategien der Staatskritik mit diesem Ziel, wenn auch der Begriff der Staatskritik vorläufig noch unvertraut ist. Auch ist es nicht gar so schwer, sich heute in die Gefühlslage von Menschen zu versetzen, die der Willkür von Regierenden auf Gedeih und Verderb ausgeliefert sind, vielleicht zeit ihres Lebens.

Aber wenn es um die Vergangenheit geht, bemüht man sich bei dem heutigen Stand der Geschichtsforschung oft nicht genügend um das Verständnis der Lage, aus der heraus Menschen handelten und so auch ihre Bücher schrieben. Um die Perspektive des Insiders. Man begnügt sich mit der Perspektive des Außenseiters. Geschichtsforscher unserer Tage haben sich nicht allzuoft darum bemüht, für die heute Lebenden die menschliche Situation der Untertanen in der Zeit des uneingeschränkten fürstlichen Absolutismus anhand von geeigneten Quellen lebendig zu machen.

Thomas Morus fand sich in dieser Lage. Aber die staatskritische Bedeutung von Morus' Utopieschrift wird zum Teil deswegen zuweilen verkannt, weil man Morus gleichsam als unveränderlich vorzustellen sucht, als immer die gleiche heilige Person. Aber dadurch, daß man in den Verfasser der Utopieschrift bereits den späteren Kanzler des Königs, den orthodoxen Märtyrer, der auf das Schafott stieg, hineinsieht, ist man gezwungen, in diese Schrift selbst bereits vieles hineinzusehen, was nicht darin steht, und vieles wegzudeuten, was dort zu lesen ist.

In diesem Zusammenhang ist es nicht nötig, sich viel mit dem späteren Lebensgang des Thomas Morus zu befassen. Aber es ist nötig, auf die Möglichkeit hinzuweisen, daß auch er, wie die meisten Menschen, sich im Laufe seines Lebens in bestimmter Weise änderte, sei es, weil er älter wurde, sei es, weil sich seine Lebensumstände, besonders auch seine berufliche und soziale Position, änderten.

Im späteren Leben wurde Thomas Morus eine Zeitlang der engste Ratgeber seines Königs, der höchste Beamte im Staat und so der Repräsentant des höfisch-staatlichen Establishments. In dieser Eigenschaft verfolgt er, wie es sein König und dessen Gesetze geboten, Protestanten als Ketzer mit unerbittlicher Strenge. Er selbst rechtfertigte die oft grauenhaften Hinrichtungen von Protestanten in der Zeit seiner Kanzlerschaft unter anderem damit, daß das Volk von einer solchen Erregung ergriffen war, daß es notwendig wurde, Exempel zu statuieren; man mußte das Leben einiger weniger opfern, um das Leben vieler zu retten. Aber die Unduldsamkeit in Sachen der Religion entsprach offenbar auch seiner Überzeugung. In dem Epitaph, das er in dieser Zeit für sich selbst entwarf und das vielleicht für die prächtige

Grabkapelle bestimmt war, die er sich selbst baute, preist er nicht nur den König als Verteidiger des Glaubens mit Schwert und Feder, er preist auch sich selbst als Verfolger der Diebe, der Mörder und Ketzer – furibus [...] homicidis haereticisque molestus[15] –, warf also die religiös abweichenden Christen als Kriminelle in einen Topf mit Dieben und Mördern. Das stand in direktem Widerspruch zu der Haltung betonter religiöser Toleranz, die Morus in jüngeren Jahren als Verfasser der Utopieschrift vertrat. Aber warum soll man nicht erwarten, daß ein Mensch im Laufe seines Lebens seine Grundhaltung und seine Überzeugung mitunter radikal ändert?

Morus erfand zu seinem Inselstaat Utopia, entsprechend den Denkgewohnheiten seiner Zeit, auch einen Urkönig namens Utopos, der die Insel erobert und so den Staat der Utopier begründet hatte. Schon er verankerte das Prinzip absoluter religiöser Toleranz in dem Grundgesetz der Utopier:

»Nach dem Siege verfügte er [König Utopos – N. E.], daß jeder der Religion anhängen dürfe, die ihm beliebe; andere aber zu seiner Religion zu bekehren, dürfe er nur insoweit versuchen, daß er seine Anschauung ruhig und bescheiden mit Vernunftgründen belege, nicht aber die fremden Meinungen gehässig zerpflücke; wenn er durch Zureden nicht überzeugen könne, dürfe er keine Gewalt anwenden, und Schmähworte solle er unterdrücken. Geht daher

---

15 Thomas More, »More's Epitaph«, in: Nicholas Harpsfield, The life and death of Sir Thomas Moore, knight, sometymes Lord high Chancellor of England, written in the tyme of Queene Marie, hg. von Elisie Vaughan Hitchcock, London et al. ²1963 (1932), S. 280.

einer allzu rücksichtslos vor, so bestrafen sie ihn mit Verbannung oder Zwangsarbeit.«[16]

Morus ging noch erheblich weiter in seinem Bemühen, seinen Lesern die Unsinnigkeit religiöser Intoleranz klarzumachen. Er unterstellte König Utopos den Gedanken, daß Gott vielleicht selbst die Menschen dazu inspiriert habe, ihn dort in jener, hier in dieser Weise zu verehren. Letztlich sei das heilsam für die Religion. Vielleicht wünsche Gott selbst, auf die verschiedenste Art geehrt zu werden. Ein Satz insbesondere zeigt den Unterschied zwischen der Haltung des jüngeren und der des älteren Morus, zwischen dem Humanisten und dem Lord Chancelor:

»Auf jeden Fall hielt er es für anmaßend und töricht, mit Gewalt und Drohungen zu erzwingen, daß das, was einer für wahr hält, allen so erscheine.«[17]

Mit welchem Nachdruck Morus in seiner Utopieschrift die

---

16 Morus, Utopia, hg. von Heinisch, a. a. O., S. 98. In der Ausgabe von Hexter heißt es: »From the very beginning therefore, after he had gained the victory, he especially ordained that it should be lawful for every man to follow the religion of his choice, that each might strive to bring others over to his own, provided that he quietly and modestly supported his own by reasons nor bitterly demolished all others if his persuasions were not successful nor used any violence and refrained from abuse. If a person contends too vehemently in expressing his views, he is punished with exile or enslavement.« (Thomas More, Utopia, in: The Yale Edition of the Complete Works of St. Thomas More, Bd. 4, hg. von E. Surtz and J. H. Hexter, New Haven/London 1965, S. 221).
17 Morus, Utopia, hg. von Heinisch, a. a. O., S. 98. In der Ausgabe von Hexter, a. a. O., S. 221, heißt es: »But he was certain in thinking it both insolence and folly to demand by violence and threats that all should think to be true what you believe to be true.«

Forderung religiöser Toleranz vertrat, zeigt eine Episode, die er erfand, die Geschichte von einem zum Christentum bekehrten Utopier, der so laut und aggressiv für seine neue Religion Propaganda machte, daß er das Duldsamkeitsgefühl der Utopier verletzte. Sie, die sonst in jeder Weise auch gegenüber neubekehrten Christen völlig tolerant waren, verbannten den allzu laut und aggressiv Missionierenden.[18]

Morus ging für einen Mann des frühen 16. Jahrhunderts sicherlich ungewöhnlich weit in dem Plädoyer für religiöse Toleranz. Aber er bestimmte zugleich auch unzweideutig deren Grenzen. Was die Utopier nicht duldeten, so legte er dar, war die öffentliche Leugnung eines höchsten Gottes und die Leugnung der Tatsache, daß die menschliche Seele unsterblich sei, das letztere, weil, so stellte er es dar, die Ableugnung dieses Axioms gegen die Würde der Menschen verstoße.

Man tut sicher gut daran, nicht allen Einrichtungen, die Morus für die Utopier erfand, den gleichen Stellenwert in seinem Bewußtsein zuzuschreiben. Die Überzeugungskraft, mit der er sie darstellt, ist recht verschieden; und das gleiche gilt auch von ihrer Realisierbarkeit. In mancher Hinsicht ist die Schrift Ausdruck eines recht wirklichkeitsfernen Wunschtraumes, selbst Züge des Wunschtraumes nach einem einfacheren Leben, die später, entsprechend der zunehmenden Komplexität der Staaten, in dem Verlangen nach einer Rückkehr zur Natur Ausdruck finden, lassen sich hier schon entdecken. Die Einfachheit der Gesetze, die Verachtung von Gold und Silber gehört in diese Klasse. Und das gleiche gilt wohl auch von der Tatsache, daß der Außenhandel bei den Utopiern, obgleich er vorhanden ist, keine

---

18 Morus, Utopia, hg. von Heinisch, a. a. O., S. 97.

besondere Rolle spielt. Auf der anderen Seite aber gibt es auch unter den Einrichtungen, die Morus für die Utopier erfunden hat, einige, die, als Lösungsvorschläge für akute Probleme seiner eigenen Gesellschaft betrachtet, höchst realitätsnah sind und so emphatisch vorgetragen werden, daß man sich des Eindrucks nicht erwehren kann, hier handelt es sich um Morus' allerpersönlichste Überzeugung. Das, was Morus über die religiöse Toleranz als Institution der Utopier schrieb, macht den Eindruck einer zu dieser Zeit sehr tief verwurzelten Überzeugung. Sie war schließlich und endlich auch verwirklichbar.

Überdies entspricht sie einer Überzeugung, die Morus mit einer ganz bestimmten Gruppe von Humanisten des 16. Jahrhunderts teilte. Zu ihnen gehörte nicht nur Erasmus, sondern z. B. auch Montaigne, der ähnlich wie Morus dem städtischen Patriziat entstammte, sich aber im Unterschied zu Morus zeit seines Lebens die Unabhängigkeit von König und Hof bewahrte.

So muß man also, um Morus' großer Utopie gerecht zu werden, das fiktive Bild des unveränderlichen, immer gleich sanften und gleich gläubigen Menschen etwas in den Hintergrund rücken und, so dürftig die Quellen auch sind, an seine Stelle das Bild eines Menschen treten lassen, der sich entwickelte, also in bestimmter Hinsicht veränderte.

Auch diesem Problem im einzelnen nachzugehen ist hier nicht die Aufgabe. Stichworte müssen genügen. Religiöse Duldsamkeit im jungen Menschenalter, strenge Orthodoxie im späten ist eine dieser Entwicklungslinien, unerbittliche Fürstenkritik des jungen Morus, williger Fürstendienst des späten ist eine andere. Mitten auf diesem Wege, aber noch näher zu dem jugendlichen Morus, steht die Utopieschrift. Schon früher im Leben, etwa um 1500, also vielleicht mit zweiundzwanzig oder dreiundzwanzig Jahren, hatte Morus einen Band lateinische Epigramme veröffentlicht, wo manchmal die Rede ist von Tyrannenmord,[19] von dem Unterschied zwischen einem gesetzestreuen König und einem Tyrannen,[20] zwischen dem guten Fürsten, der ein Vater, und dem schlechteren Fürsten, der ein Gebieter ist.[21] Das zustimmende Volk, so hört man da, gibt und nimmt die Herrschaft.[22]

Viel ist darüber geschrieben, viel gestritten worden, ob Morus als rückblickender Vertreter des Mittelalters oder als vorausblickender der Neuzeit zu betrachten ist. Ein Ausspruch wie der eben zitierte zeigt besser als lange Auseinandersetzungen, daß dieses Klassifizierungsmuster dem tatsächlichen Entwicklungsgang deswegen nicht ganz gerecht wird, weil es weder die Erlebnislage der Menschen in Rechnung stellt noch die komplexe Struktur der Entwicklung selbst. Auf den ersten Blick sieht diese Aussage wie die Vorhersage der kommenden Demokratisierung und im besonderen der konstitutionellen Monarchie aus. Bei genaue-

---

19 Epigramm Nr. 62: »Sola Mors Tyrrannicida est« (S. 39; engl. Übersetzung: »Death unassisted kills tyrants«, S. 161 f), in: Thomas More, The Latin Epigrams, ed. with translations and notes by Leicester Bradner and Charles Arthur Lynch, Chicago 1953.
20 Morus, Latin Epigrams, a. a. O., Epigramm 91: »Quid inter tyrannum et principem« (S. 48); engl. Übersetzung: »The difference between a tyrant and a king« (S. 171).
21 Morus, Latin Epigrams, a. a. O., Epigramm 93: »Bonum principem esse patrem non dominum, iambicum« (S. 49); engl. Übersetzung: »That a good king is a father, not a master, iambics« (S. 172).
22 Morus, Latin Epigrams, a. a. O., Epigramm 103: »Populus consentiens regnum dat et aufert«, (S. 52); engl. Übersetzung: »The consent of the people both bestows and withdraws sovereignty« (S. 175).

rer Betrachtung kann es statt dessen so erscheinen, als ob Morus hier das traditionelle mittelalterliche Verhältnis von Herrscher und Beherrschten vor Augen habe, das in der Tat in der Form der Ständeversammlungen dem wohlhabenderen Teil der Beherrschten eine mitbestimmende Rolle bei manchen Entschlüssen des Herrschers gab. Die Tudor-Könige suchten ja mit einigem Erfolg die Macht der Stände einzuschränken, und Morus' Epigramm liest sich dann wie ein Kampfruf gegen den Tudor-Typ des frühen Absolutismus im Namen der spätmittelalterlichen Freiheiten der Stände. Die Erinnerung an die traditionellen Rechte der Stände mag in der Tat bei dem Erleben der wachsenden Königsmacht als Tyrannei eine Rolle gespielt haben. Aber auch das ist nicht genug. Hinzu kamen ganz ohne Zweifel Impulse, die humanistisch geschulte Menschen wie Morus für die Sicht der wachsenden Königsmacht als Tyrannei aus der Lektüre antiker Schriftsteller empfinden. Die Wortwahl allein verrät es, die Kennzeichnung der Königsherrschaft als Tyrannei ebenso wie Hinweise auf den Tyrannenmord weisen auf den Gebrauch klassischer Denkmodelle für die Bewältigung aktueller gesellschaftlicher Probleme hin. Hinzu kam, daß sich in England tatsächlich die mittelalterlichen Ständeversammlungen nahtlos in neuzeitliche Parlamente verwandelten und daß eine Phase dieser Transformation der in England erfolgreiche Kampf der Parlamente und ihrer Verteidiger gegen die unumschränkte Macht der Könige war. Einzelne der Epigramme des jungen Morus lesen sich wie eine frühe Stimme in diesem Kampf.

Das hartgefrorene gedankliche Instrumentarium, das wir geerbt haben, zwingt uns, so zu sprechen und zu denken, als ob sich eines schönen Tages die Tür hinter dem Mittelalter geschlossen und gleichzeitig die Tür zur Neuzeit geöffnet habe. Debatten im Zeichen solcher Begriffe sind ziemlich fruchtlos. Der junge staatskritische Humanist Morus steht ganz im Prozeß seiner Zeit.

Zu den besonders interessanten Aspekten von Morus' Utopie gehört es gerade, daß diese Schrift darauf hinweist, wie irreführend der Versuch sein kann, die Ereignisse des 15. und 16. Jahrhunderts fein säuberlich als entweder mittelalterlich oder neuzeitlich einzuordnen. Wenn man als theoretisches Rahmenwerk langfristige Prozesse wie etwa den Staatsbildungsprozeß und den frühen Kommerzialisierungsprozeß ins Zentrum der Beobachtung rückt, dann ändert sich das Bild. Dann sieht man im Spiegel der Utopieschrift einige der zentralen zeitgenössischen Machtbalancen mit den zugehörigen Spannungen und Kämpfen, deren Wandlungen und deren Ausgang eine entscheidende Rolle bei ebenjener Strukturveränderung der als Staaten organisierten Gesellschaften spielte, auf die man mehr beschreibend als erklärend durch Begriffe wie Mittelalter und Neuzeit hinzuweisen sucht.

Schon die Zeitereignisse, die zum Schreiben des Buches beitrugen und zum Teil in dem Buche selbst erwähnt sind, weisen auf einige der charakteristischen Machtbalancen und -spannungen hin, die ihren Widerhall in der Schrift selber finden.

Wie andere Fürsten seiner Zeit bemühte sich Heinrich VIII. nicht allein durch Kriege, sondern auch durch eine sorgfältige dynastische Heiratspolitik seine Chance auf Ausdehnung seines Herrschaftsgebiets zu vergrößern. Länder galten als erblicher Besitz ihres Fürsten. Geeignete Heiraten von Familienmitgliedern begründeten Erbansprüche der Dynastie; im Sinne dieser Heiratsstrategie sucht Heinrich VIII. seine Schwester mit einem Mitglied der Habsburgerfamilie zu verheiraten, zu deren Besitz auch die Niederlande gehörten. Als dieser Plan scheiterte, verbot der König aus Ärger den Export englischer Wolle nach Flandern, um auf diese Weise die Untertanen des kastilischen Habsburgerhauses zu schädigen, anscheinend ohne Rücksicht darauf, daß er damit auch seine eigenen Untertanen schädigte.

Als es endlich soweit war, diesen Streit beizulegen, als der König eine Gesandtschaft vorbereitete, um mit dem kastilischen Hause über den Frieden zu verhandeln, ersuchte die Londoner Kaufmannschaft den König, einen Vertreter ihrer Interessen beizuordnen, und schlug als Repräsentanten Thomas Morus vor. Der König akzeptierte diesen Vorschlag.

Zu dieser Zeit stand also Morus noch immer in enger Beziehung zu der Londoner City. Er war der spezielle Vertreter ihrer Handelsinteressen bei den Verhandlungen, die er als Hintergrund für seine Utopieschrift benutzte. Als Mitglied dieser Gesandtschaft, so gab er vor, begegnete er in Antwerpen dem Reisebegleiter Amerigo Vespuccis, der in seiner Schrift die englischen Verhältnisse scharf kritisiert und ihnen als Musterbeispiel den Staat der Utopier gegenüberstellt.

In der Schrift schreibt er sich selbst, wie bekannt, nur höchst unverfängliche und konventionelle Meinungen zu. Alle potentiell gefährlichen staats- und gesellschaftskritischen Äußerungen und Berichte legt Morus dem unbekannten Fremden, dem gelehrten portugiesischen Weltreisenden in den Mund. So schreibt er auch alle kritischen Äußerungen über Fürsten, an denen es nicht fehlt, ebenso wie die unorthodoxen Berichte über die religiösen Einrichtungen und die religiöse Toleranz der Utopier immer dem unbekannten Weltreisenden, nie sich selber zu. Er war noch immer überaus kritisch gegenüber den fürstlichen Herrschern; aber er war älter und vorsichtiger geworden als in seinen frühen Zwanzigerjahren, wo er, wie man sich erzählte, mit großer Bravour dem Willen Heinrichs VII. Widerstand leistete und wohl auch die gegen Tyrannen gerichteten Epigramme verfaßte.

Man muß es als offene Frage betrachten, ob und wieweit Morus' Kritik an den Fürsten, die er in seiner Utopieschrift nun dem portugiesischen Weltreisenden zuschreibt, unter anderem auch Ansichten der Londoner Kaufmannschaft widerspiegelte, der Stadtpatrizier, zu denen auch Morus' Familie gehörte und in deren Kreisen er aufgewachsen war. Es spricht vieles dafür, daß das der Fall war. Heinrich VIII., der zuerst auch von Morus als Befreier von der Herrschaft seines Vaters begrüßt wurde, erwies sich als ebenso aggressiv, ihn beherrschte der dynastische Drang der zeitgenössischen Fürsten nach Ausdehnung ihres Herrschaftsgebietes – ein Drang, in dem genauer betrachtet die Dynamik des Konkurrenzkampfs zwischen den führenden Fürsten der Zeit ihren Ausdruck fand. Er hatte zwei kostspielige, verlustreiche und ertraglose Feldzüge in Frankreich unternommen, wahrscheinlich in der kaum noch realisierbaren Hoffnung, unter seine Krone die Herrschaft über Frankreich mit der über England zu vereinen. Die Feldzüge hatten England viel Geld gekostet, ohne dem Lande etwas einzubringen. Morus erlaubt sich unter der Maske seines Weltreisenden diese Politik des Königs durch eine kleine Erzählung in einer Weise zu kritisieren, die für zeitgenössische Leser unmißverständlich war. Es lohnt sich für gegenwärtige Leser, den verlorenen Zusammenhang wiederherzustellen. Wahrscheinlich spiegelt sich in dieser Erzählung eine weitverbreitete Unzufriedenheit mit den ruinösen Kriegen des Königs unter anderem auch in den Kreisen der Londoner Kaufmannsschaft, aber sie weist zugleich auch auf Veränderungen des Machtpotentials im Verhältnis der Londoner zu ihrem König hin; so wie die Achorianer in Morus' Geschichte mit ihrem König verfahren,[23] hätte man sich möglicherweise in Morus' Bekanntenkreisen auch recht gerne gegenüber seinem eigenen König verhalten. Aber die Erzählung ist ein Wunschbild. Man hat in Wirklichkeit kaum noch die Macht, dem König gegenüber so aufzutreten und so zu sprechen, wie es in dieser Erzählung die Achorianer tun. Die Zeiten hatten sich bereits zuungunsten der Untertanen geändert. Es ist erstaunlich genug, daß Morus es wagte, sei es auch in leicht verkleideter Form, den König öffentlich so unzweideutig zu kritisieren.

»[...] und stellten ihren König in aller Ehrerbietung vor die Wahl, welches von den beiden Reichen er behalten wolle; denn über beide könne er nicht länger herrschen; sie seien zu zahlreich, als daß sie von einem halbierten König regiert werden könnten; es werde sich auch niemand finden lassen, der seinen Maultiertreiber gern mit einem anderen teile. So sah sich jener gute Herrscher gezwungen, sein neues Reich einem seiner Freunde zu überlassen, der kurz darauf ebenfalls verjagt wurde, und sich mit dem alten zu begnügen.«[24]

---

23 Morus, Utopia, hg. von Heinisch, a.a.O., S. 37f.
24 Vgl. Morus, Utopia, hg. von Heinisch, a.a.O., S. 38; More, Utopia, hg. von Surtz/Hexter, a.a.O., S. 91.

Vielleicht sollte man Robinsons alten englischen Text lesen, um den vollen Geschmack dieses Vergleichs des Königs mit einem Maultiertreiber auszukosten. In diesem Falle entsprach das Wunschbild, das durch das Verhalten der Achorianer repräsentiert wird, in der Tat noch den vorabsolutistischen Verhältnissen. Es ist nicht ganz undenkbar, daß Morus deswegen in der Lage war, mit so außerordentlichem Freimut über ein aktuelles Ereignis, die kostspieligen Kriegszüge Heinrichs VIII. zur Eroberung des französischen Königreichs, zu sprechen, weil er in so enger Verbindung mit den noch recht einflußreichen Londoner Handelsgesellschaften stand, weil ihm die City den Rücken stärkte. Schließlich und endlich spielten die »armed bands« der City von London auch in der Frühzeit der Revolution gegen Karl I. von England eine ganz entscheidende Rolle.

Ähnliches gilt von Morus' Schilderung der Ratschläge, die dem König seine Räte geben anläßlich einer Besprechung darüber, wie man mehr Geld aus dem Volke herauspressen könne: der eine rät dem König den Wert des Geldes heraufzusetzen, wenn er selbst Zahlungen zu leisten hat, ihn dagegen zu senken, wenn andere ihm Zahlungen zu machen haben, der Zweite rät eine Geldabgabe für einen Krieg zu verlangen, dann aber dem dummen Volke vorzutäuschen, er habe sich um seinetwillen doch für den Frieden entschieden, und trotzdem das Geld zu behalten. Ein dritter rät, ein altes von Motten zerfressenes und längst vergessenes Gesetz wieder wachzurufen. Dann könne man für dessen Übertretung Bußgelder einziehen und so die eigene Kasse füllen. So geht es fort – eine Satire auf den König und seine Räte mit ihren immer leeren Kassen und, wenn man will, eine Vorwegnahme der Haushaltsberatungen zeitgenössischer Finanzminister. Später im Leben saß Morus selbst im Rate des Königs und nahm unter anderem wohl auch an Finanzberatungen teil. Hier aber, in der Zeit, in der er die Utopie schrieb, also noch vor seinem vierzigsten Lebensjahr, stand er gewissermaßen auf der anderen Seite der Barrikade. Hier sprach noch ein Humanist, ein Mann der City, der nicht zum Hof und zum inneren Zirkel des Königs gehörte und der eine höchst kritische Position gegenüber den bestehenden Einrichtungen des Staates und – etwas versteckter – auch dem König gegenüber einnahm. Wenn Morus auch diese wie viele andere kritische und unorthodoxe Gedanken in seiner Utopieschrift einem anderen Menschen in den Mund legte, schließlich und endlich war es Thomas Morus allein, dem diese ungewöhnlichen Gedanken einfielen und der sie für wichtig genug hielt, um sie der Öffentlichkeit mitzuteilen. Manche von diesen Ideen kamen erst Jahrhunderte später als Gedankenmotive philosophischer Modeströmungen im öffentlichen Verkehr der Menschen an die Oberfläche. Im frühen 16. Jahrhundert bedurfte es einer ungewöhnlichen intellektuellen Vorstellungskraft, einer ganz und gar nicht alltäglichen Kühnheit, um sich solche Ideen auszudenken, erst recht, um sie auszusprechen und lebendig darzustellen, obgleich auch hier ganz gewiß die Antike Hebammendienste leistete. Kirche und Staat hatten genügend Machtmittel zu ihrer Verfügung, um Gedanken, die von der großen Linie der herrschaftlichen Meinung allzuweit abwichen, zu unterdrücken und ihre Urheber zu bestrafen. Beide waren wachsam. Thomas Morus, der Jurist, kannte sicherlich sehr genau die Rechtslage und das Verfahren von Kirche und Staat im Falle von abweichenden und unerwünschten Meinungen, die veröffentlicht wurden. Die ganze Anlage seiner Utopieschrift zeugt davon, daß er auf der einen Seite eine sehr starke innere Verpflichtung fühlte, die unorthodoxen und gefährlichen Gedanken, die er normalerweise für sich selbst behielt oder allenfalls im vertrauten Kreise der engsten Freunde erörterte, durch die Drucklegung weiteren Kreisen zugänglich zu machen. Sie spricht auf der anderen Seite dafür, daß er mit großer Umsicht zu Werke ging. Er sucht nach Mitteln und Wegen, um dieses Risiko zu mindern und jede mögliche Anklage durch eine starke Verteidigungsposition von vornherein zu entwaffnen.

Er bediente sich zu diesem Zwecke vor allem zweier Kunstgriffe der Darstellung, von denen die eine in England während des 16. Jahrhunderts gelegentlich auch von anderen Schriftstellern für den gleichen Zweck gebraucht wurde, während die andere offenbar Morus' ganz persönliche Erfindung war. Die erste Strategie, mit der sich in der Periode wachsender Staatskontrolle Schriftsteller, die den Wunsch hatten, unorthodoxe, kritische Gedanken einem weiteren Kreise vorzulegen, gegen Unannehmlichkeiten zu schützen suchten, war das Vorschieben einer anderen, möglichst fiktiven Person, der man die kritischen Anschauungen zuschreiben konnte. Dazu eignete sich besonders gut die literarische Form des Dialogs. Für sie gab es Vorbilder in der antiken Literatur. Schon aus diesem Grunde allein genoß der Dialog ein höchst respektables literarisches Prestige. Neben Thomas Morus bedienten sich auch andere englische Autoren der Dialogform im 16. Jahrhundert für ähnliche Zwecke, darunter Sir Thomas Smith, Thomas Starkey und Edmund Spenser. Morus bediente sich dieses Kunstgriffes mit äußerstem Geschick. Er führte sich selbst und auch den einen oder den anderen Freund namentlich in den Dialog ein. Aber er schrieb allen lebenden Personen und besonders sich selbst mit größter Vorsicht nur solche Äußerungen zu, die konventionell waren und keinerlei Anstoß erregen konnten. Alle staatskritischen Äußerungen, besonders auch kritische Äußerungen über Fürsten, die überdies noch zumeist durch Beispiele aus anderen Ländern, insbesondere aus dem feindlichen Frankreich veranschaulicht wurden, stellte Morus mit großer Sorgfalt als Äußerungen eines Fremden hin, seines erfundenen Weltreisenden Raphael Hythlodaeus.

Schon diese Rollenverteilung erinnert daran, daß ein Untertan Heinrichs VIII., der die Absicht hatte, die Laster und Mängel des Königreiches und die Leiden des Volkes in einer Schrift, sei es auch in einer lateinischen Schrift, öffentlich anzuprangern, sich genau überlegen mußte, was da im Druck als seine eigene Meinung erschien. Gewiß, im 16. Jahrhundert lag den Staatsbehörden der Gedanke noch nicht allzu nahe, ein gelehrtes Buch könne den Geist der Masse vergiften und sie aufrührerisch machen. Aber sicherlich war im Herrschaftsbereich Heinrichs VIII. Vorsicht am Platze. Man geht wohl nicht fehl, wenn man die große Zurückhaltung, die Morus in diesem Dialog sich selbst zuschreibt, auch als eine Maßnahme des Selbstschutzes versteht.

Die zweite literarische Erfindung, die es Morus ermöglichte, seinen höchst unorthodoxen, wenn nicht geradezu ketzerischen Vorstellungen von dem besten Staatszustand durch die Drucklegung eine gewisse Verbreitung zu sichern, ohne sich allzu großen Gefahren auszusetzen, war, soweit wir wissen, ganz und gar Morus' eigene Idee. Es war die Erfindung eines fiktiven Inselstaates, in dem alles zum Besten und in verfügbarer Weise eingerichtet ist. Natürlich lag diese Erfindung im Zeitalter der Entdeckungen nahe. Aber niemand zuvor war auf die Idee gekommen, einen angeblich neuentdeckten Staat als Modell eines vorbildlichen Staates hinzustellen.

Auch in diesem Falle hütete sich Morus in seiner Schrift davor, als derjenige zu erscheinen, der diesen Idealstaat kannte und über ihn berichtete. Alles das schrieb er dem fiktiven Raphael zu, der mit Gusto die schlimmen Zustände der europäischen Staaten und insbesondere Englands kritisiert und ihnen bis in alle Einzelheiten hinein die besseren Zustände gegenüberstellt, die in dem fernen Inselstaat Utopia zu finden sind.

Diskussionen über das Hauptthema von Morus' Schrift über den besten Staat waren im Zeitalter des Morus gewiß nichts ganz Neues. Wenige Jahre vor der Fertigstellung und dem Erscheinen von Morus' Schrift, im Mai 1512, hatte Cajetan, als Haupt des Predigerordens auf einer Sitzung des Lateranischen Konzils, eine Predigt über die vollkommenste »res publica« gehalten, die in der Vorstellung gipfelte, daß der Kirchenstaat mit der heiligen Stadt Rom in seinem Zentrum das vollkommenste Gemeinwesen auf Erden sei. Die volle innovatorische Bedeutung von Morus' Erfindung eines imaginären Landes als Modell des besten Staates tritt erst zutage, wenn man die konventionelleren Möglichkeiten, das Thema des besten Staatswesens zu erörtern, vor Augen hat. Es hätte wahrscheinlich einen Skandal gegeben, und Morus hätte seine Sicherheit, wenn nicht sein Leben riskiert, wenn er in direkter Form, sei es auch in philosophischer Verbrämung, alles das ausgesprochen hätte, was er nun gleichsam auf Umwegen und implizit durch seine Schilderung des Landes Utopia seinen Lesern mitzuteilen versuchte, wenn er z. B.

geradezu gesagt hätte: der beste Staat ist ein Staat, in dem es keine Fürsten mehr gibt, sondern durch Wahlen bestimmte Staatsbeamte, in dem es keine Kirche mehr gibt, sondern viele Religionen, deren Vertreter in voller Toleranz nebeneinander leben, und wo die weisesten Leute an ein unbekanntes, etwas fernes göttliches Wesen glauben, das sich nicht zu viel in die menschlichen Angelegenheiten einmischt.

Die literarische Erfindung des Landes Utopia hatte demgegenüber zwei große Vorzüge: man konnte dem eigenen Wunschbild eines Staates, das man als Lösungsvorschlag den ungelösten Problemen der eigenen Staatsgesellschaft gegenüberstellte, indirekt einen kompromißlosen Ausdruck geben, ohne sich dadurch persönlich allzusehr zu exponieren, und man konnte das zugleich in einer weit anschaulicheren Art und Weise tun und damit also möglicherweise auch solche Probleme einem weiteren Publikum zugänglich machen, als das in der Form einer theologischen oder philosophischen Abhandlung über die Einrichtungen des Staates möglich gewesen wäre. Gewiß bedurfte es für ein solches Unternehmen einer reichen Erfindungsgabe, einer ganz besonderen schriftstellerischen Begabung. Beide besaß Thomas Morus in hohem Maße. Es machte ihm Freude, sich über die allgemeinen und grundsätzlichen Vorstellungen von einem perfekten Staat hinaus zahllose Einzelheiten einfallen zu lassen, teils im Ernst, teils im Scherz, sei es, um die Spuren zu verwischen, sei es gelegentlich auch einfach, um den Leser durch die Kühnheit der Ideen zu unterhalten oder auch zu erschrecken, also in unserer Sprache: pour épâter le bourgeois.[25] Überdies liebte es Morus,

---

25 »um den Bürger zu verblüffen«.

durch verschlüsselte Hinweise den Lesern Winke über seine wirklichen, oft sehr unkonventionellen Vorstellungen zu geben und sich Möglichkeiten neuer Einrichtungen auszumalen, die noch in sehr weiter Ferne lagen, etwa die Vorstellung, daß auch Frauen den Priesterberuf ergreifen und in den Krieg ziehen können. Und zum Schluß, wie gesagt, teilte er dem Leser ziemlich unverhohlen mit, daß in Utopia die Dinge so eingerichtet sind, wie er es für wünschenswert hält, aber daß er keine Hoffnung habe, dieser Wunsch könne in Erfüllung gehen.

Damit fällt etwas Licht auf das große Muster der modernen Utopieliteratur, auf Morus' namengebende Utopieschrift. Aber es fällt zugleich auch etwas Licht auf den Begriff der Utopie. Am Beispiel der Ur-Utopie wurde hier das erläutert, was zuvor zur Bestimmung des Begriffs der Utopie hervorgehoben wurde. Utopien sind Versuche, Phantasiebilder einer Gesellschaft zu entwerfen, die Lösungsmöglichkeiten für ungelöste Probleme einer realen Gesellschaft enthalten. Im Vorangehenden zeigte sich mit Hilfe von relativ wenigen Beispielen, daß eine Utopieschrift eigentlich erst zum Leben kommt, wenn man sie im Kontext ihrer Zeit sieht, wenn man die realen sozialen Probleme kennt, deren mögliche Lösung, sei es als Wunschbild, sei es als Furchtbild, eine Utopieschrift vorzustellen versucht.

# V Zur Erklärung von Morus' Idee der Aufhebung des Privatbesitzes

Die Frage, warum Morus seinen Utopiern eine kommunistische Form des Zusammenlebens vorschrieb, ist oft diskutiert worden. Die Beantwortung dieser Frage ist deswegen schwierig, weil im 20. Jahrhundert der Begriff des Kommunismus zum Symbol einer ganz spezifischen Staats- und Gesellschaftsform, einer Diktatur der kommunistischen Partei geworden ist. Diese spezifische Form des Kommunismus wird von Lesern unserer Tage oft unwillkürlich mit der Institution des Gemeinbesitzes an Gold und Silber, an Grund und Boden assoziiert, die Morus im 16. Jahrhundert seinen Utopiern zuschrieb. Aber diese Projektion von Erfahrungen und Vorstellungen des 20. Jahrhunderts auf Einrichtungen, die ein Autor des 16. Jahrhunderts einem Phantasievolk zuschrieb, verfälscht das Bild. Überdies gehen viele Interpretationen von Morus' Kommunismus-Ideal von der Annahme aus, es handle sich um etwas, das sich Morus ganz allein ausgedacht hat, um eine individuelle Erfindung von Thomas Morus. Was veranlaßte, so fragte man dann, diesen Menschen, seinem idealen Staat eine kommunistische Besitzverteilung zuzuschreiben? Aber das Ideal des gemeinsamen Besitzes, vor allem an Edelmetallen, war im 16. Jahrhundert alles andere als eine individuelle Erfindung Thomas Morus'. Es war in diesem Jahrhundert gerade unter Gebildeten, aber gewiß nicht allein unter ihnen, ein ganz und gar nicht seltenes Wunschbild, eine Art von Gegenbild zu den krassen Gegensätzen von Armut und Reichtum, die im Zusammenhang mit der Auflösung der mittelalterlichen Korporation, mit der zunehmenden Kommerzialisierung und der damit eng verbundenen verstärkten staatlichen Zentralisierung schärfer hervortraten. Die Bewegungen in diese Richtung gingen Hand in Hand mit einer wachsenden Individualisierung. Der einzelne trat in erhöhtem Maße aus den sich auflösenden Verbänden als ein auf sich gestelltes Individuum heraus. Dieser Individualisierungsschub erreicht im 16. Jahrhundert noch nicht das Ausmaß, das er in den folgenden Jahrhunderten gewann. Aber er war merklich genug, um Gegenbildern, die das Verlangen nach Gemeinschaft und Gemeinsamkeit der Menschen befriedigten, größeres Gewicht zu geben. Die Vorstellung einer brüderlichen Gemeinschaft ohne Privatbesitz, in der man Gold und Silber mißachtet, wurde zum Beispiel immer wieder von den Entdeckern neuer Inseln und Erdteile einfacheren Völkern, denen sie dort begegneten, zugeschrieben. Thomas Morus fand manche Anregung für seine eigene Beschreibung des utopischen Inselstaates in der vierbändigen Reisebeschreibung des Amerigo Vespucci, die im Jahre 1507 veröffentlicht worden war.[26] Es war ja keine bloße Laune, daß er seinen Weltreisenden Raphael Hythlodaeus als einen der Reisebegleiter Amerigo Vespuccis darstellte. Im Einklang mit seiner Hauptabsicht war Morus sehr bemüht, dem fiktiven Weltreisenden, dem er den Bericht über Utopia zuschrieb, auf der einen Seite den Charakter einer wirklich existierenden Person zu verleihen und auf der anderen zugleich alle Spuren, die anscheinend zu ihm oder zu Utopia führen konnten, so zu verwischen, daß jeder Versuch, sie zu finden, von

---

26 »Quatuor Americi Vesputii Navigationes«, gedruckt als Anhang zu einer anonymen Cosmographiae Introductio, St. Dié 1507, zitiert in: Thomas More, Sir Thomas More's Utopia, hg., eingel. und mit Anmerkungen versehen durch J. Churton Collins, Oxford 1904, S. XXXVIII.

vornherein als aussichtslos erscheinen mußte. So hielt er sich auch bei den Andeutungen über Hythlodaeus' Reise mit Amerigo Vespucci bis zu einem gewissen Grade an dessen Bericht. Aber er ließ zugleich die Einzelheiten so unbestimmt, daß man nicht einmal genau wissen konnte, auf welcher der drei Reisen, auf denen Hythlodaeus den Vespucci angeblich begleitete, er die Utopier entdeckte.

Vespucci selbst beschrieb in dem Bericht von seiner zweiten Reise die Entdeckung eines Volkes, dessen Sitten und Gebräuche in mancher Hinsicht den von Morus' Utopiern ähnelten. Bei diesem Volk, so berichtet Vespucci, gab es kein Einzeleigentum. Alles, was sie hatten, gehörte ihnen zusammen. Das wurde dargestellt als ein Leben im Sinne der Natur. Vespucci berichtete, daß die Leute da zwar eine große Menge Gold hatten, aber sie maßen ihm keine besondere Bedeutung bei. Ebenso wenig Wert schrieben sie Perlen und Juwelen zu, die die Europäer hochschätzten. Sie hatten keinen König, und jedermann war sein eigener Herr. Bei anderen Reisenden der Zeit kann man ähnliche Berichte lesen. Es genügt nicht zu sagen, Thomas Morus habe diese Beschreibung von Vespucci übernommen. Schon bei Vespucci selbst handelte es sich um einen Wunschtraum der Europäer, den sie in die unbekannten Stämme hineinprojizierten. Das ist es also, was man zunächst vor Augen haben muß. Es handelt sich bei dem, was bei der isolierenden literaturwissenschaftlichen Betrachtung der Utopia als rein individuelle Überzeugung ihres Verfassers erscheinen kann, um ein verbreitetes Wunschbild von Menschen des 16. Jahrhunderts. Man begegnet ihm in Reiseberichten von neuentdeckten »Naturvölkern«. Aber man findet auch bei Erasmus, der gelegentlich genau die gleiche Sympathie für eine Ordnung mit gemeinsamem Besitz aller Stammes- oder Staatsangehörigen zeigt, für eine wahre Gemeinschaft, »Amicorum Communia Omnia«, von der er sagt, daß mit dieser Maßnahme ein großer Teil der Übel unseres Lebens verschwinden würde.[27]

Erasmus und Morus waren zu dieser Zeit eng befreundet und hatten viel miteinander gemeinsam. Beide waren bekümmert über die schweren Notstände, denen sie überall in den Staaten, die sie kannten, begegneten. Sie sahen sie bereits mit den Augen von Renaissance-Menschen – nicht als eine gottgegebene Plage, die man hinnehmen muß, eben weil Gott die Welt so eingerichtet hat, sondern als etwas, das von Menschen herbeigeführt worden und von Menschen zu ändern ist. Das erscheint heute vielleicht als selbstverständlich, aber systematisch darüber nachzudenken, was Menschen tun können, um die offensichtlichen Mißstände von Staat und Kirche zu beseitigen, war im frühen 16. Jahrhundert durchaus noch nicht selbstverständlich. Erasmus und Morus gehörten zu dem verhältnismäßig kleinen Kreise zumeist humanistisch orientierter Menschen dieser Zeit, die sich mit solchen Fragen, mit dem Problem einer auf menschlicher Einsicht beruhenden Reform von Staat und Kirche beschäftigten. Morus' Utopieschrift ist recht eigentlich eines der Ereignisse des – oft gemeinsamen – Nachdenkens über eine solche auf menschliche Einsicht gegründete Reform. Sie gehört in diesem Sinne zu den protowissenschaftlichen Vorläufern der späteren Sozialwissenschaften.

So fehlt es auch dem Postulat einer Abschaffung des Privateigentums als einer Reformmaßnahme, die nötig ist, um den ärgsten Übeln der Gesellschaft entgegenzusteuern,

---

27 Collins, a. a. O., S. XXXV.

nicht an einer gewissen vortheoretischen Grundlage. Morus hat diese grundlegende Hypothese klar und deutlich ausgesprochen. Sein Argument kommt letztlich auf das gleiche heraus, das Proudhon Jahrhunderte später ausdrückte, als er sagte: Eigentum ist Diebstahl. Morus argumentierte in der folgenden Weise:[28] man könnte natürlich auch allzu große Ungleichheiten von Reich und Arm dadurch verhindern, daß man Gesetze erläßt, die den Privatbesitz an Geld oder Land über ein bestimmtes Maß hinaus verbieten. Aber damit verdeckt man die Krankheit der Gesellschaft nur, man heilt sie nicht, denn die Hilfe, die man den einen gibt, verursacht die Not von anderen, da ja keinem Menschen etwas gegeben werden kann, ohne daß man es einem anderen weggenommen hat.[29]

Wir sind noch immer nicht genügend über den Wachstumsprozeß des gesellschaftlichen Kapitals der europäischen Staaten informiert. Immerhin kann man annehmen, daß ein ziemlich kontinuierlicher Prozeß dieser Art zur Zeit, da die Utopie geschrieben wurde, bereits im Gange war und das Seine zu der Ungleichheit zwischen den sozialen Schichten beitrug. In der theoretischen Grundvorstellung der Menschen aber galt es noch als selbstverständlich und unfraglich, daß der gesellschaftliche Besitz einer Gruppe sich immer gleichbleibt, so daß Ungleichheiten des individuellen Besitzes sich ausschließlich dadurch erklären lassen, daß

---

28 Morus, Utopia, hg. von Heinisch, a. a. O., S. 45.
29 More, Utopia, hg. von Surtz/Hexter, a. a. O., S. 107: »Thus, the healing of the one member reciprocally breeds the disease of the other as long as nothing can so be added to one as not to be taken away from another.« [»So entsteht abwechselnd aus der Heilung der einen die Krankheit der anderen, weil man keiner etwas zusetzen kann, ohne es der anderen wegzunehmen.« Morus, Utopia, hg. von Heinisch, a. a. O., S. 45].

der eine sich auf Kosten des anderen bereichert hat, also dadurch, daß er dem anderen etwas wegnimmt.

Im Zusammenhang mit dieser Voraussetzung besaß das Wunschbild von der Abschaffung der Ungleichheiten des Besitzes eine starke moralische Kraft. In diesem Zusammenhang war das schon zu Morus' Zeit ein verbreitetes Wunschbild. Einzelne Beobachtungen und Erfahrungen, wie etwa die tatsächlichen oder angeblichen Institutionen des Gemeinbesitzes bei einfacheren Völkern und ohne Zweifel auch das Bild einer christlichen Urgemeinde, nährten dieses Wunschbild menschlicher Gemeinschaft, in der man Reichtümer verachtete und in der alle alles miteinander teilten. Aber den Hauptanstoß zu dem Wunschbild einer Gesellschaft ohne Privatbesitz, dem man bereits in Schriften des 16. Jahrhunderts begegnet, gab sicherlich die aktuelle gesellschaftliche Situation der Zeit, von der ich bereits gesprochen habe.

Thomas Morus' Beschreibung des gemeinsamen Besitzes an Gold und Silber, an Grund und Boden und, nicht zu vergessen, der bewußten Erziehung zur Verachtung von Gold und Silber, wird, wie gesagt, heute oft gelesen, als ob Morus aus unbekannten Gründen vorzeitig zu Marx' Kommunismus bekehrt worden sei. Aber das ist nicht die richtige Art, sein Buch zu lesen. Man stellt damit den Vorgang auf den Kopf. Marx' Entwurf einer Gesellschaft ohne Reiche und Arme war die Spätform eines menschlichen Wunschbildes, dem man schon vor ihm in europäischen Gesellschaften nicht selten begegnet, vor allem in Zeiten, in denen Unterschiede des Besitzes besonders auffällig, Ausbeutung und Armut der großen Masse besonders drückend werden. Der Entwurf einer Gesellschaft ohne Reiche und Arme, dem man in Morus' Utopieschrift begegnet, ist eine Frühform dieses Wunschtraumes. Das Machbarkeitspotential, die Wirklichkeitsnähe, die Wissenschaftlichkeit des Marxschen Entwurfs ist demgemäß größer, die des Entwurfs von Morus vergleichsweise viel geringer. Aber das ist gewiß nicht der einzige Unterschied. Die Identifizierung eines Wunschbildes des 16. Jahrhunderts mit dem, was der Begriff »Kommunismus« für den Menschen des 20. Jahrhunderts bedeutet, läßt allzuleicht die Verschiedenheiten der Staats- und Klassenstrukturen vergessen, auf die sich die scheinbar gleichen Wunschbilder der verschiedenen Jahrhunderte beziehen. Wenn man Morus' Vorschlag der Aufhebung des Privateigentums als kommunistisch bezeichnet, dann erweckt man damit allzuleicht den Eindruck, Morus ziehe mit diesem Vorschlag, wie Marx, im Namen der Industriearbeiterschaft gegen die kapitalistischen Unternehmer ins Feld. Wie in anderen Fällen führt hier der anachronistische Gebrauch von Begriffen in die Irre. Wenn man im 16. Jahrhundert von großem Reichtum und von großer Armut sprach, dann hatte man andere Schichten vor Augen, als wenn man analoge Ausdrücke im 19. Jahrhundert gebrauchte.

In Morus' England gab es ganz gewiß wohlhabende Kaufleute. Morus selbst hatte, wie gesagt, enge Beziehungen zu ihnen. Er begann an seiner Utopieschrift zu arbeiten, als er im Auftrag Londoner Handelsgesellschaften mit einer Gesandtschaft des Königs nach den Niederlanden ging. Aber in Morus' England waren es nicht diese städtischen Handelsunternehmer, die man vor Augen hatte, wenn man von den Reichsten im Lande sprach. Selbst die wohlhabenden Handelsherren gehörten damals noch im echten Sinne des Wortes zu den *Mittel*schichten; sie gehörten überdies, im Verhältnis zum Adel, auf die gleiche Seite der merklichsten Spannungsachse dieser Gesellschaft wie die Masse des Volkes. Im Verhältnis zum Adel gehörten sie zum »gemeinen Volk«, das seine Vertreter im »House of Commons« hatte, zum Unterschied vom Adel, dessen Vertreter das »House of Lords« bildeten. In der Tat, wenn man im frühen 16. Jahrhundert in England an den großen Reichtum dachte, dann hatte man in erster Linie den Besitz von Land vor Augen; man dachte dann an die riesigen Domänen des großen Adels, der Herzöge und Barone. Wenn Morus die Ungerechtigkeit dieser Welt zu geißeln sucht, dann richtet er seinen Angriff ganz besonders gegen diesen landbesitzenden Adel. Zu den Reichsten im Land gehörten weiterhin die Inhaber der höchsten Hof- und Regierungsämter im Verein mit denen der höchsten Kirchenämter. Ostentativer Prunk gehörte im 16. Jahrhundert noch in erheblich höherem Maße zum Lebensstil der Reichen, und sie alle ließen es daran nicht fehlen. Aber der allerreichste im Land, die Person, deren Besitz an Land, wie an Gold, Silber und Juwelen, den jedes anderen Menschen im Staate bei weitem übertraf, war der König. Wenn auch Morus weltweise genug war, in seiner Utopieschrift jeden direkten Angriff gegen den Herrscher des eigenen Landes zu vermeiden, seine Angriffe gegen die Fürsten, insbesondere wegen ihrer Verschwendung von Gütern in nutzlosen Kriegen, sind ganz unverhohlen.

Agrarischer Reichtum also, dann auch der Besitz von Gold, Silber und Juwelen war es, den Morus vor Augen hatte, wenn er in seiner Utopie die Aufhebung der Ungleichheit des Besitzes postulierte. Auch die Ärmsten, die er vor Augen hatte, waren agrarische Schichten. Es waren entwurzelte Bauern, die das systematische Bauernlegen des Adels von Haus und Hof vertrieben hatte und die anderswo ihr Auskommen suchten, oft genug als Räuber auf dem Lande, als Bettler und Diebe in den Städten. Es ginge vielleicht zu weit zu sagen, daß sich in Morus' Staatskritik, zu der ja auch sein Postulat der Abschaffung des Privateigentums gehörte, ein Zeichen des frühbürgerlichen Affronts gegen die mächtigeren, reicheren und ranghöheren Adelsgruppen des Landes entdecken läßt. Aber ganz sicher lag dem Wunschbild des Gemeinbesitzes im 16. Jahrhundert eine andere Sozialstruktur zugrunde als dem kommunistischen Idealbild des 19. und 20. Jahrhunderts.

## VI Die Übermalung des Morus-Bildes

Die Untersuchungen über Morus' Utopie leiden deswegen an einer gewissen Verwirrung, weil sich manche der Anschauungen, die in dieser Schrift zu finden sind, nicht recht mit dem Bilde von Morus vereinbaren lassen, das man aus seinen Biographien, besonders aus den alten Biographien der Tudorzeit, von ihm gewinnt. In den letzteren erscheint Morus gewöhnlich als Vorbild menschlicher Tugenden; immer gütig, immer gerecht, immer streng gegen sich selbst, erscheint er als ein gleichmäßig orthodoxer, tiefreligiöser Sohn der Kirche, der durch Tat und Wort zum Heiligen und zum Märtyrer prädestiniert ist. Er liebt seine Familie und geht um ihrer willen seiner Amtstätigkeit im Dienste des Königs nach. Aber er läßt sich auch in den höchsten Stellen nie durch die Macht verführen, nie im geringsten vom geraden Pfade der Tugend abbringen, tut immer nur, was rechtens ist, sein ganzes Leben scheint auf Gott abgestellt. Er lebt, wenn man diesen frühen Biographen glauben darf, in dieser Zeit schon ganz in Erwartung der nächsten. Er erscheint mit einem Wort als Mensch ohne Makel.

In der Utopieschrift auf der anderen Seite tritt in mancher Hinsicht ein ganz anderer Geist zutage. Da spricht ein Mann, der mitten im Leben der Welt steht, der ihre Schliche und Schwächen nur allzugut kennt, ein engagierter Kritiker von Staat und Kirche, der wie sein Freund Erasmus beide in ganz bestimmter Weise reformieren möchte. Der Morus der Utopie legt den Personen, die er für sich sprechen läßt, religiös höchst unorthodoxe Anschauungen in den Mund. Manche von ihnen erinnern an Ideen der späteren Deisten und Freidenker. Im Lande Utopia gibt es viele Religionen, aber keine Kirche und ganz wenig Priester.

Das ist das Problem. Das Bild von Morus, das man aus den alten Tudorbiographien gewinnt, fügt sich nicht recht in das Bild, das man von Morus aufgrund seiner Utopieschrift gewinnt. Diese Unstimmigkeit hat dann zuweilen dazu geführt, daß man Morus' Utopieschrift selektiv interpretiert, nämlich nur soweit sie sich mit dem Morus-Bild der alten Biographien in Einklang bringen läßt. Was dazu nicht paßt, fällt dabei unter den Tisch. Und gelegentlich wird die Utopieschrift einfach als ein »merry jest«, als fröhlicher Scherz, abgetan.[30]

Nun ist es denkbar, daß man dieser Unstimmigkeit da-

---

[30] Siehe z. B.: Lives of Saint Thomas More, hg. von E. E. Reynolds, London 1963, S. XIII. [Bei diesem Verweis handelt es sich wohl um ein Mißverständnis Elias': Reynolds tut in diesem biographischen Überblick Utopia nicht als »merry jest« ab, sondern führt »Mery Jest«, ein von Morus verfaßtes Gedicht, als weiteres, in diesem Jahr entstandenes Werk an. Es gibt jedoch andernorts eine Stelle, die Elias' Aussage belegt: E. E. Reynolds, Thomas More and Erasmus, London 1965, S. 68.]

durch Herr zu werden versucht, daß man sie mit verschiedenen Lebensaltern von Morus in Zusammenhang bringt. Man könnte sagen, daß die genannten Biographien sich vorwiegend am Bilde Morus' in den späteren Lebensjahren orientieren, am Bilde des reifen Mannes, der an der Seite seines Herrn und Gebieters, des Königs, für die alte Kirche und gegen die neu aufkommende protestantische Lehre kämpft und dann von dem launischen König verlassen wird, während die Utopieschrift aus einer früheren Periode im Leben Morus' stammt. In der Tat brachte der Übergang von der City zum Hof, vom Humanisten und Stadtbeamten zum Inhaber hoher und höchster Staatsämter eine erhebliche Wandlung Morus' mit sich. Die Utopie ist das Werk eines verhältnismäßig jungen Menschen. Morus schrieb sie, als er noch nicht vierzig Jahre alt war, noch Humanist in städtischen Diensten. Vielleicht wurde er erst später zum Musterbild eines tiefgläubigen, strikt orthodoxen und makellosen Menschen »reiner und weißer als der weißeste Schnee«, wie es einer der Tudorbiographen ausdrückte.[31] Vielleicht bezog sich das alles nur auf den reifen Mann und nicht auf den jungen Morus.

Die Utopieschrift stammt aus Morus' eigener Feder, in diesem Sinne kann man sie eigentlich als unwiderlegliches Zeugnis für Morus' Anschauungen betrachten. Auch verträgt sich das Bild von Morus, das man aus ihr gewinnt, recht gut mit den Lebensumständen von Morus als Verfasser dieser Schrift. Er war damals, wie gesagt, ein Mann der City und noch nicht ein Mann des Hofes. Seine Begeisterung für den Humanismus, also für die menschlichen Ideale, die man

---

31 Roper, a. a. O., S. 197 [dt.: Roper 1986, S. 13].

von den alten Heiden, den Griechen und Römern, lernen konnte, hatte sich noch nicht gelegt. Auf dieser Stufe vertrug sich die Anhänglichkeit an die Kirche wohl noch recht gut mit der Zuneigung zu der relativ humanen Weisheit der alten Klassiker. Die Utopieschrift stellt also eine recht verläßliche Quelle für das Bild des jüngeren Morus dar.

Wie steht es mit der Verläßlichkeit der Tudorbiographien? Sie stammen zum Teil von Menschen, die Morus noch persönlich kannten, oder von solchen, die, ohne persönliche Bekanntschaft mit ihm, in Gesprächen mit persönlichen Bekannten Morus' Informationen über ihn erhalten hatten. Das könnte als besondere Gewähr für ihre Verläßlichkeit gelten. In der Tat berufen sich auch moderne Biographen von Morus, vor allem R. W. Chambers, in ihrer Darstellung seiner Person immer wieder auf die alten Tudorbiographien, zum Teil wohl aus diesem Grunde.

Bei genauerer Betrachtung läßt sich unschwer erkennen, daß die Tudorbiographien Morus' durchaus nicht als verläßliche Quelle betrachtet werden können, die uns Thomas Morus zeigen, wie er wirklich war. Alle diese Biographien, auch die seines Schwiegersohnes William Roper, der lange Zeit im Hause Morus' gelebt hat, sind erst viele Jahre nach Morus' Tod verfaßt worden. Sie alle stammen aus einer bestimmten Periode und tragen deren Stempel an sich. Sie stammen aus der Periode, die nach dem Tod Heinrichs VIII., der Morus hinrichten ließ, einsetzte, vor allem aus der Zeit der katholischen Restauration im Zusammenhang mit der Thronbesteigung von Heinrichs katholischer Tochter Mary. Das Auf und Ab protestantischer und katholischer Herrscher entsprach in dieser Periode dem Ringen der beiden christlichen Kirchen um die Vormacht in England. Ein Ausdruck dieses Ringens war die Entstehung märtyrologischer Schriften auf beiden Seiten. Der bekannteste Vertreter der protestantischen Märtyrologie, John Foxe (1516–1587), war in seiner Darstellung der Märtyrer seines Glaubens gerade bis zum Jahre 1500 gelangt, als der Szenenwechsel in England eintrat. Mit der Krönung der katholischen Mary verloren die protestantischen Gruppen in England ihren Vorrang, der das Verfassen und die Verbreitung von Lebensbeschreibungen protestantischer Märtyrer begünstigt hatte. Foxe mußte 1553 auf das Festland fliehen, wo er das berühmte protestantische Hausbuch The Book of Martyrs vollendete und wo er es 1559, nachdem Teile schon in Abschriften unter den Gläubigen zirkuliert hatten, schließlich im Druck herausbrachte.

Lebensbeschreibungen des katholischen Märtyrers Thomas Morus, darunter die von William Roper und Nicholas Harpsfield, entstanden in der gleichen Periode. Auch sie gehören zur märtyrologischen Literatur der Zeit und tragen deren Stempel an sich. Man kann ihre Darstellung Morus' kaum verstehen, ihre Verläßlichkeit kaum beurteilen, wenn man sich nicht daran erinnert, daß Schriften über den Lebenslauf von Märtyrern, ob sie nun in Abschriften oder gedruckt in Umlauf kamen, der Erbauung der Gläubigen und dem Ruhm der Angehörigen oder Freunde des Märtyrers dienten und zugleich auch als Propaganda- und Kampfmittel in den Auseinandersetzungen der beiden christlichen Organisations- und Glaubensformen.

Auch hier also gilt es, aus der Lage der früheren Generationen zu uns, den späteren, hin zu denken, nicht aus unserer Lage zu den früheren hin. Morus' Tudorbiographien sind in ihrer Darstellung seiner Person zum guten Teil durch dieses Duell der Märtyrologien bestimmt. Verwandelt entsprechend dem Stil der Zeit, also mit bewußterer Nachahmung der Wirklichkeit als in den vorausgehenden mittelalterlichen Jahrhunderten, bieten sie uns ein Standardbild des christlichen Märtyrers und Heiligen, der immer gleichmäßig gläubig ist, immer geneigt zur Selbstkasteiung, vielleicht nach einer Bekehrung immer unerschütterlich gütig, geduldig und tugendhaft ist und der unter Nichtachtung irdischer Güter mit einer gewissen Vorfreude seinem Martyrium entgegensieht, das ihm mit Sicherheit die Pforten des Himmels eröffnet.

Merkwürdig ist, daß auch Morus' jüngster Biograph, R. W. Chambers, obwohl er selbst an der Zuverlässigkeit von Tudorbiographien seine Zweifel hat, in seiner Darstellung Morus' immer wieder auf sie zurückgreift und diese Darstellung ohne Zögern durch Hinweise auf die Biographien oder durch wörtliche Zitate aus ihnen unterbaut, als ob es sich dabei um historische Dokumente von unzweifelhafter Zuverlässigkeit handele. Einer der Gründe für den Gebrauch dieser frühen Schriften ohne Hinweis auf ihre zeitgenössische Funktion, als ob es sich um absolut zuverlässige Dokumente handele, liegt wohl darin, daß es außer Morus' eigenen Werken und den Briefen von Erasmus wenig verläßliche Quellen für ein authentisches Porträt von Morus gibt.

Ein paar Hinweise auf eine der besten Tudorbiographien, auf die Biographie von Morus' Schwiegersohn, William Roper, mögen hier genügen. Sie ist ein kleines Kunstwerk und zugleich das Musterbeispiel einer märtyrologischen Schrift. Man kann vermuten, daß Abschriften von ihr unter gläubigen Katholiken schon zu Ropers Zeit im Umlauf waren, ähnlich wie Abschriften von Foxe' Lebensbeschreibung der Märtyrer in protestantischen Kreisen. Chambers selbst warnt davor, Ropers Schrift als absolut verläßlich zu betrachten:

»Roper«, so schreibt er, »war weder ein Boswell, der sich systematisch Notizen machte, noch ein Historiker, der seine Erfahrungen systematisch anhand von Dokumenten überprüfte. Wir müssen [...] die Entschuldigung für das Versagen des Gedächtnisses im Auge behalten, mit der Roper sein kleines Buch beginnt. Roper hat nicht nur viel vergessen, wofür wir gern einen Beleg hätten, man kann bei dem, was er niederschrieb, auch seine Konfusion entdecken, besonders die Konfusion über Daten, die unvermeidlich ist, wenn sich ein Mann völlig auf sein Gedächtnis verläßt über einen Zeitraum von beinahe einer Generation.«[32]

Trotzdem bedient sich Chambers immer wieder der Berichte Ropers über Gespräche mit Morus und auch über Gespräche, bei denen Roper selbst überhaupt nicht anwesend war, als seien es absolut zuverlässige Augenzeugenberichte. Er nennt Ropers Werk »probably the most perfect little biography in the English language«.[33] Man fragt sich, wenn man das liest, welche Vorstellung Prof. Chambers selbst von den Aufgaben eines Biographen hatte. Roper besaß ohne Zweifel ein ungewöhnliches Talent als Erzähler von Geschichte, als Erfinder von lebendigen Gesprächen. Seine kleine Biographie von Thomas Morus hat, als Kunstwerk betrachtet, als eine Art biographischer Novelle, einen recht hohen Wert. Es ist ein literarisches Heiligenbild, und

32 Chambers, a. a. O., S. 30.
33 Chambers, a. a. O., S. 24. [Übersetzung: »vielleicht die vollkommenste kleine Biographie in englischer Sprache«]

zwar nicht mehr im mittelalterlichen, sondern im Renaissance-Stil. Aber sein hoher Wert als Kunstwerk verträgt sich durchaus mit seinem geringen Wert als historische Quelle. Herausgeber seiner Biographie sprechen gelegentlich ganz ausdrücklich von Ropers »calculated art«:[34]

»His so-called ›artlessness‹«, so schreiben sie, »is as fictional as the role in which he casts himself.«[35]

Wenn die Rolle, die er sich selbst zuteilt, fiktiv ist, dann gilt ganz gewiß auch das gleiche von der Rolle, die er Thomas Morus zuschreibt. Sie ist sicher nicht weniger »fictional« als die seine. Das große Geschick, die oft unaufdringliche und zugleich überaus lebendige Art, in der er das Bild eines ewig guten und unerschütterlich tugendhaften Menschen vor uns hinstellt, eines Heiligen im zeitgenössischen Gewande, der schon im Leben dem kommenden Martyrium mit unentwegter Fröhlichkeit entgegensieht, verdient alle Bewunderung. Ganz entsprechend dem Idealbild des christlichen Märtyrers tröstet er Frau und Kinder mit dem Hinweis auf die Freuden des Himmels und die Schrecken der Hölle, auf das Leben der heiligen Märtyrer, auf ihr kummervolles Martyrium und ihre wunderbare Geduld.[36] Aber zugleich läßt ihn Roper, der sich gewissermaßen überschlägt in dem Bemühen, die unerreichbare Fähigkeit der Selbsterniedrigung

---

34 R. S. Sylvester/D. P. Harding (Hg.), Two early Tudor lives, New Haven/London 1969, S. XVII. [Übersetzung v. Detlef Bremecke: »auf Berechnung beruhende Kunst«]
35 R. S. Sylvester/D. P. Harding, a.a.O., S. XVI. [Übersetzung v. Detlef Bremecke: »Seine sogenannte ›Natürlichkeit‹«, so schreiben sie, »ist ebenso eine Fiktion wie die Rolle, die er sich selbst zugewiesen hat«]
36 Roper, a.a.O., S. 227 [dt.: Roper 1986, S. 49].

des Heiligen darzutun, sich selbst als »worldly wretch« bezeichnen, »als armen, weltlichen Kerl, der seine Zeit zügellos in Vergnügung und Wohlleben verbracht hat«.[37] In Übereinstimmung mit dem traditionellen Bild des christlichen Heiligen wird Thomas Morus von Roper auch als Wundertäter dargestellt. Kranke genesen aufgrund seines Zuspruches oder seines Gebetes. So bewirkt er die Heilung seiner eigenen Tochter, die von den Ärzten bereits aufgegeben ist, in wunderbarer Weise durch sein Gebet:

»And albeit after [...] an evident undoubted token of death plainly appeared upon her, yet she, contrary to all their expectations, was as it was thought by her father's fervent prayer miraculously recovered, and at length again to perfect health restored.«[38]

Man könnte sich gut denken, daß ein wirkliches Ereignis als Material für diese Wundergeschichte diente. Die Tochter mag wirklich einmal krank gewesen sein. Der Vater könnte wirklich geraten haben, ihr ein »Clyster« zu verabreichen; das könnte wirklich zu ihrer Genesung beigetragen haben. In Ropers Darstellung wird die einfache Episode dann zur Wundergeschichte. Mag sein, daß eine solche Überhöhung des Alltäglichen für Ropers Arbeitsweise charakteristisch ist.

Auch hellseherische Fähigkeiten werden Morus von Roper zugeschrieben. Er berichtet zum Beispiel, daß Morus

---

37 Roper, a.a.O., S. 242 [dt.: Roper 1986, S. 69].
38 Roper, a.a.O., S. 213 [»[a]ber [...] offenkundig[e], untrüglich[e] Anzeichen des Sterbens [...] wurden deutlich an ihr sichtbar. Dennoch ist sie wider alle Erwartungen und, wie man glaubte, durch das glühende Gebet ihres Vaters auf wunderbare Weise genesen und hat allmählich ihre volle Gesundheit wiedererlangt.« (Roper 1986, S. 34)].

sich eines Tages erkundigte, wie es der jüngsten Königin Anne, der früheren Anne Boleyn, gehe, und als man ihm antwortete: besser als je, bricht er in Worte aus, die in einer für jeden damaligen Leser verständlichen Weise Morus' prophetisches Wissen um ihre zukünftige Gefangensetzung und Hinrichtung zum Ausdruck bringen.

»Alas [...] alas! It pitieth me to remember into what misery, poor soul, she shall shortly come.«[39]

Roper bringt, wie gesagt, im Bilde Morus' viele der herkömmlichen Eigentümlichkeiten eines christlichen Märtyrers und Heiligen zusammen. Aber er tut es oft, wenn auch nicht immer, in gedämpfter Form und, wie in diesem Falle, recht unaufdringlich. Sicherlich verarbeitete er Erinnerungen an die Zeit, in der er als Schwiegersohn Morus' und so als Mitglied der Morusschen Großfamilie in dessen Haus lebte. Aber es verhielt sich nicht nur so, daß ihm hie und da bei der Erinnerung sein Gedächtnis einen Streich spielte. Er arbeitete offensichtlich ganz bewußt daran, das Lebensbild eines Märtyrers und eines Heiligen vorzustellen. Ebenso wie er bewußt an seinem eigenen Bilde arbeitete, an dem Bilde William Ropers, als eines etwas naiven und einfachen, aber höchst vertrauten Gesprächspartners Morus'.

Aus undurchsichtigen Gründen hat ein anderer Morus-Biograph der gleichen Periode, Nicholas Harpsfield, eine Episode berichtet, die sowohl Roper selbst wie seine Bezie-

---

39 Roper, a. a. O., S. 240 [»Ach [...] ach, es jammert mich, wenn ich daran denke, welches Elend bald über sie, die arme Seele, kommen wird.« (Roper 1986, S. 66)].

hung zu Morus in einem ganz anderen Licht erscheinen läßt. Roper selbst erwähnt diese Episode in seiner Biographie mit keinem Wort. Nach Harpsfields Darstellung war Roper eine Zeitlang ein überzeugter Protestant.[40] Morus bewahrte ihn vor dem Schlimmsten. Er nahm seinen irrenden Schwiegersohn in sein Haus zurück, konnte es aber auf die Dauer nicht ertragen, daß Roper protestantische Reden und Gebräuche ins Haus brachte und darauf beharrte. Harpsfield berichtete von einem Gespräch, in dem sich Morus bei seiner Tochter, bei Ropers Frau, über dessen starrköpfiges Festhalten am protestantischen Glauben beklagt.[41] Vielleicht dem Drängen seiner Frau folgend kehrte Roper dann offenbar zum katholischen Glauben zurück und blieb ihm zeit seines Lebens treu. Roper hatte im Namen der Morusfamilie Harpsfield die Aufgabe übertragen, eine Biographie von Morus zu schreiben. Er hatte Harpsfield einen Teil seiner eigenen Notizen dafür zur Verfügung gestellt. Harpsfield seinerseits widmete Roper seine Schrift und erwähnte in der Vorrede ausdrücklich, daß Roper mit Hilfe seines Schwiegervaters seine »verlorene Seele« wiedererlangte, die schon überwältigt war und ganz und gar untergegangen, »in der tödlichen, furchtbaren Tiefe entsetzlicher Ketzereien«.[42]

Da diese Worte in einem Widmungsbrief an Roper stehen, den Harpsfield seinem Werke voranstellt, ist es nicht unwahrscheinlich, daß sein Bericht über diese Episode im großen und ganzen den Tatsachen entspricht. Aber sie paßt recht wenig zu dem Bild, das Roper von sich selbst in sei-

---

40 Harpsfield, a. a. O., S. 84 ff.
41 Harpsfield, a. a. O., S. 87.
42 Chambers, a. a. O., S. 33. Harpsfield, a. a. O., S. 5.

ner eigenen Morus-Biographie gibt, ebenso wenig wie Morus' oben zitierte Äußerung über seine eigene Vorliebe für Wohlleben und Vergnügung zu dem übrigen Bilde von Morus paßt, das Roper seinen Lesern bietet.

Diese Äußerung paßt auch nicht zu dem Bericht Ropers über ein Kleidungsstück, das Morus nach Angaben einiger Tudorbiographien als Mittel der strengen Selbstkasteiung ständig am Leibe trug, auf das berühmte härene Hemd, das die Haut seines Trägers aufriß und ihm ständig Schmerzen bereitete. Das Tragen des Haarhemdes erscheint so oft in Schriften über Morus, es wird so oft angeführt als Symbol seiner lebenslangen Askese, seiner tiefen bußfertigen Frömmigkeit, daß ein paar Worte darüber von Nutzen sein können.

Das Tragen eines Haarhemdes war eine der Bußformen der mittelalterlichen Kirche. Beichtväter konnten einem Gläubigen das Tragen dieses Gewandes für kürzere oder längere Zeit auferlegen zur Buße für relativ schwere Verfehlungen gegen Gebote der Kirche. Das Gewand war nicht billig, und es ist möglich, daß es als Bußmittel in den Kreisen hoher Herrschaften eine Rolle spielte; denn das Tragen des härenen Hemdes war eine unauffällige Form der Buße. Niemand wußte davon als der Beichtvater und der Betroffene selbst. Vielleicht gehörte der Besitz dieses ebenso grausamen wie kostspieligen Gewandes zur Ausstattung eines hohen Herrn. Der Vorgänger Morus' als Kanzler von England, Kardinal Wolsey, besaß ebenfalls ein solches Hemd;[43] man weiß nicht, ob er je davon Gebrauch machte. Im Zusammenhang mit dem Zivilisationsschub des 16. und 17. Jahrhunderts

---

43 Sylvester/Harding, a. a. O., S. XIV.

kam diese Form der kirchlichen Buße wohl dann allmählich außer Gebrauch. Ropers Erzählung legt den Gedanken nahe, daß Morus wie sein Vorgänger Kardinal Wolsey, ein solches Kleidungsstück besaß. Alle die Einzelheiten, die Roper dazu berichtet, entsprechen zu sehr der märtyrologischen Aufgabe seiner Lebensbeschreibung, um vertrauenswürdig zu sein. Auch diese Informationen Ropers können sicherlich nicht als verläßliche Mitteilungen über Morus dienen.

Das Bild des jüngeren Holbein stellte Morus als einen selbstbewußten, prächtig gekleideten und geschmückten Weltmann dar. Es ist schwer, sich vorzustellen, daß jemand Höfling und Kanzler Heinrichs VIII. werden konnte, ohne ein geschickter, weltgewandter Diplomat und Staatsmann zu sein. Vielleicht war Morus aufrichtig gläubig. Vielleicht hatte er ein harsches Gewissen und litt an Schuldgefühlen und Melancholie. Vielleicht verfolgte er im Dienste seines Königs die Protestanten mit solcher Strenge, weil ihm der Fanatismus des jungen Glaubens zuwider war oder weil er die Spaltung der Kirche zugleich auch als eine Bedrohung der Einheit des Staates empfand. Vielleicht hatte er zum Unterschied von seinem König ein zu aufrechtes und zu starkes Gewissen, um sich heute einem Glauben zuzuwenden, den er gestern mit Wort und Tat bekämpft hatte. Vielleicht war im Grunde seines Herzens auch noch als Kanzler und Höfling die tiefe Abscheu vor der Willkür und Tyrannei der Fürsten lebendig geblieben, der er häufig genug in seiner Jugend und auch noch in seiner Utopieschrift Ausdruck gegeben hatte. Vielleicht war seine Weigerung, mit seiner alten Kirche zu brechen, weil viele Große des Landes sich deren Reichtümer anzueignen wünschten, weil sein König in Anne Boleyn verliebt war und einen legitimen, männlichen

Erben haben wollte, unter anderem auch ein Ausdruck seiner Abscheu vor der Willkür des Tyrannen und ein Ausdruck seines stillschweigenden Protestes gegen sie. Wir wissen es nicht.

Aber wir wissen genug, um sagen zu können, daß Morus ein großer, ungewöhnlich begabter Mann war. Seine Utopieschrift zeigt es ebenso wie sein Umgang mit dem schwierigen König und der Mut, mit dem er dem König in den Weg trat und sein Leben dafür einsetzte. Was ihn dazu bewegte, was ihm die Stärke dazu gab, wird durch Biographien wie die seines Schwiegersohns eher verdeckt als erhellt. Vielleicht treten neue Spuren ans Licht, wenn man die unzuverlässigen Quellen beiseite stellt, wie vielleicht auch bei einem alten Gemälde, wenn man etwas spätere Übermalungen entfernt, ein getreueres Bild des Dargestellten zutage tritt.

## VII. Die Realisierbarkeit von Utopien

Der Begriff der Utopie wird heute noch weitgehend so gebraucht, als bezöge er sich ausschließlich auf Phantasiebilder einer Gesellschaft, die schlechterdings unverwirklichbar sind. Aber im Laufe der letzten Jahrhunderte hat sich der Spielraum für die Verwirklichung menschlicher Wunsch- und Furchtphantasien merklich erweitert. Daher ist es heute erheblich schwerer als im 16. Jahrhundert, mit Sicherheit zu sagen, welche utopischen Phantasiebilder realisierbar sind und welche nicht. Und da man heute weniger sicher sein kann als je zuvor, was in der Zukunft für Menschen machbar sein wird und was nicht, wird es auch weniger sinnvoll, den

Begriff des Utopischen auf menschliche Phantasiebilder zu beschränken, die als schlechthin unrealisierbar gelten.

Schon bei Morus kündigte sich dieses Problem an. Seine letzte Bemerkung, der Hinweis darauf, daß die Einrichtungen der Utopier zwar seinen Wünschen entsprächen, daß er aber keine Hoffnung auf deren Verwirklichung in der eigenen Gesellschaft habe, zeigt an, daß ihm die Beschäftigung mit der Frage der Realisierbarkeit seiner Utopie nicht ganz fremd war. Die Erörterung dieser Frage rückt zugleich einen Aspekt der Utopieliteratur ins Licht, der für das Verständnis ihrer Entwicklung von besonderer Bedeutung ist und der zugleich auch zum Verständnis der neuzeitlichen Gesellschaftsentwicklung selbst beitragen kann.

Das Problem, um das es hier geht, das der Verwirklichbarkeit menschlicher Phantasiebilder, kündigte sich, wie gesagt, bereits bei Morus an. Morus' eigene Utopie hatte in dieser Hinsicht ein Doppelgesicht. Verglichen mit dem, was hinter ihm lag, mit den Phantasiebildern einer besseren Welt, die in der Phase des uneingeschränkten Kirchenmonopols der Orientierungsmittel vorherrschten, war das Phantasiebild einer Staatsgesellschaft, das sich in Morus' *Utopia* abzeichnete, bereits weit realitätsnäher. Es war ein recht säkularisiertes Bild. Es ließ die Götter aus dem Spiel; die Menschen werden hier weitgehend als Urheber ihrer eigenen gesellschaftlichen Einrichtungen dargestellt. So wird auch Lesern der Gedanke an die Möglichkeit einer Verbesserung dieser Einrichtungen durch Menschen nahegelegt. Die Vorstellung, daß staatliche Einrichtungen nicht einfach gottgegeben, sondern von Menschen gemacht und so auch für Menschen machbar sind, liegt Thomas Morus' Utopieschrift bereits zugrunde. Auf der anderen Seite aber liegt für ihn die Realisierbarkeit der Utopie noch in weiter Ferne. Es gehört zu der Eigenart der neueren Gesellschaftsentwicklung, daß sich in ihrem Verlauf die Distanz zwischen dem utopischen Wunsch- oder Furchtbild und seiner Realisierbarkeit verringert. Natürlich gibt es wie immer eine Fülle von unrealisierbaren Utopien. Aber verglichen mit Thomas Morus' Zeit ist der Spielraum der Machbarkeit und vor allem auch das bewußte Experimentieren mit gesellschaftlichen Einrichtungen im weitesten Sinne des Wortes – also unter Einschluß von naturwissenschaftlichen und technologischen Einrichtungen, die von den sozialen Einrichtungen schlechthin nicht zu trennen sind – außerordentlich viel größer geworden. Das Wachstum des Spielraums der Machbarkeit legt dann auch einen Bedeutungswandel des Begriffs der Utopie nahe oder jedenfalls eine Klärung dessen, was man unter Utopie versteht. Morus konnte zu seiner Zeit noch ziemlich sicher sein, daß wenig Hoffnung auf Verwirklichung der kühnen Wunschträume bestünde, die er für seine Leser in der Form seiner Utopie niedergeschrieben hatte. Im 20. Jahrhundert haben sich zahllose Einrichtungen, die Menschen, soweit sie darüber nachdachten, früher als schlechterdings unverwirklichbar und in diesem Sinne als »utopisch« erscheinen mußten, nicht allein als verwirklichbar erwiesen, sie werden sogar bereits als selbstverständlich hingenommen und gelten nun fast als normaler Bestandteil des menschlichen Lebens.

Daß dieses Wachstum des Spielraums der Machbarkeit von Phantasiebildern (für dessen Verständnis es, wie gesagt, nötig ist, die herkömmliche Trennung der Machbarkeit naturaler und sozialer Ereignisse aufzuheben) die Bedeutung des Utopiebegriffes beeinflussen muß, ist leicht zu verstehen.

Denn im 20. Jahrhundert ist die Scheidelinie zwischen dem, was für Menschen möglich, und dem, was für sie unmöglich ist, weitaus unschärfer geworden als je zuvor.

Man ist dementsprechend bei der Arbeit an einer Utopieschrift auch weit weniger in der Lage als früher, mit Sicherheit zu wissen, ob das, was man sich heute als unverwirklichtes Phantasiebild vorstellt, nicht über kurz oder lang verwirklichbar sein wird und vielleicht Routine des Alltags.

Menschliche Phantasiebilder, die vor Jahr und Tag als unrealisierbare Utopien erschienen und die nun als verwirklichte Utopien gelten können, sind bekannt genug. Menschen, die rings um die Erde fliegen, und besonders der Flug von Menschen auf den Mond, der Gegenstand einer ganzen Reihe von früheren Utopiebüchern, das ist heute verwirklichte Utopie. Und wenn jemand sich heute eine Utopie über die menschlichen Staaten auf dem Mond ausdenken wollte, wer kann sicher sein, ob sich das nicht in der näheren oder ferneren Zukunft verwirklichen läßt? Früher war es allenfalls mit Hilfe von Magie möglich, Stimmen aus der Ferne zu hören oder ferne Ereignisse zu sehen. Was vordem ein erstaunliches Wunder gewesen wäre, ist heute Alltagsroutine, die niemanden mehr erstaunt. Daß es Gesellschaften geben könne, in denen nicht ein guter Teil der Bevölkerung in großer Armut am Rande des Hungers lebt – unmöglich hätten viele unserer Ahnen gesagt: in jeder Gesellschaft gibt es immer Reiche und Arme, wer soll die schwere Arbeit tun, wenn es keine Armen gibt? In manchen entwickelten Industrieländern gibt es keine Bettler mehr, und es ist durchaus kein unrealisierbares Phantasiebild, sich vorzustellen, daß es auf der ganzen Erde keine Bettler mehr gibt und keine Kinder, keine alten Menschen, die hungern.

Aber die Tatsache, daß im Laufe der letzten drei oder vier Jahrhunderte viele Bereiche von Natur und Gesellschaft im Verein miteinander in den Bereich menschlicher Handhabung und Kontrolle einbezogen worden sind, die damals jenseits dieses Bereiches lagen, daß vieles für Menschen machbar geworden ist, was früher nicht machbar war, hat zugleich auch eine zunehmende Verunsicherung der Menschen mit sich gebracht. Früher konnten sie glauben, daß alles, was ist und kommt, Bestimmung ist, daß alles notwendigerweise so werden mußte, wie es tatsächlich geworden ist und notwendigerweise so kommen wird, wie es bestimmt ist. Noch heute ist das Denken weitgehend beherrscht von Kategorien der Vorbestimmtheit und der Notwendigkeit. Man möchte die Augen schließen vor der Tatsache, daß mit der Ausdehnung des Bereichs der Machbarkeit die Mitverantwortung aller Menschen für den Gang der Ereignisse auf der Erde außerordentlich gewachsen ist. Auch das trägt zunächst einmal nur dazu bei, die Unsicherheit zu erhöhen. Man ist der Verantwortung noch längst nicht gewachsen. Sie verlangt ein Niveau und ein Muster der Selbstbeherrschung, das für die meisten Menschen bei dem gegenwärtig sehr ungleichen Stand der gesellschaftlichen Entwicklung und den Spannungen, die sich daraus ergeben, noch unerreichbar, noch »utopisch« ist. Diskrepanzen zwischen dem Niveau der Naturkontrolle, der Gesellschaftskontrolle und der Selbstkontrolle gehören bisher zu den stets wiederkehrenden Aspekten der Menschheitsentwicklung. Was wir gegenwärtig erleben, ist ein Beispiel dafür. Auch sie, auch diese Diskrepanzen tragen das Ihre zur Verunsicherung der Menschen bei. Kein Wunder, daß in dem literarischen Niederschlag der Phantasiebilder, die mögliche Lösungen der gegenwärtigen sozialen Probleme darstellen, also in den Utopiebüchern des 20. Jahrhunderts, gefürchtete Lösungen vielfach stärker hervortreten als erwünschte, schwarze Utopien stärker als weiße.

Aber obgleich das Anwachsen negativer Utopien im 20. Jahrhundert zum Teil ganz gewiß die echte Widerspiegelung eines Klimas der Furcht und der Angst ist, das in vielen Staatsgesellschaften besonders in der zweiten Hälfte des 20. Jahrhunderts spürbar wächst, bleibt die Diagnose unvollkommen, wenn man übersieht, daß die Häufigkeit von Furchtutopien im 20. Jahrhundert zum Teil auch mit Eigentümlichkeiten der literarischen Konvention zusammenhängt.

Ein Vergleich von Morus' Utopieschrift mit schwarzen Utopien des 20. Jahrhunderts zeigt das recht deutlich. Bei Morus hatte die Utopie selbst den Charakter eines Wunschbildes, bei Huxley und Orwell den eines Furchtbildes. Zuvor wurde bereits erwähnt, daß allerdings in mancher Hinsicht Eigenheiten des Staates, die von Morus positiv bewertet wurden, denen, die Orwell und Huxley negativ bewerteten, gar nicht so unähnlich sind. Auch in Morus' Idealstaat ist die Reglementierung aller Tätigkeiten des einzelnen Menschen durch den Staat recht genau und umfassend, wenn sie auch noch nicht ganz so scharf durchorganisiert ist wie im Falle der modernen Utopien. Überdies fehlt bei Morus die unverhüllte Grausamkeit und Gewalttätigkeit, die etwa bei Orwell eine bedeutende Rolle spielt.

Eben das aber ist zum Teil wohl durchaus ein Ausdruck für eine spezifische Wandlung der literarischen Konvention. Die aktuellen gesellschaftlichen Vorgänge, die Morus vor Augen hatte, etwa die Masse der verhungerten Bauern, die Reihen gehängter Diebe, waren kaum weniger grimmig und widerwärtig als die halb erfundenen Ereignisse in Orwells Utopie. Aber Morus schilderte in seinem Utopie-Buch diejenigen Seiten des Staates, die er negativ beurteilte und so zu kritisieren wünschte, als solche, als reale gesellschaftliche Geschehnisse. Er reservierte sein Phantasiebild für die Darstellung eines Ideals oder jedenfalls einer idealistisch überhöhten Wirklichkeit. Auch noch geraume Zeit danach standen verschönernde Idealbilder als Gegenstand literarischer Phantasie relativ hoch im Kurse. Im Laufe des 19. Jahrhunderts und besonders des 20. Jahrhunderts dagegen erschienen solche Idealbilder in literarischen Werken im wachsenden Maße als abgegriffen und trivial. Verglichen mit ihnen standen nun phantasiereiche Überhöhungen verhaßter, gefürchteter, jedenfalls als unerwünscht betrachteter menschlicher Verhältnisse hoch im Kurse. Soll man sagen: je barbarischer und unerwünschter die Realität, um so willkommener sind idealisierende literarische Wunschträume; je gesicherter, geregelter und zivilisierter – im großen und ganzen – das tatsächliche Zusammenleben der Menschen, um so größer ihr Bedarf an verunsichernden, furchterregenden, eher barbarischen literarischen Phantasiebildern? Das ist sicherlich eine Vereinfachung des Sachverhalts. Aber man geht wohl nicht fehl, wenn man diese Akzentverlagerung in der literarischen Konvention mit in Rechnung stellt bei Erörterungen der Frage, warum im Falle der Utopien, besonders während des 20. Jahrhunderts, verglichen mit der Stärke der vorangegangenen Idealisierungstendenzen, die Verteufelung und Verpönung in den Phantasiebildern utopischer Staatsgesellschaften stärker hervortritt.

Ganz gewiß aber spielt der vergrößerte Spielraum der

Machbarkeit bei dieser Akzentverlagerung von Wunschbildern auf Furchtbilder in den literarischen Phantasien ebenfalls eine Rolle. Wie grimm die sozionaturale Wirklichkeit auch ehemals gewesen sein mag, Menschen glaubten, daß alles, was ihnen geschehe, einen Sinn, einen Zweck, eine immanente Notwendigkeit habe. Sie sahen es nicht als Willkür oder als Zufall, es erschien ihnen als bestimmt durch den Willen der Götter, durch das Wirken der Natur. Und so fühlten sie sich geborgen.

Die wachsende Machbarkeit hat diese Geborgenheit zerstört. Im Verein mit der wachsenden Machbarkeit naturaler wie sozialer Vorgänge finden sich die Menschen mehr und mehr den Menschen ausgeliefert. Sie fürchten mehr und mehr einander. Die zunehmende Machbarkeit verlangt ein Ethos der globalen Zusammengehörigkeit, und das liegt noch weit im Felde; während die realen Interdependenzen bereits weltweit sind, bleibt das emotionale Zugehörigkeitsgefühl der Menschen noch auf lokale, nationale Integrationseinheiten beschränkt. Man kann annehmen, daß die tiefgreifende Verunsicherung im Zuge der wachsenden Machbarkeit in sozialen und naturalen Bereichen bei dem Übergang zu Furcht-Utopien eine Rolle spielt.

Man sieht das auch schon daran, daß im Bewußtsein der Menschen die Möglichkeit unerwünschter, gefürchteter Ergebnisse der Macht über den Gang naturaler und sozialer Ereignisse, die Menschen gewonnen haben, so viel stärker hervortritt als die Möglichkeit positiver, für Menschen erfreulicher, ihren Wünschen entsprechender Ergebnisse.

Wenn man heute von Utopien spricht, was ist nicht alles aus dem Bereich des Unmöglichen in den des Möglichen, vielleicht Machbaren getreten! Menschliche Siedlungen auf dem Mond? Im 17., 18. und noch im 19. Jahrhundert war das, wie gesagt, eine utopische Vorstellung im älteren Sinne des Wortes, im Sinne einer schlechthin unrealisierbaren Phantasievorstellung. Heute ist es möglich, vielleicht schon machbar. Eine Erde ohne hungernde Menschen? Diese Stufe der Menschheitsentwicklung ist durchaus nicht mehr utopisch im alten Sinne des Wortes. Sie liegt nicht mehr völlig jenseits des Bereiches der Machbarkeit. Das gleiche gilt von der Menschheit ohne Kriege. Weit entfernt, eine Illusion zu sein, ist diese Möglichkeit heute weit mehr in die Reichweite dessen gerückt, was für Menschen machbar ist, als je zuvor. Es fragt sich eigentlich nur, ob Menschen es schaffen können, diese Organisationsstufe ohne einen atomaren Weltkrieg oder erst nach ihm zu erreichen. Vielleicht sollte man wirklich dem Begriff der Utopie seine Neutralität belassen in bezug auf die Realisierbarkeit oder Unrealisierbarkeit des Phantasiebildes, das in ihm/ihr dargestellt wird. Vielleicht sollte man statt dessen Begriffe wie Illusion, Fata Morgana und ihre Verwandten verwenden, wenn man das Phantasiebild einer Gesellschaft als schlechthin unrealisierbar charakterisieren will.

Hinzu kommt, daß sich die Versuche mehren, zukünftige gesellschaftliche Verhältnisse und als deren Teil auch zukünftige wissenschaftliche und technologische Gegebenheiten mit quasiwissenschaftlichen Methoden vorherzubestimmen. Einer der merklichen Trends unserer Tage ist daher eine gewisse Annäherung zwischen wissenschaftlicher Vorhersage und literarischer, sozialer oder politischer Utopie.

Was das besagt, ist dies: in der gesellschaftlichen Realität lassen sich spezifische Trends beobachten, die dem Bedeutungsgehalt des Begriffs »Utopie« als einem schlechthin unrealisierbaren Phantasiebild einer Gesellschaft zuwiderlaufen. Es gibt mehrere Möglichkeiten, um eine solche Situation zu meistern. Man kann Utopie mit größerer Entschiedenheit als Ausdruck für eine bestimmte Form von Illusion gebrauchen und nach einem anderen Ausdruck für wunsch- oder furchtgeborene Phantasiebilder einer Gesellschaft suchen, die neutral sind in bezug auf die Realisierbarkeit der so bezeichneten Phantasiebilder. Man kann versuchen, den Begriff der Utopie selbst in diesem neutralen Sinne zu gebrauchen und zu sehen, ob sich dieser Gebrauch durchsetzt oder ob sich damit die Kommunikation verwirrt. Vorerst genügt es vielleicht, das Problem aufzuzeigen.

# Literatur

Chambers, Raymond Wilson: Thomas More, London: Jonathan Cape 1967 (1935) (The Bedford Historical Series)
Elias, Norbert: Die höfische Gesellschaft, Darmstadt/Neuwied: Hermann Luchterhand Verlag 1969 (Gesammelte Schriften, Bd. 2, Frankfurt am Main: Suhrkamp 2002)
Foxe, John: Facsimile of John Foxe's Book of Martyrs, 1583: Actes and Monuments of maters most speciall and memorable. [CD-ROM hg. von David G. Newcombe with Michel Pidd. Oxford: Oxford University Press 2001]
Harpsfield, Nicholas: The life and death of Sir Thomas Moore, knight, sometymes Lord high Chancellor of England, written in the tyme of Queene Marie, hg. von Elisie Vaughan Hitchcock, London et al.: Oxford University Press ²1963 (1932) (Early English Text Society; Original Series, No. 186)
Huxley, Aldous: Brave New World, London: Chatto & Windus 1932 (dt.: Schöne neue Welt: Ein Roman der Zukunft, 2., durchgs. Aufl., München [u. a.]: Piper 1981)
Krauss, Werner (Hg.): Reise nach Utopia. Französische Utopien aus drei Jahrhunderten, Berlin: Rütten & Loening 1964

Marx, Karl/Friedrich Engels: Manifest der Kommunistischen
Partei (1848), in: dies.: Werke, Bd. 4, hg. vom Institut für
Marxismus-Leninismus beim ZK der SED, Berlin: Dietz 1959

More, Thomas: Utopia. A frutefull, and pleasaunt worke of the
beste state of a puplyque weale, an of the newe yle called
Utopia ... translated into Englyshe by Ralphe Robynson,
London: Vele 1551

More, Thomas: Sir Thomas More's Utopia, hg., eingel. und mit
Anmerkungen versehen durch J. Churton Collins, Oxford:
Clarendon 1904

Morus, Thomas: Utopia, in: Klaus J. Heinisch (Hg.), Der utopische Staat. Morus »Utopia«. Campanella »Sonnenstaat«.
Bacon »Neu-Atlantis«, Reinbek bei Hamburg: Rowohlt 1960

More, Thomas: »More's Epitaph«, in: Nicholas Harpsfield, The life
and death of Sir Thomas Moore, knight, sometymes Lord high
Chancellor of England, written in the tyme of Queene Marie,
hg. von Elisie Vaughan Hitchcock, London et al.: Oxford University Press $^2$1963 (1932), S. 279–281

More, Thomas: Utopia, übersetzt und eingeleitet von Paul Turner,
Harmondsworth: Penguin Books 1965

More, Thomas: »Utopia«, in: The Complete Works of St. Thomas
More, Bd. 4, hg. von E. Surtz und J. H. Hexter, New Haven/
London: Yale University Press 1965

More, Thomas: The Latin Epigrams of Thomas More. Edited with
Translations and Notes by Leicester Bradner and Charles
Arthur Lynch, Chicago: The University of Chicago Press 1953

Orwell, George: Nineteen eighty-four: a novel, London: Secker &
Warburg 1949

Reynolds, Ernest Edwin (Hg.): Lives of Saint Thomas More,
London: Dent (u. a.) 1963

Roper, William: »The life of Sir Thomas More«, in: Sylvester,
R. S./D. P. Harding (Hg.): Two early Tudor lives, New Haven/
London: Yale University Press 1969 [dt.: Das Leben des
Thomas Morus. Nach der Ausgabe von Elsie Vaughan Hitch-
cock (1935) ins Deutsche übertragen von Hildegard Buhr-
Ohlmeyer. Mit einem Nachwort von Abt Albert Ohlmeyer
O. S. B. Heidelberg: Verlag Lambert Schneider 1986 (Samm-
lung Weltliteratur – Reihe Englische Literatur)]

Sylvester, R. S./D. P. Harding (Hg.): Two early Tudor lives, New Haven/London: Yale University Press 1969

d'Urfé, Honoré: L'Astrée. Nouvelle Edition, hg. von M. Hugues Vaganay, mit einem Vorwort von M. Louis Mercier, Lyon: P. Masson 1925

# Bibliographische Angaben zu den ausgewählten Texten

Für die einzelnen Texte wird jeweils Ort und Zeitpunkt der Erstveröffentlichung angegeben. Da seit 2010 beim Suhrkamp Verlag eine 19bändige Ausgabe »Gesammelter Schriften« (GS) vorliegt, wird jeweils auch angegeben, in welchem Band (Bd) sich der jeweilige Text auf welchen Seiten (S.) findet.

I.   Der Soziologe als Mythenjäger. In: Was ist Soziologie? München 1970. GS Bd. 5, S. 62–91. © 1970 Juventa Verlag, München. © 1986 Juventa Verlag, Weinheim und München.

II.  Prozesse der Staats- und Nationenbildung. (Processes of Stateformation and Nation Building). In: Transactions of the Seventh World Congress of Sociology, Varna September 14–19, 1970, Vol. III. Sofia: International Sociological Association 1972, S. 274–305. GS Bd. 14, S. 331–352. © 1970 Suhrkamp Verlag, Frankfurt a. M.

III. Zur Grundlegung einer Theorie sozialer Prozesse. In: Zeitschrift für Soziologie. 6. Jahrgang, Heft 2, Stuttgart

1977, S. 127–149. GS Bd. 15, S. 509–560. © 1977 Suhrkamp Verlag, Frankfurt a. M.
IV. Die Zivilisierung der Eltern. In: Burkhardt, L. (Hg.): »und wie wohnst Du?«, Berlin 1980, S. 11–28. GS Bd. 15, S. 7–44. © 1980 Suhrkamp Verlag, Frankfurt a. M.
V. Über Menschen und ihre Emotionen. Ein Beitrag zur Evolution der Gesellschaft. In: Zeitschrift für Semiotik. 12. Jahrgang, Heft 2, Stuttgart 1985, S. 93–114. GS Bd. 16, S. 351–384. © 1990 Suhrkamp Verlag, Frankfurt a. M.
VI. Thomas Morus' Staatskritik. Mit Überlegungen zur Bestimmung des Begriffs der Utopie. In: Voßkamp, W. (Hg.): Utopieforschung. Interdisziplinäre Studien zur neuzeitlichen Utopie, Bd. 2, S. 101–150. GS Bd. 14, S. 118–198. © 1985 Suhrkamp Verlag, Frankfurt a. M.


Monographien von Norbert Elias, soweit sie bisher nicht erwähnt wurden (Auswahl):

a. Etablierte und Außenseiter. GS Bd. 4. Erstveröffentlichung zusammen mit L. Scotson als »The Established and the Outsider. A sociological Enquiry into Community Problems«, London 1965.
b. Über die Einsamkeit der Sterbenden in unseren Tagen. Frankfurt am Main 1982. GS Bd. 6.
c. Die Gesellschaft der Individuen, herausgegeben von Michael Schröter. Frankfurt am Main 1987. GS Bd. 10.
d. Studien über die Deutschen. Machtkämpfe und Habitusentwicklung im 19. und 20. Jahrhundert. Herausgeben von Michael Schröter. Frankfurt am Main 1989. GS Bd. 13.

e. Mozart. Zur Soziologie eines Genies. Herausgegeben von Michael Schröter. Frankfurt am Main 1991. GS Bd. 12.

Der **Herausgeber** Hermann Korte (Jg. 1937) war von 1993 bis 2000 Professor für Soziologie an den Universitäten Bochum und Hamburg. Er ist seit 1983 Vorstand der Norbert Elias Stiftung in Amsterdam. 1987 erschien seine Werkbiographie »Über Norbert Elias. Das Werden eines Menschenwissenschaftlers.« 3. Auflage Wiesbaden 2013. H. K. ist Mitglied des P.E.N.-Zentrum Deutschland.

MIX
Papier aus verantwortungsvollen Quellen
Paper from responsible sources
FSC® C105338

If you have any concerns about our products,
you can contact us on
**ProductSafety@springernature.com**

In case Publisher is established outside the EU,
the EU authorized representative is:
**Springer Nature Customer Service Center GmbH
Europaplatz 3, 69115 Heidelberg, Germany**

Printed by Libri Plureos GmbH
in Hamburg, Germany